Heibonsha Library

日本中世の百姓と職能民

平凡社ライブラリー

Heibonsha Library

日本中世の百姓と職能民

網野善彦

平凡社

本著作は一九九八年二月、平凡社より刊行されたものです。

目次

はじめに

一九八〇年、『日本中世の民衆像』と題する小著を岩波新書として刊行したとき、私はその副題を「平民と職人」とし、「百姓」という語を用いなかった。それは、この書の中で（二〇頁）、「近世以降「百姓」といえば「お百姓さん」という言葉からもわかりますように、それ自体農民をさす語になっています」と述べたような認識を、当時、私自身がなおもっており、「中世社会における百姓身分の実態の多様さが「百姓」という言葉を使うとかえって理解しがたくなってしまうのではないか」と考えたからにほかならない。

しかしそれからしばらくして、一九八四年から開始された神奈川大学日本常民文化研究所による奥能登と時国家の調査を通じて、私は近世においても「百姓」を農民と解するのは明白な誤りであることを知ることができた。

たしかに近世に入ると、「農夫」を「俗に百姓と云う」とするような状況が進行しているとはいえ、古代・中世・近世を通じて国制的な身分用語として用いられた「百姓」の語は、一貫してその本来の語義――さまざまな多くの姓をもつふつうの人という意味で使用されていたことは、間違いない事実である。

中世においては、本書でも述べたように（第一部、1）、「平民」あるいは「平民百姓」の語が多用され、それは「百姓」とほぼ同じ意味で使用されただけでなく「百姓」身分の特徴をより鮮明に示しているので、さきの小著の副題にこの語を用いたのは、それなりに積極的な意味があったといまも考えている。しかし前述したような認識の誤りは明確であり、一九九三年四月に小著の当該箇所に補注を付し（一〇二頁）、これを訂正するとともに、本書では中世において「平民」以上にふつうに用いられた「百姓」の語を、書名に掲げることとした。

これに対し「職人」についていては、さきの小著でも言及し、本書でも論じたように（第二部、1、2）、中世において道、芸能、外才《げざい》などの語と深く結びついた語として用いられているとはいえ、ほぼ手工業者をさす語として通用するようになった近世以降と比べると、用例も少なく、その語義も職能をもつ人をさすとは限らない。

それ故、「職人」の語を職能民に関わるキーワードの一つとして用いることには十分の意味があると現在でも考えているが、この言葉が中世では「百姓」ほど安定した言葉ではないこと、また「百姓」がきわめて多様な生業に従事する人々であったという事実を前提において、あらためて専ら特定の職能によって生きた人々の社会の中でのあり方を考える必要がでてきたことなどを考慮し、必ずしも最適な語とはいえないが、当面、「職能民」という言葉を書名に用いることとした。

ただ、第一部の百姓についても、第二部の職能民についても、本書はこれまで発表してきたもののよせ集めにすぎず、まことに不十分なものでしかないことを、最初におことわりしておきたい。

第一部　百姓

1 「平民」について

序

戦後第二期の歴史学は、その二十余年の研究史の中から、明瞭に異なる二つの対蹠的な中世社会像を生み出した。いうまでもなくその一つは、在地領主と下人《げにん》・所従《しょじゅう》の関係を軸として中世社会をとらえようとする見方で、最近では「領主制説」といわれており、他は領主の支配に抵抗する百姓、一般農民と、中世国家を構成する「権門」との関係を基軸にすえて、中世社会を把握せんとする見解で、「反（非）領主制説」と名づけられている。[*1]

しかしこの二つの見方は、単に戦後のみにとどまらず、日本の史学史にきわめて深い根をもっており、[*2]それぞれに、日本の中世社会の実態そのものに根拠をおいて主張されていることは間違いないところである。おのずと、この二見解をともどもに認め、あるいは折衷・調和し、あるいは止揚・総合しようとする試みもさまざまに行なわれてはいるが、[*3]こうした方向自体を二元論として排する空気もなお強く、必ずしも見通しがひらけたとはいい難い。その意味で、新たな中世社会像は、まだ模索中の状況にあるといわなくてはならない。

とはいえ最近、中世における下人・所従の階級的規定をめぐる論議が再び活発化する一方、[*4]領主制の中核に「イエ」支配を見出し、[*5]また逆に、領主支配に対する抵抗の拠点に、百姓の「イエ」を設定する見解も現われ、[*6]混迷を打開しようとする努力も進められているが、ただこれまでの論義の中では、全体としてみると、下人・所従身分については、その主張の当否は別としても、実態の細かい追究が行なわれているのに対し、百姓身分についての厳密な研究は、まだ十分とはいえないように思われる。[*7]

それは、一つには「百姓」という言葉があまりにも一般的であることとも関係していると思われるので、ここではその身分の特質を、より意識的、あるいは自覚的に表現するとみられる「平民」という語に焦点を合わせ、他の諸身分との関連を考えてみることとしたい。

しかし「平民」については、すでに戸田芳実が、古代から中世への移行期、十、十一世紀における百姓身分のあり方に関連して、注目すべき論稿を発表している。[*8]戸田はそこで、「平民百姓」の身分的特質として、「国政について中央直訴の権利をもっていること」をあげ、この権利は「本来、律令国家の政治秩序のなかにおける「公民」の地位に由来する」もので、律令制の解体とともに「農民は逆にかつて桎梏であった「公民」の地位を、より自由な基盤に立ちつつ、自己の武器として苛政に対抗するに至」ったのだと、「平民百姓」の「人身的自由」を強調する。そして、この時期の「平民百姓」は「「負名《ふみょう》」として国衙《こくが》領の耕作と官物弁済を請負う」が、彼等には「農民的な土地所有権は与えられず、ただ「占有権」・「耕作権」がみとめられたにすぎない」としつつも、「平民」は臨時雑役を負担すべき身分であり、その負担を免除された権門の「寄人《よりうど》」とも、「新興の在地領主のもとでの奴隷的および農奴的な下人」とも異なる地位にあるという、まことに的確な指摘を行なっているのである。

「平民」の身分的特徴は、ある意味ではこれでいいつくされているといってもよかろうが、しかし戸田はこうした「平民」のあり方を、律令制下の「公民」とも、また中世国家成立後の「百姓」——封建的隷属農民とも区別し、過渡期の特質とみており、その点に二、三の問題が残されているといえよう。

本稿ではこの戸田の研究をうけついで、おもに十二世紀以降の「平民」について、その身分的な特質を追究してみることとする。

一　古代の「平民」

「平民」の語の源流が古代にあることはいうまでもないが、いまは到底それについて全面的に考察するだけの力をもたないので、たまたま管見に入った言葉が、どのような場合に用いられているかをとりまとめ、次節以下の見通しを得ておくにとどめたい。

「天下平民」[9]などといわれるように、「平民」は「百姓」「公民」等と同様、一般の人民、庶民を意味することはいうまでもないが、[10]ただ思いなしか、この言葉が使用されるのは、それと異なる他の性質・身分の人や集団との区別を示そうとする場合が多いように思われる。

例えば『令集解』巻四「職員令」に、家人《けにん》・奴婢《ぬひ》について、「既非平民」といわれており、周知の雑戸《ざつこ》解放に関する『続日本紀』天平十六年（七四四）二月十二日条に「免天下馬飼雑戸人等、因□勅曰、汝等今負姓人之所耻也、所以原免同於平民」[11]とあり、また『日本後紀』弘仁二年（八一一）三月十八日条にも「停摂津国川辺郡指戸十烟、豊嶋郡二烟、為平民」と記され、「平民」は家人・奴婢、あるいは雑戸に対する語として使われている。

また、同じく『後紀』延暦十八年（七九九）十二月五日条に「信濃国人外従六位下卦婁真老（十一名略）等言、己等先高麗人也、小治田・飛鳥二朝庭時節、帰化来朝、自爾以還、累世平民、未改本号、伏望依去天平勝宝九歳四月四日勅、改本姓」とあるのは、高麗《こうらい》人と対照させた用例とみてよいと思われるが、一方、承和四年（八三七）二月八日の太政官符には、「得陸奥国解偁、弓馬戦闘夷狄所長、平民数十不敵其一」といわれ、[12]さらに貞観十一年（八六九）十二月五日の官符にも「俘夷之性、本異平民」とされており、[13]「夷狄《いてき》」「俘囚《ふしゅう》」は「平民」とは異質な人々とされているのである。

「俘囚」については、『日本後紀』弘仁四年（八一三）二月二十五日条に、「制、損稼之年、土民俘囚、咸被其災、而賑給之日、不及俘囚、飢饉之苦、彼此応同、救急之恩、華蛮何限、自今以後、宜准平民、預賑給例、但勲位村長及給粮之類、不在此限」とあって、本来「平民」と異なり、俘囚は賑給《しんごう》の対象とされなかった点に注目しなければならない。

こうした点とも関連するが、「平民」の用例には負担に関するものが少なくない。弘仁二年（八一一）八月十一日、太政官が「応浮浪人水旱不熟之年准平民免調庸事」について、符を発しているのもその一例であるが[*14]、延暦十一年（七九二）六月七日の官符が「諸司品部等戸、本司徴役、特甚平民、遂令逃散不聊其生、如此等之色其数居多、宜量閑劇、随事省却」といっていること[*15]、弘仁十三年（八二二）正月五日、太政官符に「略問百姓之苦、天下重役莫過駅戸、夏月飲汗不顧産業、冬日履霜常事逓送、雖寛免其庸傜、勤苦倍於平民」とあり[*16]、『続日本後紀』天長十年（八三三）六月三十日条に、「因幡国言、百姓之傜、卅日為限、至于事力、竟年駈使、比之平民、受弊殊重、請停差調丁、駈使傜人、許之」といわれているのも、みなその例としてよいと思われる。「平民」はそこでは、浮浪人・駅戸・諸司品部《しなべ》など、特別な状況にある人々に対して、標準的な負担を負う一般の人民として現われる。

これらの事例を通じて、八、九世紀ごろの「平民」が、家人や奴婢、雑戸や俘囚、夷狄や高麗人などと区別され、国家に対して定められた負担を負う、石母田正のいう「王民」そのもの、さらにはその発展としての「公民」を表現する語として用いられたことは、ほぼ明らかといってよかろう。[*17] それは戸田が指摘したように、まさしく「天朝之人民」ともいうべき人々であった。[*18] そして、さきにあげた諸例の中で、「平民」がマイナス評価に関連して現われる事例が全くない点に注目しておかなくてはならない。もとよりそこには、国史・官符という史料の性格も考慮しなくてはならないが、これはやはり、八、九世紀までの「平民」身分の位置づけを考える場合、無視し難い事実といってもよいのではなかろうか。

しかし九世紀末以降になると、この状況には明らかな変化がみえてくる。寛平八年（八九六）四月二日の、正五位以上の人の私営田を禁じた太政官符は、「権貴之家、乗勢挟夷、称荘家之側近、則妨平民之田地」と述べているが、[*19] このような「平民」に対する侵害は、永承五年（一〇五〇）七月二十二日の官符に「五位以下諸司官人以上多以来住部内、伴類眷属自成悪事、或立寄諸家之庄園、対捍国務、或押奪平民之田畠、構成私領」といわれ、[*20] また延久元年（一〇六九）二月の官符——延久荘園整理令に、「或恣駈平民籠隠公田」ことが問題とされているように、[*21] 十一世紀半ばにまでいたる問題であった。

そしてこうした動向の中で、逆に「平民之公田」「平民所作公田」と「権門庄民出作公田」との違い、「平民」と「庄民」あるいは荘の住人との違いが、荘園側から強調されるようになってくる。[*22] 天喜二年（一〇五四）六月五日、伊賀国司小野守経の名張荘に対する非法を訴えた東大寺申状で、「恣抜棄件庄牓示、幷住人等准平民充責方々色々雑役[*23]」といわれているのは、そのことを明示しているが、そこで「方々色々雑役」を負担するか否かによって、「平民」と荘の「住人」とが区別されている点に、注目しなければならない。

とすれば、十一世紀ごろの「平民」身分の特徴は、「方々色々雑役」——戸田もふれているように、臨時雑役[*24]などの国家的な賦課《ふか》を負担するところにあることになるので、その点では、八、九世紀の「平民」と全く本質を同じくするといってよかろう。とはいえ、八、九世紀の「平民」の負担が規準的な意味をもち、その身分に連なることが「解放」であり、また負担の減少となったのに対し、ここで「平民」は、課役免除の特権をもたない身分として、どちらかといえばマイナス評価の線上に現われるのである。八、九世紀と十一世紀の相違の一つはこの点にあるといえよう。

それとともに、永承五年（一〇五〇）の官符に引かれた寛徳荘園整理令に、「或平民顧己者、籠膏腴失公田」とあり[*25]、永暦二年（一一六一）に「平民之私領田」といわれているように[*26]、「平民」自身が「公田」を「私領」とする動きのみられる点にも注意すべきであろう。「平民」身分の基本的な特徴は保持されているとしても、律令制下の「平民」のあり方がここで大きく変動しつつあることは、間違いないところであり、一方では「私領」を集積し、ある場合には「平民」身分を離脱するであろう人々を生み出しているとはいえ、全体としてみれば、むしろ

八、九世紀よりも、その社会的地位が多少とも低下しはじめているように思われるのである。[27]しかし、こうした傾向が、中世社会の確立とともに、「平民」の身分的特質を変質させるまでにいたったとは決していい難い、と私は考える。以下、史料に即して、中世における「平民」のあり方について検討してみたい。

二　「職人」身分との区別

さきに「平民」身分が、平安末期、課役免除の特権を保証された人々と区別されはじめたと述べたが、中世に入ると、それは特定の職能を通じて、神社などの権門に奉仕する職掌人・神人《じ》・寄人《にん》などの人々――別稿で供御人などを含むこうした人々を「職人」と総称してみたが、[28]もしもこれが認められるならば「職人」身分の人々との区別として確定していく。

例えば、文治二年（一一八六）九月十八日、宇佐八幡宮御装束所検校大工秦安利は、豊前国辛嶋郷内宗安名田陸段、葛原郷内在家二家・苧六両・門布等の不輸免を請い、つぎのように述べている。[29]

爰安利任相伝令領掌件名田、云宮神事、云御館内雑事、乍致勤厚、依未賜御免判、准平民被切充万雑公事之間、為御造営工、宮中祗候以後者也、妻子所難安堵也

ここで安利は、宇佐宮の造営工――「職人」として、「平民」の負担すべき「万雑公事」を

免除された「免田」の保証を求めているのであるが、建仁三年（一二〇三）七月二日、御装束所検校大神貞遠が、封戸郷定快名田畠について「随夏徴以下公事雑役、偏准平民被苛責之故、弥以無寄作人」と訴えている[30]のも、同様の事例にほかならない。

もとより宇佐宮のみではない。文永六年（一二六九）正月、東西金堂修二月会荘厳役の賦課・譴責の不当を訴えた春日社神人等も「異平民、為遁如此之役、雖無別給恩、罷入テ神人、励昼夜之勤労、於今者不被優神人、蒙譴責之間、悉倦奉公、忽嗜他道、然者、向後新入之族、断絶無疑者也」と強調しており[31]、これも全く同じ問題を示しているといえよう。

また、同じ荘厳役について、建治三年（一二七七）三月に、

　此役国中男女共以勤之云々、女者有三従之謂、幼年従父之時不可充催、雖為神人女、嫁平民令別籍之時、非沙汰之限

といわれていることも、注目すべきであり、「平民」と「神人」とがきわめて明確に区別されていたことを、よく物語っている。[32]

それ故、この両身分の区別は、当然ながら鎌倉幕府法にも現われる。寛元三年（一二四五）正月九日の関東御教書は六波羅探題に充てて、つぎのように指令しているのである。[33]

　西国神人拒捍使等、或平民或以甲乙人之所従、令補神人、動好寄沙汰、太略令管領々家地頭之所務、致嗷々沙汰之由有其聞、事実者、所行之企甚濫吹也、本神人之外、於新神人者、

触申本所、早可被停止之由、度々被仰下畢（下略）

これによって、後述する「平民」身分と「所従」―下人との区別を知りうるとともに、神人―「職人」との違いもまた明らかといえるであろう。

以上の事例が示すように、「平民」身分と「職人」身分との区分は、やはり「万雑公事《まんぞうくじ》」「公事雑役」などの国家的、公的な負担の有無に求めることができるので、その点では八世紀以来の「平民」の特質は一貫しているといわなければならない。しかし、十、十一世紀以降にみられるようになってきた、課役免除を保証された人々との差異は、ここで新たな身分的な違いとして確定され、公事負担の義務を負う「平民」と、それを免除された「職人」との区別は、荘園公領制の中でも、平民名、平民百姓名と「職人」給免田畠という形で、定着するにいたった。[*34]

そしてそれとともに、さきにもふれた「平民」身分の社会的地位の相対的な低下も、また確定する。前述した事例の多くが「職人」側からの発言である点を考慮する必要はあるとはいえ、そこでは「職人」身分が神に仕える「神奴」として、「平民」よりもむしろ社会的に高い、特権的地位にあることが強調されており、[*35] 国家的な課役を負担することは、この局面では強く忌避されているのである。

しかしそれはもとより巨視的にみた場合のことなので、「職人」といっても、その中には下《げ》司《し》・公文《くもん》などの荘官から手工業者、狭義の「芸能民」、さらには非人までが含まれている。[*36] また、ひとしく「平民」といわれても、平民名の名主をはじめ、小百姓・間人《もうと》などの階層があって、細かくみれば、たやすくその社会的地位の高下をきめるわけにはいかない。さらにこの両身分の差異とは多少のずれをもちつつも、密接に結びついている侍と凡下《ぼんげ》の区別についても考慮する必要がある。[*37]

とはいえ「職人」身分が「平民」身分から区別された新たな身分として確定した点に、古代社会と異なる中世社会の特質がある、と私は考える。手工業を含む広義の「芸能」が広範に開花する前提は、ここに確立されたのであるが、なにより、戦闘—武を「芸能」とする武士がその中で独自な武装職能集団として強固な社会的地位を固め、東国に成長してきた主従制を基軸とする武装集団も、この身分を媒介としてはじめて全国の支配者となりえたことを考えておかなくてはならない。[*38]

そして「平民」の武装はもとより自由であり、決して禁止されたわけではないとはいえ、[*39]武装・戦闘が「平民」的な「生業」ではなくなり、その日常から離れていく方向が、ここに明確になってきたことにも目を向けておく必要があろう。[*40]

それとともに「職人」と「平民」の間の矛盾・対立の中で、特権を保持する「職人」に対する「平民」の反発が、ある場合、その一部に対する差別、賤視に転化することがありえた点も、見落としてはならない。[*41]この傾向は南北朝内乱期を過ぎたころから、次第に明確になってくるものと思われる。その一端は、明徳元年（一三九〇）には「地下平民之夫役」の賦課を拒否し通していた若狭国太良荘《たらのしょう》の在家百姓——尻高名《しったかみょう》の「職人」的な人々が、「平民」のはげしい反発の中で、長禄・寛正のころには次第に圧迫されていった過程によく現われているので、[*42] こうした事例は今後さらに探究されなくてはならない。

以上のように、「職人」身分との区別においては、中世の「平民」身分の、いわば消極的な側面が強く現われてくるのであるが、「平民」そのものの内に存在する「自由民」としての特質は、「下人」身分との関連で、より明確に現われてくる。次節ではその点を中心に述べてみたい。

三 「下人」身分との区別

前述したように、最近再び「下人」の階級的規定についての議論が活発化するとともに、「下人」身分と「百姓」身分との相異・区別についても、種々、論及されており、それは本稿でいう「平民」と「下人・所従」との区別と、ほぼ重なっている。それ故、すでに指摘されたことと重複する点も少なくないが、ここでは「平民」の語の用例に焦点を合わせ、相異点を明らかにしてみたい。

建久元年（一一九〇）十一月、金剛峯寺大塔供僧等は、備後国大田荘下司橘兼隆・大田光家

の非法を訴えて、つぎのように述べている。[*43]

一、如調借祗候之所従御庄内之百姓駈仕事
右、一切処之庄官等之習、以免家之下人、令勤自身之雑事、更以平民之百姓、昼夜駈仕之例、全以所無也、而兼隆・光家、於平民之百姓、如調借祗候之所従、雑事切配之、朝夕責堪之、因之、御庄内百姓等、或逃脱、或損亡、更無安堵之思（下略）

よく引用される文章であるが、「平民」身分と「下人・所従」身分との差異を、これはまことによく示している、といってよかろう。

「平民」は、朝夕、地頭に「祗候《しこう》」する「下人」のように、地頭の私的な支配におかれて駈《く》仕《し》され、雑事を切り充てられてはならぬ身分であった。

逆に「下人」は国家的な、また共同体成員の負うべき負担—公事を担うことを許されぬ身分であり、それ故、地頭は公事を免除された自らの免家—免在家には下人を住まわせ、免田畠—地頭名の耕作に当たらせていたのである。[*44]これに対し、公事・公役負担の義務をもつ「平民」[*45]が居住する在家は「平民在家」であり、[*46]その請け負う名田畠は「平民名」といわれ、[*47]そうした在家・名田畠は、地頭などの私的な隷属民で、公事負担の資格のない「下人」に充て行なわれてはならなかった。

これも大山喬平の引用した史料であるが、弘長二年（一二六二）三月一日、越中国石黒荘の雑掌と地頭との相論を裁許した関東下知状《げちじょう》は、[48]つぎのような原則を明示している。

平民内逃死亡不作損亡跡者、預所・地頭相共招居浪人、両方召仕事、為傍例之間、不及改沙汰、但以平民跡、不語付百姓、或地頭引籠之、或令充作同下人等之条、公役懈怠之基也、早可令停止焉

大山のいう通り、「浪人」は決して「下人」ではなく、条件がととのえば「平民」に復帰しうる、広義の「平民」身分に属することを、これによって知りうるが、ここで示された原則は、鎌倉幕府法を通じて一貫している点も、すでに周知の事実であろう。[49]

これまであげた「平民」の事例の多くは西国の場合であったが、もとより東国でもそれは同様であった。

正和元年（一三一二）七月二十三日、常陸国真壁郡竹来郷の地頭と預所の相論に裁決を下した関東下知状[50]は、「定田者地頭進止下地之間、混預所自名、難譲与歟、為謀書之由、貞（地頭代）致雖称之、定田者為平民名、預所相綺之上、於年貢者、預所令徴納之間、同書載譲状之条、無其難之旨、行定（預所）陳答有子細」と述べ、また「当郷内大井戸・泉・各来・竹来村等者、為平民名、於下地者、地頭雖進止、預所相綺」と規定している。さきの場合と同じく、平民名は下地進止権がいずれにあるにせよ、地頭や預所の自専を許さぬ名田だったのであるが、それは「平民」身分が、本来いかなる人の私的な隷属下にもおかれることのない「自由」な、また「公的」な身分

だったからにほかならない。それ故に、平民名は少なくとも鎌倉中期以降、荘園・公領を問わず「公田」といわれるようになったのである。[*51]

平民名はまた「土名」ともよばれることがあった。[*52]これは「土民」という言葉と結びつくものと思われるので、「土民」はいわば「平民」の別称であったとみてもよかろう。ただ古代と同様、中世でも「平民」は他身分との区別を明らかにするさいに、意識して使用されることが多いが、「土民」は必ずしもそうでなかったように思われる。そして「或依国司領家之訴訟、或依地頭土民之愁欝」といわれたように、[*53]現在の「土民」という言葉につながる一種のマイナス評価は、恐らく中世ではほとんどなかったであろう。[*54]

鎌倉幕府法では、「平民」の語は一例しか見出しえないが、「土民之習」、「土民百姓」などのように、「土民」の用例は多く、[*55]御成敗式目第四十二条の「於去留者宜任民意也」という規定も、追加法では「至于去留者、可任土民之意」、「一、土民去留事、右宜任民意之由、被載式目畢」とされているのである。[*56]

すでに周知の如く、この規定によって、「土民」─「平民」の移動の自由が保証されていたことは明らかであるが、鎌倉時代を通じて、地頭はこうした「平民」の「自由」を、たえず脅かしつづけた。「或称逃毀、抑留妻子資財、或号有負累、以強縁沙汰、取其身之後、如相伝令進退」といわれたように、[*57]「平民」を「下人」と化し、自らの「下人」の耕作する田畠と称して「平民名」を押領、あるいは闕所《けっしょ》となった「平民名」にその下人を入れて、これを自らの名とするなど、地頭の非法は全国各地で無数といってよいほど頻発していた。[*58] しかしこれに対し、よく知られている若狭国太良荘の勧心等の百姓をはじめ、「平民」の抵抗もまた頑強であった。領家の力に頼り、幕府に訴えてその支えを得つつ、地頭の暴力に抗して、「平民」がその「自由」をついに貫いていることも、強調しておかなければならない。[*59]

その抵抗の根拠がどこにあったかについては、なお検討の余地が広く残されているとはいえ、[*60] その源泉が「平民」の共同体そのものの力、古代からさらに原始にまで遡る「平民」の「自由」の長い伝統にあることは間違いない、と私は考えている。[*61]

とはいえ、太良荘の百姓たちが、地頭との訴訟を強力に支えてくれた預所定宴《じょうえん》に対し、「七代」ののちまでもその命に背かぬと誓約したように、[*62] 地頭の圧力に抗するため、「平民」が預所などとの間に、ある種の依存関係、「主従関係」を結んだことも見落としてはなるまい。これはたしかに「平民」に対する私的支配の浸透を物語っているが、ただそれは決してさきの「平民」の特質そのものを失わせるものではなかった。

この太良荘の百姓たちを、あたかも「下人」の如く召し使った定宴の孫女が、百姓たちの強烈な反発によって後退せざるをえなかった事実がよく物語っているように、[*63] さきの「主従関係」は、主の撰択の自由を保留した関係であり、佐藤進一の規定に従えば、「家人型」ではなく「家礼型」の関係といってよかろう。[64]とすれば、中世社会に一貫して広く見出される「家礼型」の主従関係、根強い「自力救済」の慣習は、根本的にはこうした「平民」の「自由」を背景とし、それに支えられていたといえよう。そして封建的な主従制が、まさしくこの「家礼型」の主従関係そのものであるとすれば、それを成り立たしめた力もまた、同じところに求めなくてはなるまい。[65]

以上のように、「下人」身分から明確に区別され、武装・移動の自由を社会的に保証された「平民」身分の特質の中に、私は「自由民」としての特徴を見出すことができると考える。

むすび

「平民」の用例は、室町・戦国期に入ってからも見出しうる。例えば、寛正三年（一四六二）八月晦日、「猥殺害人科事」を規定した「大内氏掟書」第十四条は、「平民左衛門三郎男」の妻敵打について、流刑と定めているが、「平民」に対して、「異類身之者」「重代相伝之忠臣」を対照させている点でも注目すべき例といえよう。[66]「平民」の特質は、ここにおいても保たれているといわなくてはならない。[67]

しかし、これについては、なお用意が十分でないので、いまは立ち入ることはできない。また、近世を通じて「平民」の語がどのような意味で使われながら生きつづけてきたか、[68]それがいかなる経緯で明治に入って新たな身分呼称として使用されるようになり、[69] さらに「平民主義」ともいうべき自覚的な思想の表現に転化していったか等々、非常に興味深い問題がそこにあるように思われるが、到底、これには私の力が及ばない。

ただこのような全時代を通じての用例からみて、「平民」という言葉は「常民」などともいわれる日本の庶民を表現する言葉として、史料上に現われる語の中では最も適当、と私には思われた。これまでの「百姓」をめぐる論議との重複をあえてして、本稿でとくにこの「平民」の語に即して贅言を費してきた理由の一つはそこにある。

事実、古代・中世を通じてみて、「百姓」と「平民」とは、ほぼ重なるとはいえ、多少のずれがあるといわなければならない。雑戸は「百姓」に入れてよいのではないかと思われるが、「平民」とは区別されているし、また、さきにあげた太良荘尻高名の人々も「百姓」とよばれているが、自らを「地下《じげ》平民」と異なる立場に位置づけているのである。[70] とすれば、「百姓」よりも、前述したように他の身分を意識して使われることの多い「平民」の方が、これまで百姓身分の特徴としてとらえられてきた点を、より正確に表現しうるのではないかと思われる。

さらに、「百姓」という語が、実際には近世においても農民のみをさす言葉ではないにもかかわらず、われわれの「常識」の中には根深く農民そのものを意味する語として定着しており、そのうちに含まれる多様な非農業的生業に携わる人々を結果的に無視し去るうえで、一つの役割を果たしてきたことも見逃すことはできない。私はこうした「常識」の克服こそ、当面、とくに重要な課題と考えるので、そうした意味からも、「平民」の語を積極的に使いたいと考える。

すでにこの言葉は、ローマのプレブスの訳語として定着しているが、世界の諸民族の身分を現わす語として、王・貴族などとともに有効な言葉なのではなかろうか。そして日本の場合、まさしくこうした世界史的な意味での「平民」が、古代・中世において「百姓」として現われる点にこそ、追究されなくてはならぬ問題があるともいえよう。

さきに私は中世の「平民」の「自由民」としての特質をとくに強調したが、それは彼等が公事負担の義務を負い、田地、畠地の耕作を請け負う限り年貢、地子を負担しなくてはならなかった点、また「家礼型」であるにせよ、一種の主従関係の束縛をうけなくてはならなかったことに着目して、これを「隷属農民」[*71]と規定する見方と、必ずしも真向から矛盾するものではない。またもとより「平民」の中に、大きくわけて、上層—平民名の名主、下層—小百姓・脇百姓、間人などの階層があり[*72]、それらの人々の間に、多少とも従属関係のあったことも事実である。とはいえ、こうした隷属性、従属関係のみを強調することは、年貢・公事の負担が「平民」の「義務」であるとともに、「権利」でもありえた側面を無視し、結局は、私的隷属の強制に対する「平民」の根深く強靭な抵抗の源泉を見失わせる結果となるであろう。そしてまた、前述したような「平民」の「自由」を「保護」することによって、たえず「公」に吸収・組織しようとする支配権力の動向についても、この見方からだけでは、決して的確に把握することはできないし、さらに、こうした動きに抗して、「平民」自体の中に成長してくるであろう自覚的な自由・平等の思想についても、それをとらえる道を失わせることになる、と私は考える。[*73]

日本の中世後期には、萌芽ではあれ、このような思想が生み出されつつあったのではないか、と思われるが、[*74]戦国期を経て、「平民」の「自由」を再び新たな「公」に吸収して確立した幕藩体制の支配下に置かれた百姓にしても、権力はその「自由」のすべてをわがものにはなしえなかったに相違ない。その意味で、ふつう「農奴」と規定されている近世の百姓身分についても、この視角からとらえ直してみる必要があり、さらにまた「農奴」そのものの規定についても、再検討し、さらに厳密にされなくてはならないと思うが、[*75]このような大きな問題については、すべて後日を期するほかない。当面、大変に粗雑な議論ではあるが、中世の百姓身分を、このような視点から「平民」ととらえ直してみた本稿の見方について、大方の率直な御批判をいただければ幸いである。

注

＊1――永原慶二「日本封建制の「アジア的」特質――学説史覚書」（『一橋論叢』七七―四）、石井進「中世社会論」（『中世史を考える』校倉書房、一九九一年、『岩波講座 日本歴史』中世4、一九七六年）。

＊2――この点については、注1論稿もそれぞれに言及しているが、拙著『中世東寺と東寺領荘園』（東京大学出版会、一九七八年）序章第一節、付論参照。

＊3――例えば、峰岸純夫「日本中世社会の構造と国家」（『大系日本国家史』2『中世』東京大学出版会、一九七五年）。

＊4――安良城盛昭「法則認識と時代区分論」（『岩波講座 日本歴史』別巻1、一九七七年）が、「下人身分」についての「中世史研究批判」を展開し、下人の「五つの側面」について検討しつつ、中世社会において「家父長的奴隷制」が「構成的比重」を占めた、という自説をあらためて展開したのに対し、大山喬平「中世社会のイエと百姓」（『日本史研究』一七六号、『日本中世農村史の研究』岩波書店、一九七八年）、高橋昌明「日本中世封建社会論の前進のために――下人の基本性格とその本質」（『歴史評論』三三二号、一九七八年）などが批判を加え、とくに高橋は下人身分を農奴と強調している。

＊5――石井進『中世武士団』（『日本の歴史』12、小学館、一九七四年）及び注1論稿。

＊6――注4前掲大山論稿。

＊7――下人身分と百姓身分との区別については、藤木久志『戦国社会史論』（東京大学出版会、一九七四年）総論第三章、II第二章などで明らかにされている。また、大山喬平「中世の身分制と国家」（『岩波講座 日本歴史』中世4、前掲書所収）が、侍・百姓凡下・下人所従の三身分について、それぞれの特徴・区別を論じており、すでにその大筋は明らかにされているが、百姓身分に関しては、下人所従との区分、あるいは侍との違いは明らかにされているとはいえ、積極的な規定についての論義は、なお十分とはいえないのではなかろうか。

＊8――戸田芳実「平民百姓の地位について」（『ヒストリア』四七号、一九六七年、『初期中世社会史の研究』東京大学出版会、一九九一年）。

＊9――『続日本紀』和銅元年七月十五日条に「百官為本、至天下平民」とある。

＊10――『日本国語大辞典』（小学館）は、注9を引き、「官位のない民。普通の人民。庶民。良民」とし、別に「平民百姓の略」とも解している。

＊11――新井喜久夫「品部雑戸制の解体過程」（弥永貞三先生還暦記念会編『日本古代の社会と経済』上巻、吉川弘文館、一九七八年）は「揩は摺と同義」とし、延喜式左右近衛府式行幸青揩条、弾正台式を引用して、「揩戸は摺染にあたる戸であろう」と述べている。

＊12――『類聚三代格』巻五。『続日本後紀』同日条には「陸奥国言、劒戟者交戦之利器、弓弩者致遠之勁機、故知五兵更用、廃一不可、況復弓馬戦闘、夷獠之生習、平民之十不能敵其一」

とある。

＊13――同右巻十八。

＊14――同右巻十七。

＊15――同右巻十八。

＊16――同右巻十四。

＊17――石母田正『日本の古代国家』（岩波書店、一九七一年）第二章。

＊18――注8前掲戸田論稿。

＊19――『類聚三代格』巻十五。

＊20――「田中忠三郎氏所蔵文書」（竹内理三編『平安遺文』三―六八二）。

＊21――「百巻本東大寺文書」延久元年八月廿九日、筑前国嘉麻郡司解案（『平安遺文』三―一〇三九）。

＊22――「狩野亨吉氏蒐集文書」久安四年十月廿九日、官宣旨案（『平安遺文』六―二六五五）に、「当国官物之率法、平民所作公田者、段別見米五斗済之、権門庄民出作公田者、段別見米三斗・准米一斗七升二合・穎稲三束済之」とあり、「京都大学所蔵東大寺文書」久安五年、伊賀国目代中原利宗・東大寺僧覚仁重問注記（『平安遺文』六―二六六六・二六六七）にも、覚仁の詞として、「惣准平民之公田、被充五斗代之条、未知其理」といわれている。これよりさき、嘉保三年（一〇九六）七月廿三日、伊賀国黒田杣稲吉解（「東大寺文書」

第四回採訪三、『平安遺文』四―一三六〇）でも、「平民公田之負名」といわれており、「平民」と「公田」とは不可分の関係にあったとみてよいと思われる。

＊23――『三国地誌』巻百五（『平安遺文』三―七一七）。

＊24――臨時雑役は「方々臨時雑役」「臨時加徴色々責」「色々切物臨時雑役」「色々雑役」「種々雑事」などともいわれており、「方々色々雑役」は臨時雑役とみてよかろう。

＊25――「田中忠三郎氏所蔵文書」永承五年七月廿一日、太政官符案（『平安遺文』三―六八一）。

＊26――「東大寺文書」（第四回採訪八十八）、永暦二年四月日、東大寺三論宗解案（『平安遺文』七―三一五二）。

＊27――戸田は前掲論稿で、平民百姓は律令制下の公民の地位に由来しつつ、それよりも「自由」な基盤に立つものと指摘しているが、一方ではこの人々を含めて、中世の百姓身分を「封建的隷属農民」と規定し（戸田芳実『日本領主制成立史の研究』岩波書店、一九六七年、八頁）、さきの「自由」は、十、十一世紀の過渡期にみられる相対的な現象としている。問題は、ここで戸田も認めている「自由」の根源がどこにあるのかにある。

＊28――拙稿「中世前期の「散所」と給免田――召次・雑色・駕輿丁を中心に」（『史林』五九―一、一九七六年、『日本中世の非農業民と天皇』岩波書店、一九八四年）。

＊29――「小山田文書」（竹内理三編『鎌倉遺文』一―一七六）。

＊30――同右（『鎌倉遺文』三―一三六六）。

＊31――『春日社記録』日記二、「中臣祐賢記」文永六年正月廿一日、春日社神人等申状。

＊32――同右、建治三年三月八日条。このような「平民」と「神人」とのきびしい区別については、「北野神社文書」文永七年七月廿七日、後嵯峨上皇院宣（『鎌倉遺文』一四―一〇六五八）に、「北野宮寺申不断香神人訴申鳥羽殿堤役事、先度有沙汰、以庁官被実検之時、神人与平民、各改其住宅、不可相混之由、被定下訖、然者於居住神領之神人者、不可充催鳥羽殿役」とあるのも参照されなくてはならない。両者の間では「住宅」も区別されたのである。

＊33――『吾妻鏡』同日条（佐藤進一・池内義資編『中世法制史料集』第一巻、追加法二三八条）。

＊34――このことを前提としてみると「平民」と「職人」の量的な比率を、おおよそ推定することが可能となる。「東寺百合文書」ュ函三五号、文永二年十一月日、若狭国惣田数帳案によると、荘園を除いた狭義の公領で、寺田は四・四％、神田八・七％、人給田一五・九％、河成四・四％、不作一二・一％、応輸田五四・五％の比率となる。この中から不作・河成を差し引くと、その比率は寺田五・三％、神田一〇・四％、人給田一九・〇％であり、計三四・七％となる。また人給田の中から地頭給を引いた残り――狭義の「職人」給田の比率は一〇・〇％である。神田・寺田によって現わされる部分は、当然、「職人」とみてよい部分を含んでいると思われるので、若狭国では多くみれば三〇％強、少なくみても一〇％以上の人を「職人」とみてもよいであろう。

＊35――注31『春日社記録』文永六年正月日、春日社社司等解には「謹考案内、神人職者、勤労無

双之神奴、社家第一謹従也」といわれているなど、各所でそうした強調がなされている。

＊36――注28前掲拙稿参照。

＊37――注7所掲の論稿で、大山喬平は、鎌倉幕府法の世界に即して、侍・百姓凡下・下人所従の三身分に区分し、侍と凡下の区別については、「朝位朝官を帯するか否かによっていた」とする田中稔「侍・凡下考」(『鎌倉幕府御家人制度の研究』吉川弘文館、一九九一年)に依拠しつつ論じている。しかしこの身分の区分原理は、「職人」と「平民」の区分とは異なり、むしろ主従制の原理をも考慮に入れて論ずる必要がある、と思われる。「侍」は本来は「職人」に含まれるが、鎌倉幕府成立後、事態はかなり大きく変化する。この点については、なお今後の課題として考えてみたい。

＊38――いわゆる「職の体系」は、この「職人」身分の成立と、深く関連しているが、これについても、別の機会に考察してみたいと思っている。

＊39――「平民」の武装については、別に詳しく追究してみる必要があるが、例えば、建武元年(一三三四)、若狭の遠敷市庭に出向いた太良荘の百姓が守護代に奪われた贓物の中に、刀五腰があり(『東寺文書之二』は一一八号)、同じく同荘倉本百姓角大夫が悪党人に捜し取られた資財雑物の中に、大刀一振、刀二腰、弓一張、矢二腰、直垂三具(同上、は一一七号)のみえることなどからも、彼等が武器を所持していたことは間違いない。逆に悪党人交名には、武装して「悪党」の集団に加わった百姓の姿を多数見出すことができる。その

意味で、中世の「平民」も武器は自弁だったと思われるが、兵粮米については、動員者が調達・用意する必要のあったことを示す例が多く、これは動員者に依存していたと考えてよかろう。

＊40――この点は、日本人の「民族的体質」とも、恐らくは深く関連してくることになるであろう。日本の共同体の特質は、このことを十分考慮に入れて考えられなくてはならない。

＊41――この場合、いかなる「職人」が賤視されていくかについては、注7の論稿で大山が詳細に述べているように「穢」などの別個の原理が入ってくる。

＊42――この点については、前掲拙著『中世東寺と東寺領荘園』第II部第四章第三節で詳述したので、参照されたい。

＊43――『高野山文書之一』宝簡集五―五二、建久元年十一月日、金剛峯寺根本大塔供僧解状案。

＊44――給免田畠を保証されている点で、地頭は「職人」と共通する一面をもってはいるが、領家―預所と肩を並べて、荘園・公領の公的な支配者となりうる要因を最初から備えており(例えば検断権・裁判権など)、「職人」とはその点で区別されなくてはならない。

＊45――『茨城県史料』中世編II、「吉田神社文書」九二号、年月日未詳、平幹盛重陳状写に「幹盛祖父保幹致違乱、任自由令抑留田所得分、打止平民百姓手足公事」とあること、また『石清水文書之二』「田中家文書」二一八号、弘安十年十一月廿七日、関東下知状案に「安正恒吉両名下地者、地頭領知之、所当米恒例臨時御公事者、如平民百姓、無懈怠可弁償」と

ある点などからみて、明らかであろう。

＊46――「大友文書」文保二年十二月十二日、関東下知状は美濃国中村荘の地頭と雑掌の相論を裁決しているが、その第八条に、「一、平民在家糸綿事、右、百姓所直進也、而地頭打止之由、雑掌申之処（下略）」とある。

＊47――『高野山文書之二』宝簡集八―一一四号、正安三年六月廿一日、備後国大田荘桑原方領家地頭所務和与状に「一、地頭名・庄官名雑免胡麻事、右段別壱升、如平民名可進済之矣」とあるのをはじめ、その事例は多い。

＊48――「金沢図書館所蔵文書」。

＊49――注7前掲大山論稿参照。

＊50――『茨城県史料』中世編I、「鹿島神宮文書」四一八号。

＊51――こうした事例は、伊予国弓削島荘などをはじめ、あらためてあげるまでもなく、広く見出すことができる。前注『茨城県史料』、「塙不二丸氏所蔵文書」二三号、正和五年閏十月十六日、野本時重覆勘状に「乍令知行恒例御公事勤仕之公田、争可令対捍御公事哉」とあるのも、「平民」身分との対応を物語っている。

＊52――この点も、大山の前掲論稿で指摘されているように、備後国大田荘の関係史料にしばしば見出すことができる。例えば『高野山文書之八』又続宝簡集一四二―一九四四号、年未詳十月五日、備後国大田荘地頭代太田信倫陳状案に「一、土名百姓等訴申事」「一、頭結事、

右土名百姓等ニ不可入菜料之由、御下知以後（下略）」などとある。

＊53——「御成敗式目」第三条。

＊54——この「土」は、古代の「土人」「土毛」などの「土」に通じ、のちの「土一揆」も、この「土」につながるのではなかろうか。廻船鋳物師に対して「土鋳物師」のあったことは、「真継文書」によって知られるが（拙稿「中世初期における鋳物師の存在形態」『名古屋大学日本史論集』上巻、吉川弘文館、一九七五年や、注28前掲書）、この「土」も同様であろう。こうした「土」の用例は、「地」と同じく、さらに追究してみる必要があろう。

＊55——例えば、前掲『中世法制史料集』第一巻、追加法第七条、「以吹毛之咎、損土民等」、第一五二条「寄事於左右、不可成土民之煩」、第一八七条「放牛馬、採用土民作物草木」、第二五八条「諸国守護地頭等、遂内検、責取過分所当之間、難令安堵土民百姓事」、第二八七条「取流土民身代事」、第二八八条「土民之習」等々、その事例は非常に多い。

＊56——同右第一八二条、第二八九条。

＊57——同右、第二八九条。

＊58——事例をあげるまでもないが、備後国大田荘・伊予国弓削島荘などの事例を通して、細かく知ることができる。

＊59——拙著『中世荘園の様相』（塙書房、一九六六年）で、詳述した。

＊60——前掲注4の論稿で、大山喬平はそれを百姓の「イエ」に求めており、「平民在家」に「ア

ジール」的な性格を考えることができれば、これはまことに興味深い見解といえよう。しかし「イエ」が確立していたとはいい難い古代の「平民」においても、こうした抵抗力が、ある意味では中世以上に発揮されたとみることもできるので、こうした点は今後の課題としてさらに考えてみたい。

＊61――拙著『増補 無縁・公界・楽――日本中世の自由と平和』（平凡社、一九八七年）で、この点は若干言及した。

＊62――「東寺百合文書」ア函三四号、正安二年三月日、太良荘預所陳状に「向時預所、至七代不可存不忠不善之由、乍書起請文」といわれている。

＊63――前注文書参照。なお注59所掲拙著でも詳述した。

＊64――佐藤進一編『日本人物史大系』第二巻（中世）六～一二頁の佐藤進一の指摘を参照。

＊65――『歴史公論』一九七八年五月号、座談会「荘園の実態をもとめて」三六～三七頁参照。

＊66――佐藤進一・池内義資・百瀬今朝雄編『中世法制史料集』第三巻、武家家法I、「大内氏掟書」。この条でも「平民」と「土民」とが対応させられている。

＊67――『茨城県史料』中世編II、「吉田薬王院文書」六五号、（天正四年）七月廿九日、三宝院義演書状写に、「至院家絹衣着用之事勿論候、其外於平民者着用無之事候」とあるが、ここで「平民」が衣服の区別に関連して現われる点に注目すべきである。

＊68――『日本国語大辞典』（小学館）は、「椿説弓張月」の「平民おのおの業を営み」という用例

を引いている。

＊69――被差別部落に対して「新平民」という言葉が使われたのは、「平民」身分そのもののもつ負の側面を示しており、そこまで含めて考えてみる必要がある。

＊70――このような区別と「差別」の固定化とは、いうまでもなく深い関係があるが、そうした点を厳密に考えるためにも、百姓という言葉より、「平民」の方が有効なのではあるまいか。

＊71――ここでも「農民」のみしか視野に入っていないことは、決して無視することのできない問題である。

＊72――このような階層については、前掲拙著『中世東寺と東寺領荘園』で多少言及し、また、『日本塩業大系』原始・古代・中世（稿）において、塩の生産に即して、具体化を試みてみた。

＊73――この点に関しては、すでに前掲、藤木久志『戦国社会史論』一〇五頁以下などで「御百姓意識」として追究されており、「本福寺跡書」の「百姓ハ王孫」という文言が注目されている。しかしこれについては、金龍静の批判（「戦国期本願寺権力の一考察」『年報中世史研究』創刊号、一九七六年）もあり、なお、具体的に追究されなくてはならない。「平民」の負担した年貢・公事の特質を解明することも、そのために必要な作業である。田地を賦課基準として徴収され、各種の非水田的生産物を含む年貢、広義の年中行事、共同体的な行事（その支配者による収取に転化した形態を含む）のための諸費用・労力の負担として

の公事は、「地」そのものの生み出した「子」を収取する地子と異なり、たやすく「地代」とはいい難い特質をもっているが、この点も別の機会に詳述することとしたい。

＊74――前掲拙著『増補 無縁・公界・楽』は、この点についての試論である。

＊75――「平民」身分は、階級社会の成立以後については、一貫して「自由民」としての側面と、「隷属民」とも規定しうる一面を内包する、それ自体の中に矛盾をもつ身分であったといえよう。この「自由民」としての特質は、時代の進展とともに、前近代社会においては弱化していくのであるが、それは反面で、隷属に対する抵抗、自由・平等の自覚的な思想の深化の過程でもあったと思われる。中世の「農奴」についても、私は多分にこのような角度から考えてみる必要があるのではないかと考えている。

2　百姓の負担

(1)　年貢

はじめに

中世の荘園公領制の下での基本的な負担が年貢・公事《くじ》・夫役《ぶやく》であることは、すでに広く認められている。戦前、小野武夫は年貢・雑公事・徭役《ようえき》が荘園支配者に対する「庄民の負担」であることを指摘し、[*1] 竹内理三はこれを年貢・公事として、公事を雑公事と夫役に分けている。[*2] そして竹内は公事が年中行事に配分されていく実態を、醍醐寺に即して見事に明らかにしたのである。

こうした公事についての竹内の研究は、戦後、渡辺澄夫によって継承、深化され、渡辺は均等名の研究を通じて、公事の体系を詳細に明らかにした。[*3] しかしこれらの諸負担を荘園制的収取体系としてとらえ、荘園領主経済全体の中に位置づけようと試みたのは永原慶二であり、[*4] それは戦後の歴史学の一つの到達点を示すものといえよう。

永原は荘園領主経済を基本的に自給的家産経済ととらえ、とくに雑公事にその特質がよく現われているとみる一方、年貢が米のみでないこと、絹・綿等を主とする荘園のあることを指摘し[*5]、これらの米・絹・綿は支払・交換手段であり、荘園領主は中央都市の流通を前提とした一定の交換関係にも入りこんでいるとする。そしてその経済の一つの特色を、都市に居住する荘園領主が在地の生産過程から遊離した地代寄生者的性格をもち、農業の再生産過程を含む在地支配のすべてを現地にゆだねている点に求め、在地における生産力の発達、在地領主制の成長こそ、こうした支配を克服する力とするのである。

こうした荘園領主経済に対する把握、年貢・公事の理解の背後には、荘園制の本質が封建的なものではなく、伝統的な国家の支配秩序に依存することによってはじめて年貢の収取を実現しうる、古代から中世への過渡的な不安定な体制とする永原の見解がある[*6]。それはまた、年貢を形成する剰余生産物を生み出す「農民的名主（在家）」が、奴隷でも農奴でもなく、古代の「班田農民＝自由民」から農奴が成立していく過程にある「過渡的経営体」にほかならぬとする見方に裏づけられている[*7]。それ故、永原は年貢を「地代」ともいってはいるが、決して「封建地代」とは規定していないのであり、明言はされていないが、この論理構成からすれば、古代の貢納物から中世の封建地代への転化の過程に現われる「過渡的」な負担を年貢とみているものと思われる。[*8]

これに対し、荘園領主の支配、荘園制社会を封建社会とする黒田俊雄の場合は、年貢・公事についてとくに細かく追究しているわけではないが、当然ながら年貢を封建地代と規定している。[*9]また、中世の「百姓」を荘園制的隷属民と規定する安良城盛昭は、「「百姓」の所有は荘園領主・在地領主の支配（上級所有）によって根本的に規定・制約されている」とするが、「百姓」を隷属民とする根拠となっている年貢・公事については、とくに明確な規定を与えていない。[*10]

このように中世社会の性格を規定する鍵ともいうべき基本的な負担である年貢・公事・夫役の本質については、研究者の間になお一致した見解はないといってよかろう。この根本的な問題に解答を与える力を私はもっていないが、その解決に迫るためには、明らかにされる必要のあるきわめて多くの具体的な問題が残されており、ここではまず、年貢について、[*11]その実態と本質をできるだけ追究してみたいと思う。なおこの稿では、荘園公領制の確立期、十三世紀前半までの問題に限定し、いわゆる年貢・公事の銭納化の進行する十三世紀後半以降の問題については、別の機会にゆずることとする。[*12]

一　年貢の用例と語義

「年貢」の語の早い用例の一つは『日本三代実録』貞観十一年（八六九）六月十五日条の、新羅の海賊が博多津に来り「豊前国年貢絹綿」を掠奪したという記事であろう。これは同年十二月十四日条に「豊前国乃貢調船乃絹綿」とある点からみて、調をさしていることは間違いない。また同十八年十月十三日条では、伊予国忽那《くつな》島の「年中例貢」の馬・牛について「年貢」の語が使われている。

さらに大分時を経て『小右記』寛弘二年（一〇〇五）五月十三日条に、筑前国高田牧の牧司たちが、平惟仲の雑色《ぞうしき》長宇自可春利によって「内財雑物、馬幷年貢絹十四疋」を捜し取られたとあるが、これはまだ荘園公領制下に制度化された年貢と同一視することはできまい。そうした年貢の用例が増えはじめるのは、十一世紀後半以降のことで、まさしく荘園公領制の形成期に当たっている。

例えば永保二年（一〇八二）の山城国西院小泉荘内田地の「御年貢蒭」[*13]、応徳元年（一〇八四）、伊勢国川合荘田地の「所当年貢八丈絹」[*14]、同年の同じ荘で肆丈絹《しじょうきぬ》壱切を「年貢米内」として納めた勝源[*15]などの事例が、文書に現われる早い例であるが、寛治六年（一〇九二）正月十日、下野国薬師寺分田畠二百余町について「於年貢者、八丈絹幷駒共乃至以細布可進済者也」といわれている点[*16]にも注目する必要がある。年貢が当初から必ずしも米でなかったことは、これによっても明らかであろう。

そして天仁二年（一一〇九）十二月二十二日の無量光院所司等に充てた白河院庁牒[17]に、肥後国山鹿《やまが》荘について「年貢之勤」とあるように、公式の文書にも「年貢」の語が見えはじめる。鳥羽院政期以降になるとこうした事例は急速にその数を増し、保延三年（一一三七）九月、待賢門院庁下文《くだしぶみ》によって[18]、周防国玉祖社とその社領三カ所が法金剛院領として立券されたとき、「於御年貢者、任所進注文之旨、追年可令進納彼院政所」とされたような用例が、官宣旨、院庁下文、摂関家政所下文等にぞくぞくと現われてくる。

注目すべきは、十一世紀以前からの荘園の場合、地子《じし》が年貢といわれるようになっている点で、天永二年（一一一一）、紀伊国木本荘においては、年貢が「年年地子」と同義に用いられている[19]。これは十一世紀中葉の国制改革以前の荘園の田畠からの収取物が地子といわれていたことによるが[20]、一方、十一世紀後半以降には官物が年貢といいかえられている事例を見出しうる。

丹波国大山荘は康和四年（一一〇二）の官宣旨で「所当地子官物并臨時雑役」を免除された[21]が、それは永久三年（一一一五）の住人等解[22]では「御年貢并臨時雑役」といいかえられ、同年の東寺政所下文[23]でも「年貢勤」とされており、天永三年（一一一二）、法務権大僧都寛助の政所が弘福寺領大和国広瀬荘住人に充てて下した下文[24]でも「年貢勤」と「所当官物」が等置されているのである。

この大山荘の事例や永暦元年（一一六〇）の越中国阿努荘で「所当年貢臨時所役」「年貢雑事」といわれたように、[*25]年貢はしばしば官物の場合と同様、「臨時雑役」「臨時所役」と並置され、また康治元年（一一四二）、阿蘇社の場合、「御年貢」と「年々所進別進色々物」が区別されたように、[*26]「色々物」「色々雑物」「色々公事雑物」なども並べて用いられた。

これがやがて「御年貢以下雑公事」「御年貢以下公私大小公事」などの形に定形化してくるのであり、こうした用例の推移自体が、官物が年貢に、臨時雑役が公事に転化するという経緯を物語っているといえよう[*27]（後述）。そして年貢が荘園公領制の負担として制度的に定着するのが、十二世紀であったことも、これによって明らかである。

鎌倉後期、正応二年（一二八九）に成立した「御成敗式目唯浄裏書[*28]」は、その四十二条の裏書に「年貢」を「トシ〱ニタテマツル」とし、「乃貢」を「タイコウ」と読み「スナハチタテマツル」と注したうえで、さらに「貢賦《こうふ》」の語をあげ「貢ハ下ヨリ上へ献也」「賦ハ上ヨリ下へ給也」と記している。年貢は、年々の奉物、献上物であり、貢物《みつぎもの》と解されているのであるが、ここにあわせて「賦」の注記のある点に注目しておく必要があろう。この条にも、式目全体にも現われない「貢賦」の語に、何故唯浄が注を施したのかは明らかでないが、通常の貢賦の語義[*29]とは異なる意義が記された点は、当時の年貢の本質を考えるうえでも無視し難いことと思われる。

さらに、延久三年（一〇七二）五月二十四日の太政官符[*30]で、摂津国高平荘について「以藪沢之土宜、致年貢之勤也」とあること、鎌倉後期の安芸国飯室村の雑掌が「以山野林之所出、備御年貢之条、先規傍例也」といっていることも[*31]、年貢の性格を端的に語った事例として注意しておかなくてはならない。年貢は「上」に年々「タテマツル」、「土宜《どぎ》」―特産物だったのであるが、これは「郷土の所出に随へよ」といわれた令制の調《つき》、「当土の所出を尽せ」とされた「諸国貢献物」と本質を同じくするもので、当然、制度的にもその流れをくむとみてよかろう。最初にあげた事例で「貢調船」が「年貢」を積む船といわれたのは[*32]、決して理由のないことではなかったのである。

二　年貢の制度的成立過程

年貢の制度的な形成過程は、以上によってもある程度推測しうるが、戦後、この問題に最初のメスを入れたのは村井康彦であった[*33]。村井は律令制の負担体系を、㈠土地生産物に対する賦課――田租・出挙《すいこ》利稲及び地子、㈡手工業生産物に対する賦課――庸・調・調副物（中男作物《ちゅうなんさくもつ》）、㈢人身（労働力）に対する賦課――歳役・雑徭《ぞうよう》に分類し、㈠が年貢、㈡が公事、㈢が夫役の淵源と考え、調庸制→交易制→臨時雑役制という推転の結果として、在家役としての雑公事の成立を導きだした。臨時雑役と在家役、雑公事の関係については、その指摘は当たっているが、この見方の根底に年貢—土地生産物、公事—手工業生産物という通説があり、そのために里倉負名の出現の中に公出挙制の変質過程を見出し、富豪による正税官物の請負という的確な見通しをひらいたにもかかわらず、年貢・公事の制度的な成立についてはなお問題を残すこととなったのである。

この村井の研究をうけて、坂本賞三は十世紀初頭の国制改革によって形を成した前期王朝国家の基本的な負担を官物と臨時雑役とみて、十一世紀四〇年代の国制改革——公田官物率法の成立、別名制の成立を通して、官物は租米を吸収し、租税田・地子田の区分は解消され、新たな中世的な官物に転化、臨時雑役の転化した雑公事とともに、中世の徴税体系が成立すると説いた。これによって、負担体系の転換過程がきわめて具体的に解明され、その後の研究の出発点はこの坂本の研究に置かれることとなったが、坂本は「調が官物か臨時雑役かは保留」するとし、官物—年貢の制度的源流については、なお確定的な結論を出さなかった。[*34]

この点について、さらに精密な研究を推し進め、令制の諸負担の官物への移行、官物から中世的な年貢体系が形成されてくる過程を具体的に明らかにしたのが、勝山清次、斉藤利男である。まず勝山は紀伊国名草郡郡許院収納米帳における所進物品について具体的に分析し、官物が米・稲だけでなく麦・大小豆・紅花・苧《からむし》・胡麻油・絹・糸・綿・材木・塩などの多様な物品からなることからみて、公田官物には令制の租、地税化した正税利稲のみならず調、中男作物、交易雑物も含まれていることを明らかにした。[*35]

さらに勝山・斉藤はともに、伊賀国黒田荘を中心に、公田官物率法をめぐる十一世紀末から十二世紀を通じての国守と東大寺、平民百姓の対立、抗争の経緯を詳細に解明しつつ、そのきびしいせめぎあいの中で、中世的な年貢が形成されてくる過程を追究した。斉藤はそこで「公田官物率法とはいわゆる田地年貢ではなく、国衙《こくが》が把握した公田数を唯一の基準に、必要とする田地・畠地あるいは手工業生産物を収取する徴税制度」と規定し、それが中世の年貢と異なる点を指摘しつつ、官物から年貢への転換過程に当たっての、「住人等」「百姓等」――「農民の国衙支配とのたたかい」を強調しているが、[*36]勝山はその点をふまえつつ、見米と准米の制度的意味を明らかにし、出作公田について、穎がまず官物としての独自な意味を失い、准米の賦課が放棄されていく経緯を詳細にたどっている。[*37]

この成果に基づき、勝山はさらに進んで官物から年貢への転化の過程を正面からとりあげ、国ごとにその実情をあとづけた。[*38]その結果、勝山は米そのものである見米（乃米）に対し、官米（准米）が米以外の物品の段別賦課額を米に換算して示した語であるという、注目すべき見米と官米の区別を前提とし、㈠見米一色化の道の優勢な伊賀・若狭など、㈡官米一色化が優勢な和泉・大隅をはじめ東海地域等、㈢見米と官米の一色化が並行して進んだ安芸や西国に多いあり方、㈣官物の一色化が進まず、旧来の官物率法が広く残存する大和・摂津・肥前などの、年貢体系形成の四つのタイプを検出したのである。「複数斗代制」が十二世紀前半、荘園——とくにいわゆる膝下荘園で、領主側の積極的な勧農行為の一環として導入され、鎌倉中期には国衙領においても一般化、定着するという注目すべき指摘とともに、勝山のこの研究は、中世の年貢の研究史上、画期的な意義をもつ成果といっても決して過言ではなかろう。

古代の負担体系の変質、転換の過程の中に、中世の年貢体系の形成を位置づける道が、これによってはじめて本格的にひらかれたということができるので、年貢が事実として調をその一部にうけついでいることも、勝山によって証明されたのであるが[*補注1]、しかし前節で述べたように、それが全体として荘園・公領の支配者に対するタテマツリモノ、ミツギとして、なおうけとられている点にも注意しておかなくてはならない。そしてこうした官物の一色化が可能になった前提には、これもすでに指摘されているような官物納入に当たっての交易関係の展開、各地域での特産物の形成、交換経済の発展があったのである[*39]（後述）。

三　諸国年貢の実態

勝山のこうした研究の延長線上に、中世の諸国年貢の品目のおおよその実態をまとめてみると、一応別表のような結果を得ることができる[*40]。

まず米を出す荘が、荘の総数の五十パーセント以上の国は、山城、大和、河内、摂津、伊賀、

国名	荘園・公領数	米	油	絹	布	綿	紙	鉄	そ の 他
丹波	17	11	1				1		雑器2,材木1,榑1,瓦1,香2
丹後	7	1	1	4					糸4
但馬	16	2	1	4	1	1	8		
因幡	3	1			2				
伯耆	11	6		1				3	莚4,合子1
出雲	11	3						3	*莚8,畳1,檜皮1
石見	2	1		1		1		1	
隠岐	2							1	漆1
播磨	16	8	3				3		腰刀2,榑2,瓦1
美作	2		2						
備前	5	4	1	1	1	1			塩2,檜皮1,綾1
備中	9	7	3		2		1	1	香1,檜皮2
備後	10	2	2		1		1		塩3,炭3,薪1,贄1
安芸	7	6						1	
周防	8	3							榑1,材木2,塩2
長門	2	1							牛1
紀伊	12	7	1	3		1			榑1,炭1,薪1
淡路	5	1							炭3,薪2,木1
阿波	13	5	6						榑1,材木1,炭2,麦2,紅花1,薪1,檜皮1
讃岐	6	4	2						炭1,塩2
伊予	8	4	1						榑1,塩3
筑前	13	13							
筑後	6	6		3		1			
豊前	1	1							
豊後	3	3							
肥前	4	4		◎					
肥後	9	7		4					
日向	1	1							
大隅	2	1		◎					皮1
薩摩	3	3							
壱岐		◎							
対馬									*銀

（注）　1荘で2種類以上の物品を出す場合も，1に数えた。
◎はその物品で一色化がなされたとみられる場合を示す。
その他の＊は，その物品の一色化が顕著である場合。
（補注）　平凡社ライブラリー版にあたって，修正・補充した。

諸国荘園・公領年貢表

国名	荘園・公領数	米	油	絹	布	綿	紙	鉄	そ の 他
山城	30	17	6		1				香3,藁3,薪3,葛1,秣1,莚1,檜皮1
大和	41	27	7	2					緑青1,菓子2,香2,莚1,紅花2
河内	13	8	1						檜皮2,比曾1,薦1,香1
和泉	11	2	1	1		1			炭2,櫛4,薪1,車輪1
摂津	20	13	2		1				薦2,畳1,檜皮2,続松1,檜物雑器1,破木1,鯛1
伊賀	4	3◎	1						
伊勢	14	4		8					贄1,皮1
志摩	4								*贄3,塩1,蚫1
尾張	14			12					糸7,漆1
三河	2	1		1					
遠江	8	5		2	3	1	1		糸1
駿河	3				2	1			
伊豆	3				2				魚貝海藻1
甲斐	6			2	4				
相模	4				3				御簾1,畳1
武蔵	4			2	2				
上総	4	1	1		4	3			
下総	2			1	1	1			
常陸	5		1	5	1	2			
近江	40	33	1						榑3,香1,餅1,檜皮4,炭1,続松1,薦2,藁1,秣1,葛1
美濃	24			24		3			糸5
信濃	6				6				
上野	1				1				
下野	4			3	2				馬1
陸奥	8			1	4				*金5,馬2
出羽	4				3				金1,*馬4
若狭	6	5				1			魚貝1,糸1,塩1
越前	18	12		4		5			漆1
加賀	6	3		1		2			
能登	6	3							香1,釜1,干飯1
越中	6	2		1		2			鮭2
越後	9	6				5			漆1
佐渡	1								貝鮑1

遠江、近江、若狭、越前、加賀、能登、越後、丹波、伯耆、播磨、備前、備中、安芸、紀伊、讃岐、伊予、筑前、筑後、豊前、豊後、肥前、肥後、薩摩、壱岐などで、全国の約五十パーセントに達する。これをみると畿内及びその近国、北陸道、山陽・南海道、西海道などに集中しており、遠江・越後を除き、全体として西国―西日本に大きく偏り、また瀬戸内海、日本海などの海上交通による運送条件の相対的によい国々であることは明らかといってよい。*41

とはいえ、勝山の㈠の類型に分類しうる国はさほど多いとはいい難く、遠江の絹・布・綿、越前・加賀の絹・綿、越後の綿、伯耆の鉄・莚《むしろ》、播磨の油・紙・榑《くれ》、紀伊の絹、讃岐・伊予の塩、筑後・肥前・肥後の絹などの非水田的生産物のみを年貢とし、あるいは米とあわせ納める荘も少なからず見出しうることに注目する必要があるので、*42 米年貢を出す荘園が約八十パーセントに達するのは、伊賀・近江・若狭・越前・備前・安芸と九州諸国にすぎない。

これに対し、米を年貢とする荘の全くみられない国は、圧倒的に東国―東日本に多く、佐渡・隠岐などの島もその中に入れうるであろう。そしてほとんど例外なしの尾張・美濃をはじめ常陸・下野が絹、駿河・伊豆・甲斐・相模・武蔵・上総・信濃・陸奥・出羽が布を年貢としているように、綿・糸を含めて、東国諸国が専ら繊維製品を貢上していることは明白であろう。*43

それとともに、伊勢・丹後も絹・糸を年貢とする荘園が圧倒的に多く、若狭を除き、越中を含むむさきの北陸道諸国も、米とほとんど並行して、絹、とくに綿を貢進していることにも目を向けておく必要があろう。

このほか特定の物品が五十パーセント前後に達する国をあげると、陸奥の金、出羽の馬、但馬の紙、出雲の莚、周防の榑・材木、長門の牛（但し一例のみ）、阿波の油、伊予の塩が目に入る。塩が瀬戸内海の島嶼を中心に、その縁辺部の諸荘で年貢となっていることは別に述べたが、[*44]鉄は伯耆・出雲・石見・隠岐・備中・安芸など、主として中国山地に近い荘・村で年貢として賦課され、対馬では銀が年貢となっている。また播磨で紙、越中で鮭が見出されること、檜皮が各地にみられる点も注意しておいてよかろう。丹波の雑器・瓦が丹波焼の窯工、伯耆の合子が轆轤《ろくろ》師、和泉の櫛・車輪が櫛造・輪工[*45]などの「職人」集団の存在を背景にもつとみられることも注目すべきである。

別の機会にもふれたことであるが、[*46]こうした年貢の品目は『新猿楽記』の受領郎等の項にあげられている「諸国の土産」とかなりの部分が一致する。一例でもみられる場合にまで目をひろげてみると、越後の綿、美濃の八丈、常陸の綾、紀伊の縑絹、甲斐の斑布、但馬の紙、和泉の櫛、出雲の莚、能登の釜、長門の牛、陸奥の馬、近江の餅、鎮西（九州諸国）の米をあげることができるので、一致の率は三十パーセントをこえる。この事実は各地の特産物―土産・土宜の形成されてくるのが十一世紀前半、さらには恐らく十世紀にまで遡りうることを物語っており、諸国の年貢が確定してゆく経緯、官物の一色化のさいには、このような社会の実情が十分に考慮されたことを示している。

それ故、年貢の物品の確定に当たって、荘園・公領の支配者の恣意の働く余地は、ほとんどなかったものと考えなければならない。このことは年貢の本質を考えるうえで、かなり重要な意味をもつといえよう。

四　年貢の賦課と徴収

年貢が米である場合の賦課形態については、勝山がすでに指摘しているように、十三世紀には複数斗代《とだい》制が定着しているが、米以外の物品が年貢となる場合にも、この複数斗代制が基礎となっていた。

前節でふれたように、美濃では例外なしに絹（八丈絹）が年貢となっているが、[*47]東大寺領茜《あか》部《なべ》荘でも永治二年（一一四二）、「御年貢八丈絹」「御年貢絹綿」といわれ、年貢は八丈絹と綿であった。[*48]久安元年（一一四五）から同三年の田数等注文[*49]によると、この荘では本田から荒田・損田・除田を差し引いた定得田はほとんどが五斗代であるが、ごくわずかの三斗代の田地があり、五斗代については段別二丈、[*50]三斗代には段別九尺六寸の絹が賦課されており、三年間を通じてこの賦課率は変わっていない。

この田数等注文は、恐らく目代（預所）とみられる厳実[*51]が、公文宗時の請け負った久安三年分の得田の所当絹について、宗時の作成した結解が事実に基づいていないことを指摘するために作成したもので、[*52]平民百姓末弘・宗時従者の逃亡跡の作田稲九百余束を点定し、年貢を交易し進めようとした厳実に対し、荘官や宗時が稲の点定を免除してくれれば、自分たちが交易して進めると請け負ったので、それを認めたところ、いまだに履行されていない、と厳実はそこで指摘している。

これによって、斗代の定まった田地から収取された稲、米が目代（預所）あるいは荘官・公文等によって絹に交易され、年貢として貢進されたことは明らかで、平民百姓自身が交易したこともありえたと思われる。[*53]

その交易のさいの稲・米と絹との交換比率は、久安のころには石別四丈ないし三丈二尺の割合になっているが、建保二年（一二一四）の田数注文で[*54]「町別二疋」とされている田地の斗代が五斗代であるとみれば、[*55]ここでも石別四丈となり、その比率はほぼ一定していたとみることができる。この比率は市庭《いちば》における和市を考慮しつつ確定されたものと思われるが、沽価《こか》法に基づいたものとも考えられ、今後、この点はさらに追究される必要があろう。しかし、こうした年貢絹貢進の背景には、現地でのそれなりの交換経済の展開があったことは確実といってよい。

このような複数斗代制のうえに立った米以外の物品の田地への賦課は、寛元四年（一二四六）

二月の安芸国三角野村作田検注名寄目録の場合にも見出しうる。ここでは八町余の応輸田のうち二斗代五町、一斗代三町余の田地に、斗別一斤の割合で、鉄が賦課されているのである。

しかし斗代が一定の場合には、米との交易の過程は省略され、田地反別に一定量の物品という形態が前面に現われる。文永八年（一二七一）七月、備中国新見荘惣検作田目録[*56]にみられる吉野村の田地反別五両の鉄の賦課、陸奥国玉造郡の弘安七年（一二八四）の色々年貢結解[*57]における田地町別一両の砂金、反別一段の布の賦課、康永三年（一三四四）十二月、伯耆国美徳山領温谷別所検注目録[*58]によって明らかな田地反別五十枚充の合子の徴収などをその事例としてあげることができる。[*補注2]

以上によって、米以外の物品の年貢の場合、米との交易を前提として、原則的に田地が賦課基準となったことは明白であろう。ここに水田と米とを基軸とする日本の土地制度の特質が鮮やかに浮かびあがっているといわなくてはならない。

そしてこうした賦課形態が固定化するとともに、さきの陸奥国玉造郡の金を賦課された田地が「金田」といわれたように、田地自体がそこに賦課された物品を付してよばれるようになってくる。例えば嘉禎二年（一二三六）三月八日の出雲国持田荘所当米注進状案[*59]に現われる「莚田」は、莚の賦課された田地であり、延慶二年（一三〇九）六月二十日、加賀国得橋《とくはし》郷弁笠間東保等内検帳案[*60]にみえる「銭田」「絹田」はそれぞれ銭・絹の賦課された田地であった。

ただ、畠地に年貢の賦課される場合もなかったわけではない。伊予国弓削島荘《ゆげのしま》は、平安後期の国衙領のころから官物として塩を貢納し、荘となってからも塩を年貢とした周知の荘園であるが[*61]、文治五年（一一八九）五月の作畠麦検注取帳目録[*62]によると、二十一町余の定得畠の所当麦三十一石余のうち十九石が「御交易」として下行されている。これは同年の作畠検注取帳[*63]において、各百姓名にほぼ均等に付された「交易畠」に相当するとみることができるが、この十九石が塩と交易されたことは間違いない。建長七年（一二五五）九月十日の領家方年貢所当注文案[*64]によると、これはさらに徹底した形になっており、四斗代・三斗代の田地一町五反余の定米のうち、二石四斗が「大粮[*65]」として除かれ、残る三石六斗三升七合三才が「塩手」として下行され、さらに二斗代・一斗五升代の畠地の所当麦もすべて塩に代えられて、年貢塩として貢進されている。

「塩手」は別に詳述した通り[*66]、塩との交易を予定して下行される米・麦等であり、現地の荘官・代官は田畠から徴収した米・麦を塩手米・塩手麦として百姓に下行するさい、塩の納期を明記した請文を百姓から取った。この請文は追奪担保文言を付した借用状であり[*67]、もしも未進したさいには、債務不履行により、平民百姓は自分自身、あるいは子供などのなんらかの身代を荘官・代官にとられることとなったのである。

塩と米・麦との交換比率は、かなり不安定だったようで、建長七年（一二五五）には米一升に塩九升、麦一升に塩四升の割合であったが、文永六年（一二六九）には米一升当たり塩二斗、あるいは一斗一升四合二夕となっており、[*68]かなり塩の値は下落している。塩が田畠反別定量の賦課形態をとらなかったのは、恐らくこの点にも一つの理由があるものと思われる。

弓削島荘における「交易」の実態はこのようなものだったのであるが、前述した美濃の茜部荘をはじめとする米以外の物品の徴収の場合も、こうした形態に准じて考えてよかろう。それが荘官・代官と平民百姓との貸借契約の形態をとる場合のあったことは、とくに注目しておく必要があるので、この「交易」の前提ともなっている米年貢の徴収についても、別に述べたように、[*69]地頭を含む荘官・代官と平民百姓との契約に基づいて行なわれた、と私は考える。

預所・地頭などの荘官は、その職に補任されるさい、一定の得分を保証されるとともに、本所・領家に年貢・公事を懈怠《けたい》なく沙汰することを約しており、自ら、あるいは代官を下し、現地で春の勧農、秋の収納を行ない、この契約を履行した。[*70]このうちの勧農は、すでに詳細に論じられているように、[*71]名田・一色田の編成、斗代の決定、散田、逃亡跡への浪人の召付、荒田の開発、灌漑用水の整備等を通じて田地を満作させるために、預所・地頭などの遂行すべき義務であったが、[*72]平民百姓たちに種子（種籾）、農料を下行し、耕作に向かわせることも、その重要な仕事の一つとみることができよう。[*73]

それはまさしく出挙にほかならないので、出挙をうけた平民百姓は、預所・地頭などに対し、その返済を約束するとともに、名田・一色田の編成、散田などによって耕作することに定まった田地について、確定された斗代に基づいて年貢を弁済する義務を負ったのである。これはやはり、預所・地頭などの荘官と平民百姓との間に結ばれた一個の契約とみなくてはならない。[*74][*75]それ故、年貢・公事の未進・未納は、石井進も指摘するように、[*76]契約違反なのであり、だからこそ、預所・地頭などが平民百姓から「身代」を取るのが「定法」といわれたのであった。[*77]そして逆に、この契約を履行した平民百姓の「逃亡」を罪として扱うことは「謂れなし」とされ、その移動の自由は当然のこととして認められたのである。

五　御成敗式目第四十二条

平民百姓による預所・地頭など、さらには本所・領家に対する年貢の貢納を、このように、契約、請負によると考えることに対し、最近、安良城盛昭は「到底考え難い」事態とし、「「百姓」の移動の自由のイメージは、中世農村の現実にまったくそぐわない幻想的な理解」と断定した。[*78]その根拠には、御成敗式目第四十二条についての安良城の独特な新解釈と、中世社会を「自然経済の圧倒的優位のもとに、人(農民)の移動が困難で現実化していない社会」とする安良城の見方があるが、この解釈、見解が到底成立し難いことについては、すでに別の機会に言及した通りである。[*79]

しかし式目四十二条の条文は、「御成敗式目」の中でもやや特異なものがあり、その解釈については、なお問題が残っていると思われるので、ここであらためて考えておくこととしたい。

一、百姓逃散時、称逃毀令損亡事

右、諸国住民逃脱之時、其領主等称逃毀、抑留妻子、奪取資財、所行之企甚背仁政、若被召決之処、有年貢所当之未済者可致其償、不然者早可被糺返損物、但於去留者宜任民意也

この条については、御成敗式目の中でも特異な性格をもつともいわれ[80]、式目の註釈書もその解釈に苦しみ[81]、研究者の間でも解釈はさまざまで、とくに「但於去留者宜任民意也」という但書については、種々の角度からの論議が行なわれてきた。

ただこれらの解釈にほぼ共通しているのは、「領主」を地頭あるいは地頭代ととらえている点で、そこからこの条については、工藤敬一[82]・上横手雅敬[83]のように、「幕府↕在地領主ではなく、幕府↕庄園領主の対抗関係の中に」その立法契機を求め、但書を過大に評価することをいましめる見方が支配的であったといってよい。

ただ笠松宏至は、「幕府が直接に農民を支配していたかのような前提に基づいて」この条を解釈することの誤りを指摘する上横手の見方に従い、「在地領主の所領支配に対する幕府の態度は不関(ママ)渉・無関心をもって一貫して」いる点を認めつつ、但書に「通常では式目にその姿を

あらわさない既知の一般原則が、本条本文との若干のかかわりから偶然にもここに露呈された」可能性を認め、さらにこの但書が「式目という特異な効力をもった法典に記載されたことによって」、条文本文から離れて一人歩きをし、「土民去留事」を事書にすえる追加法に発展していった事実に注目している。[*84]

この委曲をつくした笠松の解釈で、問題はほぼ解決しているといってよいのであるが、なお一、二の考えるべき点が残されていると思われる。

その一つはこの条文本文が「諸国住民」という書き出しではじまっていることである。[*85]式目の中で事書に「諸国」を付す条文は、三条の「諸国守護人奉行事」、五条の「諸国地頭令抑留年貢所当事」のみ、本文中には六条の本所の挙状を帯びず越訴致す事について「諸国庄公幷神社仏寺」を見出しうるだけである。

また追加法についてみると、式目と同様、守護、地頭、荘園公領について用いられるほかに「諸国御家人」(二一〇条、三六九条)、「諸国盗賊」(四〇五条)、「諸国山賊以下夜討強盗等之大犯」(参二一条)、「諸国横行人」(参三一条)、「諸国飢饉」(三三〇条)、「諸国興行」(九五四条)、「諸国田文」(四四九条等)、「諸国国分寺一宮」(五一〇条)、「諸国市廛《してん》」(七三六条)などの用例があり、百姓に関しては周知の「諸国百姓苅取田稲之後、其跡蒔麦」(四二〇条)、「田麦」についての条文があるのみである。

「清原宣賢式目抄」がいうように「諸国ト八六十余州ヲ云」、まさしく全国をさしており、それが付されるのは、守護・地頭及びその職権、幕府の統治権行使に関わる場合といってよかろう。そして一例みられる百姓の場合が、田麦の所当を「領主等」が徴収することを「租税之法、豈可然哉」として禁じた「撫民法《ぶみん》」ともいうべき法であった点に注意しておかなくてはならない。これは式目四十二条が、「諸国住民」に対する「撫民」を目的として立法された条文とする見方に、広く道をひらく事実といってよかろう。

さらに見逃してはならないのは、四十二条が「地頭」ではなく、「領主」による「逃毀《ちょうき》」――妻子の抑留、資財の奪取を禁じている点で、式目及び追加法は「領主」と「地頭」とを明確に区別して用いているのである。

例えば、弘安九年（一二八六）三月二日の「遠江・佐渡両国悪党事」についての追加法（五九三条）には、「日来経廻之悪党」が逃散《ちょうさん》してしまうことに関して「其所地頭致清廉沙汰者、何可令退散哉、是又領主雖難遁其科、自今以後者、至如此所者、地頭可有罪科」と規定しており、「領主」と「地頭」とは別の存在としてとらえられている。

また、式目、追加法の他の用例においても、「領主」は本所、国司、領家に年貢を負担する存在としてとらえられており[*86]（六一八条）、「先領主」「本領主」「当時之領主」「未来之領主」「向後之領主」（式目一六条、追加法四六二条、六〇二条、七三〇条）のような事例が多い。それは、田文調進に当たって「領主之交名《きょうみょう》」を注進すべしといわれているように（四五八条）、実態としては地頭、御家人、非御家人などの荘官クラスの人々を広くさしているが、幕府によって補任され、特定の職権をもつ地頭とは次元の異なる用語であり、とくに四十二条やさきの田麦に関わる追加法をはじめ、「農事不可使百姓事」（四二四条）などの「撫民法」に、「領主」の語がしばしば用いられていることに注目しておく必要があろう。

これらの点に、「所行之企、甚背仁政」といわれていることを加えて考えれば、式目四十二条が「撫民法」として立法されたことは、すでに羽下徳彦[*87]・入間田宣夫[*88]等が指摘しているように明らかといってよかろう。とすれば平民百姓の「去留」を「民意」に任せた但書を含めて、この法は諸国の平民百姓に対し、統治権的な支配を及ぼす幕府の基本的な姿勢を明示したものと解しうるので、但書が仁治三年（一二四二）の大友氏の法（一八二条）、さらに笠松が「前述の不関渉《ママ》主義からみれば、地頭の領内統治を法的に規制しようとした例外的な立法」とした建長五年（一二五三）十月一日の一連の「撫民法」の中に、「土民去留事」（二八九条）として継承されたのは、このように考えればきわめて自然なことといわなくてはならない。[*89]

御成敗式目の中に、こうした全国の平民百姓に対する「撫民」を意識した条文の存在することは、式目自体の特質を考える場合に、なお今後の一つの論点になりうることと思うが、それはともかく、この条文が年貢を完済した平民百姓の「去留」――移動は自由、という当時の社会に当然のこととして通用していた原則[*90]を、成文法として明確に規定した点で画期的な意義をもつ、と私は考える。

そしてそのことは、さきの安良城の見解とは逆に、平民百姓の本所・領家に対する年貢の貢納、荘官によるその徴収は、請負の契約に基づいていることを明らかに示しているといわなくてはならない。その意味で平民百姓の年貢貢納は自由民としての契約に基づく負担[*91]であった。

六　年貢の本質について

前述したように、これまで年貢は、私的大土地所有としての「荘園制的土地所有」に基づく「封建地代」、あるいは「過渡的」な「地代」と理解されるのがふつうであった。

たしかに年貢は田地に賦課されており、経済学的にいえば、平民百姓の剰余労働の一部であり、荘官によるその徴収が剰余労働収取の一形態であることはいうまでもない。とはいえそれを、私的大土地所有の実現の結果としての「地代」と規定するだけで、果たして年貢の特質がとらえうるのかどうか、甚だ疑問といわなくてはならない。

なにより、「荘園領主」の荘園の田地に対する関係を、単に私的大土地所有の一形態ととらえる見方自体についても、すでに種々の批判と反省が現われており、中世に入ってからもなおかなりの比重をもち、重要な機能を果たしている国衙領―公領と、荘園とを統一的にとらえる必要が強調された結果、「荘園公領制」という用語も広く用いられるようになっているのである。さらに正式の検注によって定められた荘園の田地―年貢の賦課される田地が「公田」といわれ、国衙―守護の作成する「大田文《おおたぶみ》」に登録された荘園の「公田」は、公領の「公田」とともに、一国平均役の公事賦課の対象となったことも明らかにされている。

荘園が律令制的な口分田支配に対する私的な土地支配として発生したことは間違いないところで、そうした側面を一面にもっていることは事実であるが、しかしそれが結局、中世の土地制度が形成される過程で、新たな「公」による土地支配として実現し、確立しえた点に、日本の社会―土地制度の特質がある。そしてそれは、さきにもふれた通り、平民百姓が決して荘園支配者―本所・領家や荘官・地頭―「領主」の私的な隷属民ではなく、むしろこうした「公」に対する平民百姓―自由民として自らを現わしている事実と対応している。

さらにいえば、とくに在地の「領主」―荘官・地頭による下人―私的隷属民への吸引に対する平民百姓の自由民としての頑強な抵抗こそが、本所・領家をはじめとする荘園・公領の支配者をして、否応なしにそうした抵抗を保護する「公」としての姿勢をとらせた根源的な力であったといってよい。*92 ただ、年貢の規定―契約通りの納入は、平民百姓が自由民としての立場を保つための条件であった。それ故、年貢は決して荘園支配者、「領主」等による強制的な暴力のみによって実現されたのではなく、平民百姓自身にとっては、自由を確保するための義務とうけとられていたのであり、地頭の非法を排除してくれた預所、領家に対して、平民百姓が「七代に至るも不忠・不善をなすべからず」と起請文を書き、その義務の遂行を誓うようなこともあったのである。[*93]

そして前述した通り、「領主」による、出挙を含む勧農―種子・農料の下行は、年貢納入の前提であり、平民百姓に対する「領主」側の義務でもあった。このように、荘園支配者・「領主」が「撫民」と「公平」を旨とし、[*94]平民百姓が「不忠・不善」を事とせず、この契約が履行されることによって、年貢収取・納入は円滑に行なわれたので、その限りにおいて、これは贈与・互酬、貸借の契約関係の一形態ととらえることができる。年貢未進が負債―借銭・借米となった理由もそこに求められる。[*95]

もとより、平民百姓が年貢を「対捍《たいかん》」したと認定すれば、領主側は物理的な暴力を含むさまざまな圧迫、強制を加えたが、[*96]逆に領主側に「非法」ありと判断した場合、平民百姓たちがその支配を拒否して、「山林に交わり」、逃散することは、当然の権利として、社会的にも、法的にも認められていたのである。[*97]

とすれば、年貢を直ちに、私的土地所有者がその私的隷属民に対して強制を通じて収取し、その土地所有を実現した結果としての「地代」と規定するわけにはゆくまい。たしかに、荘園支配者は自らその荘を質入・売却することもありえたので、そこに私的な土地所有としての荘園の一面が現われているが、「公田沽却《こきやく》」は一方ではきびしく禁じられており、年貢の量・品目等についても、荘園支配者の恣意の働く余地は、きわめて限定されていたといわなくてはならないのである。

年貢の使途については、公事・夫役を含めて、今後さらに細かく追究される必要があるが、全体としてそれは、仏事・神事を含む年中行事の諸費用、及びそれを滞りなく行なうことを義務とする天皇・貴族・官人、将軍・上層武家、僧侶・神官等の生活を支えるためのものであったといってよかろう。このような使途を考慮に入れると、年貢は一面では地代としての性格を潜在させ、他面では貢納物の性格を残しつつも、基本的には租税の一種とみることができる、と私は考える。

それはさきにも述べたように、平民百姓にとって、共同体成員―自由民として自らの立場を保つための義務と意識されていたのであり、それ故に年貢は社会的に必要と認められた使途に用いられるべきもの、と考えられていたのである。[*98] 中世、近世を通じて、年貢減免の要求、その増徴に対する闘争は、逃散・一揆等の形で頻々《ひんぴん》とおこっているが、「年貢廃棄」をスローガンに掲げた一揆は、私の知る限りで、ただの一回もないという事実は、年貢のこうした性格を如実に物語っているといえよう。

ただそうした本質をもつ年貢が、一方で「公」への「タテマツリモノ」「ミツギ」とみなされていたことは、もとより見逃し難い点であり、このように平民自身の共同体の「公」が、支配者の私的な恣意を潜在させた「公」に包含代位され、収斂《しゅうれん》されている点に、さきに日本の社会、土地制度の特質といったことと同様の問題が端的に現われているといわなくてはならない。さきの契約関係も、そうした支配者としての「公」―「公方」、その代官と、被支配者としての平民百姓との間の関係であったことは、もとより見落とさるべきではない。しかも本来、社会の維持・発展のために必要な公共的な仕事に用いられ、人民自身によって管理さるべき租税を、このような「公」に対する「御年貢」とする意識は、中世以後も近世を通じて日本の平民の中に生きつづけ、近代に入ってからも現在にいたるまで、完全に払拭されたとはいい切れないのである。そして、その支配者の「公」に、つねに天皇がなんらかの形で関わりつづけてきた事実から目をそらすことは、いかに不快であろうと、われわれには許されない。しかしそれをみつめぬくことを通して、天皇を克服する道が本当にひらけてくるのではあるまいか。

こうした点を含む当初の課題を全面的に解決するためには、上分《じょうぶん》・公事・夫役をはじめ地子・加地子、さらに棟別銭・関銭等の特質を明らかにし、十三世紀以降、急速に進む銭納化の中で、これらの区別がどのように変化していったかを解明する必要がある。これらの点については、すべて今後を期し、ひとまずこのような形でまず年貢に関する私見を述べ、大方の御批判を仰いでおきたいと思う。

注

＊1――小野武夫『日本庄園制史論』（有斐閣、一九四三年）第二篇第五章第三節。

＊2――竹内理三『寺領荘園の研究』（畝傍書房、一九四二年）五、「変質期寺領荘園の構造」。ただ竹内はこの書の二「寺領荘園の成熟」の章の「荘民の負担」の項では、公田の官物に准ずる地子と雑役とに分けて考えている。これは年貢の形成過程を考えるうえに重要な指摘であり、後述するように畠地等、田地以外の地種に対する賦課は中世に入っても長く地子とよばれていた。地子についてはまた別の機会に考察する予定なので、ここでは年貢に焦点を絞ることとしたい。なお、玉泉大梁『室町時代の田租』（吉川弘文館、一九六九年）は、年貢等を田租ととらえ、その実態を追究している。

＊3――注2竹内前掲書、三「寺院に於ける荘園経済の成立――醍醐寺の研究」、渡辺澄夫『増訂畿内庄園の基礎構造』上下（吉川弘文館、一九七〇年）。

＊4――永原慶二『日本封建制成立過程の研究』（岩波書店、一九六一年）第I部、第II部、同『日本中世社会構造の研究』（岩波書店、一九七三年）第I部第三など。

＊5――永原は米・絹・綿以外の品物を年貢として負担する荘園のあることも指摘するが、これを雑公事的性質の物資とし、年貢と公事は領主の収取物という点からみて、とくに区別する必要なしとしている（『日本中世社会構造の研究』六〇頁、七一頁）。

＊6――『日本封建制成立過程の研究』一〇四～一〇八頁。

＊7――同右、第II部第六。ここで永原は「班田農民＝自由民」（二〇六頁）と規定し、それが変質していくとき、「律令的収奪の緩和過程で自由民的側面を強めることは当然」としているが、拙著『日本中世の非農業民と天皇』（岩波書店、一九八四年）に対する書評（『史学雑誌』九三―一二）では荘園領主・在地領主の重層的土地所有体系の下に階級的・身分的に隷属させられている百姓＝農民を「自由民という形で積極的に規定するわけにはゆかない」と述べている。この見方に立てば「班田農民＝自由民」というかつての永原自身の規定も当然成立しないことになり、永原は自説を修正したものと考えられる。

＊8――永原『日本の中世社会』（岩波書店、一九六八年）は農民の土地保有の不安定を強調し、年貢・公事・夫役のうち、とくに公事・夫役の農業生産に対する攪乱的性質を指摘しているが、これらの負担の積極的な規定については言及していない。

＊9――黒田俊雄『荘園制社会』（『体系・日本歴史』日本評論社、一九六七年）。

＊10――安良城盛昭「網野善彦氏の近業についての批判的検討」（『歴史学研究』五三八号、一九八五年）。安良城は一九五六年以来八四年まで中世の百姓の移動は自由と主張していたが、この論稿でそれを改め、百姓の「移動の自由」という見方は、「中世農村の現実にまったくそぐわない幻想的な理解」とするにいたった。また安良城は社会経済史学会編『封建領主制の確立』（有斐閣、一九五七年）で「荘園体制社会においては、荘園領主的土地所有を思惟の過程で捨象する時、「名主」は私的土地所有者として出現する」（一六三頁）とい

う興味深い見解を述べつつ、それが「自由な私的土地所有者として出現せず」「荘園体制下の荘園耕地保有者として出現する所以」（一五四頁）、「名主の有する「農奴」とは見做し得ない「自由民」的性格と、にも拘らず、荘園領主の支配を受ける側面の矛盾」（一九九頁）を追究する必要のある点を強調しているが、さきの論稿はその一つの到達点とみることができる。しかしそこで展開された御成敗式目第四十二条の解釈が成り立たないことについては、拙稿「日本中世の自由について」（『年報中世史研究』十号、一九八五年、若干補正のうえ、『中世再考――列島の地域と社会』日本エディタースクール出版部、一九八六年に所収）で言及し、本稿でも述べた通りである。なお安良城はさらにこの私見について、「網野善彦氏の近業についての批判的検討（再論）――網野氏の反論に反論する」（『年報中世史研究』十一号）で言及しているが、これについては安良城の本格的な論考が用意されているとのことなので、その公刊を待ちたいと思う。

＊11――永原は年貢・公事を領主の収取物として区別することなく、問題をあとに残したままその議論を展開しているが、年貢・公事・夫役はそれぞれに古代の諸負担の転化したものである一面をもち、中世社会、荘園公領制の中で異なった意味と役割をもっているので、ここではそれらを明確に区別して考えてみたいと思う。その意味で注2でふれた地子をはじめ加地子、さらに上分等についてもそれぞれに検討する必要がある。

＊12――なお年貢、公事についての私見の概略は、拙著『日本中世の民衆像』（岩波書店、一九八

〇年）で述べたことがある。

また、森本正憲『九州中世社会の基礎的研究』（文献出版、一九八四年）第十章「中世成立期の年貢について」は、本稿と同様の視点に立ち、十一、十二世紀における年貢の負担形態、年貢交易の成立、交易の主体について論述している。本稿もこれと若干、重複する点もあるが、多少異なるところもあるので、一応このような形でまとめてみることとした。

＊13――『大徳寺文書之六』二一二六―(八)、永保二年正月廿日、山城国小泉荘田地充行状。

＊14――「東寺古文零聚」応徳元年三月廿五日、伊勢国川合荘年貢絹送状。

＊15――「東寺百合文書」な函一号、応徳元年十一月廿五日、伊勢国川合荘年貢米返抄。ここで米が肆丈絹で納められている点に注意しておく必要がある。

＊16――「東大寺文書」四―四十、寛治六年正月十日、下野国薬師寺僧慶順解案。

＊17――『醍醐雑事記』十三。

＊18――「東大寺図書館所蔵文書」。

＊19――「筒井寛聖氏所蔵東大寺文書」天永二年九月四日、東大寺解案。

＊20――地子については、別にあらためて考えてみたいと思っているが、全体として公的な制度の外におかれた負担で、年貢とは少なくともその出発点において、本質を異にする賦課である。

*21――「東寺百合文書」み函二号、康和四年十月四日、官宣旨案。
*22――同右、せ函古文書八号㈢、永久三年四月廿八日、丹波国大山荘住人解案。
*23――同右、ヰ函三号、永久三年四月廿五日、東寺政所下文案。
*24――「白河本東寺百合古文書」天永三年十一月二日、法務権大僧都寛助政所下文案。
*25――「陽明文庫所蔵兵範記仁安二年秋巻紙背文書」永暦元年三月日、前太政大臣《藤原忠通》家政所下文案。
*26――『阿蘇文書之二』第二、二号、康治元年十二月日、阿蘇大宮司宇治惟宣解（『平安遺文』六―二四九七号）。
*27――坂本賞三『日本王朝国家体制論』（東京大学出版会、一九七二年）は、官物と雑公事を中世の負担体系としている。その指摘通り、国衙領では正税、官物の語が中世に入ってからも使用され、「租米」などの語も残っている。基本的な考え方は坂本と違いはないが、語の使用例からみて、官物よりも年貢の方が一般化していると思われるので、ここではこのように考えておきたい。なお、坂本は最近『荘園制成立と王朝国家』（塙書房、一九八五年）をまとめ、この時期の体制の転換過程について、体系的に叙述しており、この労作によって、荘園公領制の形成過程は著しく鮮明になった。本稿はこの体系の中で、多少とも補足すべき点を述べてみたにすぎない。
*28――池内義資編『中世法制史料集』別巻、御成敗式目註釈書集要（岩波書店、一九七八年）所

収。

＊29――『日本国語大辞典』（小学館）は、「貢は下のものが上にみつぐこと、賦は上のものが下からとりたてること」とし、賦については全く逆になる。唯浄の解釈は「賦」の「くばる」という語義に近い。

＊30――『九条家文書』二、三三〇号。

＊31――「勘仲記弘安六年冬巻紙背文書」。

＊32――前掲『日本三代実録』の記事参照。

＊33――村井康彦『古代国家解体過程の研究』（岩波書店、一九六五年）。

＊34――注27参照。前掲『日本王朝国家体制論』二三一頁。『荘園制成立と王朝国家』六一頁で坂本は官物を「租や地税化していた公出挙（正税）」「率分・徭分」を含む総称としている。

＊35――勝山清次「紀伊国名草郡郡許院収納米帳と進未勘文について――国衙領の収納システム」（『三重大学教育学部研究紀要』三三巻、一九八二年）。

＊36――斉藤利男「中世的年貢体系の成立と百姓の「一味」」（『国史談話会雑誌』二二号、一九八一年）。

＊37――勝山「黒田庄出作公田の官物率法について――その変化を中心として」（『三重大学人文学部文化学科研究紀要』一号、一九八四年）。

＊38――勝山「国衙領における官物体系の変化をめぐって――中世的年貢体系の成立過程」（同右

二号、一九八五年)。

*39——例えば勝野雄大「平安後期における絹生産の動向」(豊田武教授還暦記念会編『日本古代・中世史の地方的展開』吉川弘文館、一九七三年)、注12森本前掲論文参照。

*40——この表は、「書陵部所蔵祈雨法御書紙背文書」年月日未詳、成勝寺年中相折帳、「書陵部所蔵文書」永万元年六月日、神祇官諸社年貢注文、「安楽寿院古文書」、『九条家文書』一、(嘉元三年四月)摂録渡荘目録、「東寺百合文書」レ函一号㈡、平治元年閏五月日、宝荘厳院領荘園注文、「書陵部所蔵文書」正中二年三月日、最勝光院領目録、「集八代恒治氏所蔵」応永十四年三月日、宣陽門院所領目録等に、『平安遺文』『鎌倉遺文』等によって史料を補充して作成した。一荘でいくつもの物品が年貢になっている場合は、物品に即して一と数えてある。なお、年貢かどうか判断に苦しむ場合もあり、脱漏も多いと思われるので、今後、補正につとめたい。

*41——古代の年料舂米の貢進国とある程度まで類似している。

*42——これらは勝山の㈢、㈣の類型に分類できよう。

*43——東国に「軽物」といわれた繊維製品の年貢の多い理由は、これまで海上交通の未発達に求められてきたが、拙稿「中世前期の水上交通について」(『茨城県史研究』四三号、一九七九年)でふれたように、平安後期以降の東国の海上交通はかなり安定していたものとみなくてはならない。それ故、この現象はやはり東国の地域的特徴に結びつけて考える必要が

ある。拙著『東と西の語る日本の歴史』（そしえて、一九八二年）。

＊44――拙稿「平安時代末期～鎌倉時代における塩の生産」（『日本塩業大系』原始・古代・中世（稿）、日本専売公社、一九八〇年）。

＊45――和泉には櫛造の集団があり、近衛家領御櫛造がその免田を中心に成立していた。これは、貢川社等の年貢である。また輪工は近江の田上にもいたが、和泉にはこうした木製の細工物を作る職人がいたのである。

＊46――拙稿「『新猿楽記』の「諸国土産」について」（『日本思想大系』月報六二、一九七九年）。

＊47――この点については、拙稿「荘園公領制の形成」（『岐阜市史　通史編』原始・古代・中世、一九八〇年、『日本中世土地制度史の研究』塙書房、一九九一年、所収）でふれたように、十世紀からその傾向が目立ちはじめ、「東南院文書」一二号、康平元年十月十一日、美濃国雑掌秦成安解によれば、調絹・庸米・租穀・中男作物・封丁からなる東大寺の封戸百戸の封物は、一旦、米に換算されたのち、さらに絹に換算され、貢進されている。

＊48――「東大寺文書」四―一三、永治二年十月日茜部荘住人等解案。この綿は桑代である。

＊49――「東大寺文書」四―一二、久安四年四月廿八日、茜部荘田数所当等注進状。ここでは地子といわれている。

＊50――注文では「段別一丈六尺」となっているが、計算上では二丈になる。

＊51――除田に下司分、定使分と並んで目代分がある。

＊52——厳実は宗時が「不出向田頭、不聞読合、暗造進結解」と非難し、請け負った得田五十九町余のうち「平民分」三十九町三反のほかの二十町余の負名について、不明な点が多いとしている。
＊53——末弘は逃散しなければ、自ら交易したとみてよかろう。
＊54——『東大寺続要録』建保二年五月日、東大寺領諸荘田数・所当等注進状写。
＊55——定四百五十町一段二百五十歩のうち、二町余が二斗代で、年貢は百疋とされている。
＊56——「東寺百合文書」シ函四号。
＊57——「金沢文庫文書」。
＊58——『壬生家文書』一、二八六号。これらの点については前掲拙著『日本中世の民衆像』でも概略言及した。
＊59——「水無瀬宮文書」。なお天福二年九月十日、出雲国加賀荘持田村起請田目録にも「筵田二丁五段半」がみられる。
＊60——桜井景雄・藤井学共編『南禅寺文書』上巻、一二号。
＊61——弓削島荘については、さし当たり、山内譲『弓削島荘の歴史』（弓削町、一九八五年）、拙著『中世東寺と東寺領荘園』（東京大学出版会、一九七八年）第II部第二章、及び注44拙稿等参照。
＊62——「東寺百合文書」ヨ函二号。弓削島荘関係史料は、『日本塩業大系』史料編、古代中世㈠、

同補遺にすべて収録されている。

*63――同右よ函四号。

*64――同右ヨ函六号。

*65――これは大粮飯料ともいわれ、食糧・酒などを下行して塩を焼かせる方式と推定される。

*66――拙稿「未進と身代」（石井進・笠松宏至・勝俣鎮夫・網野善彦『中世の罪と罰』東京大学出版会、一九八三年）。

*67――「東寺百合文書」ル函五号。「いかなるところニても候へ、みあいにかうしちにとりなかされまいらせ候へく候」などの文言が必ず付されている。

*68――注64、67文書。文永六年の場合は、恐らく納期による違いであろう。

*69――注66前掲拙稿参照。

*70――佐藤進一『日本の中世国家』（岩波書店、一九八三年）が指摘する通り、「職」は「職務」の執行によって、予定された収益の取得が実現される権利体である点に特質があり、それは請負を本質とする。「職」の補任はその意味で、請負の契約であるといってよい。

*71――大山喬平『日本中世農村史の研究』（岩波書店、一九七八年）をはじめ、勧農に論及した研究は多いが、山本隆志「鎌倉時代の勧農と荘園制支配」（『歴史学研究』四四〇号、一九七七年）は詳細にその実態を解明している。

*72――それは荘官の「職務」であり、大山・山本のいう通り、この「職務」の遂行によって「下

地」の支配ははじめて実現された。

＊73──山本は、種子・農料の下行が「荘園領主」によって行なわれるのは、「荘園の下地支配を確立・安定させる時期に限られる」とし、出挙をそれとは別個のルートとみている。しかし山本がその根拠として引用した「無力百姓等、取請出挙利銭等、為農料遂勧農之業、自可令備進御年貢之営外無他事候」という暦応五年（一三四二）三月の若狭国太良荘百姓等申状（「東寺百合文書」ヱ函五六号）の文言は、すでに百姓名の名主職が確立し、その名主自身が職の補任を通して荘園支配者と直接に請負契約の関係を結んでいる時期の発言で、そこでは「勧農之業」は名主の責任になっている。そしてその時期でも出挙・利銭を百姓に融通したのは、注66拙稿でも述べたように、代官であった。まして鎌倉時代、地頭との訴訟を推進した預所定宴に対し、七代までもの忠誠を誓った平民百姓と預所の関係においては、種子・農料の下行が預所の重要な義務・責任であったとみてよかろう。

＊74──注66前掲拙稿参照。山本は勧農を「稲作生産強制」とするが、たしかに結果的にはそのようにみえるとしても、坪井洋文等の民俗学者の指摘する種籾とされた初穂の神聖視が日本の稲作儀礼に深い根をもっていることを考えると、そこには単に「強制」というだけでない意識が百姓自身の中にあったとみなくてはなるまい。出挙によって「勧農」を遂げ、自ら「御年貢を備進」する営みにはげむという百姓の発言は、そう考えなくては理解し難いものとなろう。なお初穂・出挙については拙稿「初穂・出挙・関料」（『新修大津市史』第

七巻月報、一九八四年、『増補 無縁・公界・楽』平凡社、一九八七年、所収）で若干言及してみた。

＊75——前述したように、鎌倉後期以降、百姓名の名主職が確立し、名主が年貢公事の「弁勤」「沙汰」を領家に約束する段階、さらに大山喬平の明らかにした文保二年（一三一八）の丹波国大山荘一井谷百姓等による百姓請の実現等は、そのことを明白に物語っている。

また「東寺百合文書」ヱ函二四号、嘉元三年三月廿三日、権介若狭国太良荘真利名等未進請文は、前年の未進をこの年の早米から替え召されることを約束した借状の形式をもつが、同様の内容をもつ多くの請文の示すように、年貢は一年ごとに決済され、未進はこうした借米になったのである。この事実はその年の年貢を決済した百姓の移動は預所・地頭によって縛られることはなかったことを逆に物語るものといえよう。

＊76——石井進「身曳きと〝いましめ〟」（注66前掲『中世の罪と罰』所収）。

＊77——未進が借米になる以上、これは当然のことといってよかろうが、石井も指摘するように、こうした慣習は『魏志倭人伝』『隋書倭国伝』に遡り、律令法の「役身折酬」、さらにその後の「富豪層」のあり方にも源流を求めることができる。それ故にまた、この預所・地頭などの荘官、領主のあり方は、富豪から古代の郡司、さらに在地の首長にまで遡り、逆に中世後期、戦国時代の領主支配にまで、確実に降ることができよう。それが江戸時代に入ってからどのようになっていったかも、研究すべき余地が十分に残っている。

＊78――安良城盛昭「網野善彦氏の近業についての批判的検討」（『歴史学研究』五三八号、一九八五年）。

＊79――式目の解釈については、前掲拙稿「日本中世の自由について」（『年報中世史研究』十号、一九八五年）。中世社会が単純に自然経済の圧倒的優位といい難い点に関しては、拙稿「中世民衆生活の一側面」（『歴史地理教育』三八三号、一九八五年）参照。ただ前者でふれた「去留」を「居留」としたことについては、私自身もその誤りを犯したことがある（拙著『増補　無縁・公界・楽』二三八頁）。自らを顧みることなく、他をあげつらった点、深く反省する次第である。なお安良城は注10前掲論稿において、一九五七年に「〈移動の自由〉を否定する見地にいち早く立」ったとしているが、五六年の歴研大会報告集で「居住は自由である、つまり移動は自由である」とした部分を、六九年の『歴史学における理論と実証』第Ⅰ部（お茶の水書房）三八頁で「『貞永式目』では明白に、居留は自由である。つまり移動は自由であると規定している」と修正、さらに八四年の『日本封建社会成立史論』上（岩波書店）一二四頁では、「『貞永式目』では明白に、居留は民意に任せる、つまり移動は自由である、と規定している」と改めている。私はこの八四年の文章を四十二条の取意文とみて、別稿で述べたように考えたのであるが、この点の当否については読者の判断にゆだね、「移動の自由」を否定した、安良城の四十二条に関する新たな論稿の発表を期待したい。

*80――例えば「逃毀」の語は、四十二条をうけた追加法二八九条（佐藤進一・池内義資編『中世法制史料集』第一巻、以下同じ）にみられるほか、古文書、古記録などには用例を知らない。

*81――池内義資編『中世法制史料集』別巻に収められた注釈書は「御成敗式目唯浄裏書」が「逃毀」を「ニケソコナヒ欤」と疑問を残しつつ注釈したのを踏襲し、「逃毀」を「諸国土民逃脱時ニケソコナフ事アル欤、然者ニケソコナフト読ヘキ欤」（「関東御式目」）とする解釈に従いつづけ（「御成敗式目栄意注」「蘆雪本御成敗式目抄」）、「御成敗式目池辺本」にいたって「理ナキ逃散」―「逃脱」と解し、「清原業忠貞永式目聞書」はまた「ニケソコナフ」と訓じ、「清原宣賢式目抄」は「逃毀トハ逃散也」とし、ついに的確な解釈に達していない。

*82――工藤敬一「鎌倉幕府と公家政権」（『講座日本史』2、東京大学出版会、一九七〇年）。

*83――上横手雅敬「主従結合と鎌倉幕府」（『法制史研究』二〇号、一九七〇年）。

*84――『中世政治社会思想』上（『日本思想大系』岩波書店、一九七二年）「御成敗式目」補注。

*85――以下の用語の検索については、島田次郎作成の「鎌倉幕府法　索引」に負うところ大である。

*86――従来の解釈は、さきの安良城のそれを含めて、「領主」を地頭と解して怪しまず、また年貢所当を「領主」が徴収、収取したものとみなしてきた。

＊87――羽下徳彦「領主支配と法」(『岩波講座　日本歴史』中世1、一九七五年)。
＊88――入間田宣夫「中世国家と一揆」(『一揆』5、東京大学出版会、一九八一年。のち、同『百姓申状と起請文の世界』東京大学出版会、一九八六年に所収)。
＊89――この意味で、これらの「撫民法」を「例外的」あるいは「かかる条文が式目に含まれていること自体が不思議」とすることはできないのではなかろうか。
＊90――この原則が江戸時代初期まで一貫していた点については、注88前掲入間田論稿参照。
＊91――注79前掲拙稿参照。
＊92――注10前掲拙稿「日本中世の自由について」。
＊93――若狭国太良荘における預所定宴と平民百姓の関係。拙著『中世荘園の様相』(塙書房、一九六一年) 参照。
＊94――注88前掲入間田論稿参照。
＊95――前掲『中世の罪と罰』の討論参照。もとよりこの関係は平等・対等の関係ではなく、贈与・互酬的な関係に主要な側面を求めることのできる首長制下の首長と平民の関係が、上位者と下位者の間の負担関係に転化している点に、基本的な問題があるが、ここで述べたような関係がその中でもなお生きていることは、見逃さるべきではない。
＊96――前注の討論で、石井進が強調しているように、この場合、領主が検断権を保持していることが大きな意味をもってくる。

＊97――安良城は前掲論文で、作人が作職の田地を地主に「上げる」ことは逃散ではなかったが、「名主職・百姓職の田地を領主に「上げる」ことは、逃亡・欠落・逃散とみなされた」としている。安良城の論旨からみると、逃散・欠落は「百姓」の「非法」と領主がみなしたことになっているが、領主の非法に対し、名主・百姓が名田を「上げる」ことは、「東寺百合文書」ム函、学衆方引付、永和三年十一月二日条に「名田上状」がみられるように、平民百姓にとって、当然の権利であった。

＊98――水本邦彦「村共同体と村支配」（『講座日本歴史』近世1、東京大学出版会、一九八五年）において、水本は近世の公儀の役―年貢・夫役が、百姓にとって「「合意」しうる社会的必要労働の側面を持つ」と指摘しているが、中世の年貢の場合も同様といってよかろう。

補注1――勝山清次『中世年貢制成立史の研究』（塙書房、一九九五年）に新稿を加えた研究成果が集成されている。

補注2――入間田宣夫「糠部の駿馬」（『東北古代史の研究』吉川弘文館、一九八六年）に馬が田地に賦課されたことが指摘されている。

(2)　上分《じょうぶん》

はじめに

人間がその労苦にみちた活動を通して、自然からかちえることのできたさまざまなものを、それに年貢・公事などのなんらかの名目を付されることによって、なぜたやすく他人の手に渡してしまうのか。そしてそれを負担として負いつづけることを「義務」として意識してきたのか。これは人間による人間の支配、逆に人間の他者への「隷属」の根幹にふれる問題であるが、日本の社会に即してみても、これは未だ十分明らかにされつくしているとはいい難い、と私は考える。

とくに、中世以前の社会に遡れば遡るほど、最初にそれをわがものとした人と、その物との結びつきがきわめて強いことが明らかにされているだけに[*1]、この問題の解明は、中世の社会をより深くとらえるために、きわめて重要な意味をもっているといわなくてはならない。そのためには、さまざまな名目をもつ負担の一つ一つについて、それがなぜ負担として定着しえたかを明らかにする必要がある。

さきに同じ題目を掲げて、年貢について、若干、考える機会があったが[*2]、ここでは「上分《じょうぶん》」

といわれた負担の本質について考察し、この課題の一端に接近してみたいと思う。

一　上分の用例とその特質

「上分」の語の初見については、なお史料の探索が不十分であるが、その早い用例として、天禄三年（九七二）五月三日、天台座主良源遺告に、[*3]近江国鞆結《ともゆい》荘について、その「地子上分」を「法華堂四季懺法間灯明料」に充て、同国黒田江西荘の「地子上分」を「常灯之遺」に加え充てたとあるのをあげることができる。

その後、十一世紀後半以降、用例は急増しはじめ、とくに伊勢神宮の御厨《みくりや》に関連して多出する。例えば、下総国相馬御厨について「地利上分」「供祭上分」の負担がみられ、[*4]応徳元年（一〇八四）七月十一日、伊勢二所太神宮神主牒では、[*5]伊勢国大国荘の「毎年三ケ度供神物上分」「上分御贄勤」などが問題にされており、神宮の御厨の場合、口入料とは別に、供祭物として上分米、上分長絹、上分白布、上分鍬、上分料紙、上分料鉄など、「上分」の名目でさまざまな物品を負担しているのである。[*6]

もとよりそれは伊勢神宮だけにみられたのではない。久安元年（一一四五）二月日の豊後国八幡由原宮師院清解は、[*7]留守所に対し「御供塩浜」の寄進を求め、その「上分塩」を以て「九箇度御供」に備えたいと述べており、平治元年（一一五九）十二月五日の藤原太子解にも、[*8]山城国稲八間荘の「上分」が「殿下御祈」のために春日社に「辨備」されている、と記されている。

日吉《ひえ》社、熊野社の「上分」については後述する通りであり、永万元年（一一六五）、下総国葛《か》西御厨《さい》について「神税上分」といわれたように、[*9]「上分」はまさしく神に捧げられる「税」であったとみてよかろう。[*10]

しかし、神社―神だけでなく、最初にあげた事例が示しているように、「上分」は寺院―仏に即しても現われる。例えば仁安三年（一一六八）石清水《いわしみず》観音堂について、その荘園の「地利上分」をもって宮寺用途に充てるといわれ、[*11]また承安五年（一一七五）、法橋智秀は紀伊国神野真国荘の「上分米拾解」を高野山に寄進しているのである。[*12]とくに注目すべきは、天養二年（一一四五）三月二十七日、日前国懸両社司紀良佐等の訴えに反論した紀伊国大伝法院陳状が、[*13]「仏聖灯油上分」を「穢」した良佐等の罪過を糺弾している点で、「上分」は仏のものとして穢すべからざるものとされていたのである。

このように、「上分」が神仏に捧げられる負担であったことは、鎌倉幕府法追加法二三条[*14]に「神社仏寺之上分」といわれていることからみても間違いないといってよい。

また、負担者からみて、それがいかなる特質をもつ負担と意識されていたかについては、時代がやや降る事例であるとはいえ、鎌倉末期から建武初年にかけて若狭の小浜の借上《かしあげ》、浜女房、石見房覚秀の母子が太良荘《たらのしょう》に関連して貸し付けた熊野上分物が、別の文書で「くまのゝ御はつをもの」といわれた事実によって明らかである。[15] 小田雄三はその興味深い論文「古代・中世の出挙《すいこ》」において、[16] これに「いせの御はつおせん」など、いくつかの事例を加えているが、さきにあげた伊勢国大国荘の事例に「上分御贄」とあるのをはじめ、贄《にえ》と「上分」が等置される場合のあることにも注目しておく必要があろう。古くから贄が神や天皇に捧げられる初尾《はつお》であったことを考慮すれば、[17]「上分」が神仏に進められた初尾、初穂《はつほ》であり、それ故に神物・仏物とされたことは確実といってよかろう。

竹内理三は、かつて「上分」は古代の租に相当すると指摘したことがあるが、[18] 石母田正がいうように、[19]「原田租」が「首長に対する恒例の初穂貢納」の慣行から発生したのだとすれば、この竹内の見解はいち早く、「上分」の本質を衝いたものということができる。しかし「上分」は単に租だけではなく、さらに広く古代の贄まで含め、首長のみならず神仏―聖なるものへの初尾貢献の慣習、自然からの最初の贈物は神自身のものとする、きわめて古くからの習俗に起源をもつとみなくてはなるまい。[20]

二　上分の展開

「上分」のこのような特質から、それは年貢・公事のように、田地や名・在家などに賦課されるのでなく、年貢の一部が割《さ》かれるのがふつうであったが、ときに、一定量の「上分」に見合う田地が「上分田」として指定される場合もあった。

肥前国武雄社では、毎年、国衙によって一定面積の田地が浮免として「上分田」とされており[*21]、保延元年（一一三五）十月、伊勢国寛御厨検田馬上帳[*22]にも「豊受太神宮本上分田三町」が記載されている[*23]。

しかし「上分」が初尾である以上、それが田畠の収穫物のみにとどまるものでないことは、さきの伊勢神宮の各地の御厨の実態からみても明らかであり、また必ずしも荘園、御厨等の負担のみにとどまるものでないことも、当然といってよかろう。

鎌倉期に入ると、そのさまざまな展開した形態を見出すことができるが、まず注目すべきは、市、交易に関連して「上分」の徴収が行なわれた点である。文永十一年（一二七四）正月二十五日の御厨子所に充てた蔵人所牒[*24]において、同所預紀宗信は、諸国の贄貢進がままならなくなったため、代々の預は都鄙《とひ》供御人《くごにん》を建立し、その「交易上分」を以て「日次供御」を備進してきたと述べ、建久三年（一一九二）、その祖父紀宗季による六角町四宇供御人の建立や「三条以南魚鳥以下交易輩」を御厨子所供御人とした事例をあげている[*25]。

『平戸記』仁治元年（一二四〇）閏十月十七日条所載の同年後十月三日、造酒司解が、内蔵寮・内膳司は「市辺」において「魚鳥交易之上分」を召し取って「日次供御」を備進し、装束司は「市之苧売買之輩上分」を充て召しているとし、造酒司も「酒屋等之上分」を充て召して、「諸社祭神供」等の不足に充てたい、と述べているのも、全く同じ事例といってよい。[*26]

これは、贄と上分と供御・神供との深い関連をよく物語っている点でも興味深いが、市での交易において、まず最初の交易を初尾として神に捧げる習俗を背景に、市庭《いちば》税、交易税の徴収が行なわれたと考えれば、「上分」の意味もおのずと明らかといってよかろう。[*27] [*28]

実際、大分のちのことであるが、天文四年（一五三五）三月十日、石清水八幡宮住京大山崎神人は、「油商売初尾」を「庭銭」と名づけ、各々がこれを出し、その用脚で錦小路西洞院の新八幡宮の神事造営等を行なっていると述べている。[*29] この「庭銭」がさきの「交易上分」に当たることは間違いないところであり、とすると「上分」は交易の場合も、やはり初尾だったことになる。

建長四年（一二五二）五月十一日、和泉国唐国村刀禰《とね》百姓等置文案に、[*30]「畠上分」とともにみられる「商上分」も、これと同じ性格の負担であろうし、また同三年九月十五日、備中国吉備津宮政所下文写にみえる「国中神子上分」も、基本的には同様であろう。[*31]

また、相田二郎はさきの「庭銭」が関所料の一種であったことを示す事例を紹介しているが、[*32] そこからも知られるように「上分」は関所料を意味する場合もあったのである。

相田は関所料の「一称呼」として「高納」をあげ、次の文書を掲げている。[*33]

那智山海上々分高納事、諸国諸廻船人等以連署状歎申入之間、以彼状被仰執行処、任傍例可致其沙汰云々、仍彼商人等依有申請旨、可致其沙汰由、去正月比雖被仰付彼辺、於今者可被止沙汰由所被仰下也、且内々御教書如此○後闕

相田はこの文書を、南北朝時代を降らないものと判断したうえで、「高納とは積載貨物の分量に応じて、率分《りつぶん》の如く徴収したことから出て来たのであろう。この文書以外には未だその例を見ない、極めて稀な称呼の一つである」としている。

そして相田は「那智山海上々分と冠している所から判断するに、船舶が海上を通過して那智山を拝む時報賽に供えた資財から起ったものと思はれる。これは関所料発生の一の原因を見る上に重要な資料である」というきわめて的確な指摘をし、「安房国の須崎神社にては、近代まで海上に賽銭船を出して通過の船舶から報賽を受けてゐた」という興味深い事実を紹介しているのである。

しかし「高納」は、文永元年（一二六四）六月日、権祝賀茂某訴状[*34]に「一、庄民等済物高納之由廻新儀之今案、致謀略之訴訟」とあることからも知られるように、通常より高額の「済物」――さきの場合には高額の「上分」を納めることを意味するもので、「高」は「高質」の「高」と同義[*35]と考えるのが適当であろう。それ故、「高納」が関所料なのではなく、相田自身がすでに事実上は指摘している通り、「上分」こそが関所料であったとみなくてはならない。

嘉元四年（一三〇六）十二月九日、備前国南北条村年貢散用状[*36]に、年貢より差し引かれる「所下」の中に、「船出上分　二斗、海上上分　一斗」が計上されていることによってみても、それは明らかであり、また越後国の「弥彦神社縁起断簡」にみえる「寺泊津之御上分」「蒲原郡内湊御上分料」の「上分」も、関所料であることは間違いない。[*37]

そしてそれが、相田の須崎神社についての指摘から知られるように、津・泊―港、海上の道を守る神仏に対して、通行する船が捧げる「報賽」―初尾であり、「手向け」であることも明らかといってよかろう。とすると、関所料の徴収もまた、初穂貢献の習俗に支えられていたことになる。[*38]関所の本質に関わる問題がここにあるといってよいので、勧進上人が関を立て、関所料を徴収したのも、やはり通行者が仏に奉る「上分」―初尾を、仏に直属する僧侶である上人が受け取ったものと理解することができる。[*39]

三　上分の使途と運用

神仏への初尾である「上分」は、前述した通り当然、神物・仏物であった。それ故、「上分」は神、仏のためにのみ使われなくてはならなかったのである。

笠松宏至が明らかにしているように[*40]、神物・仏物を人物とすることについては、きびしい「互用の罪」があったのであり、「上分」として収取された物は、「人物」として用いられるわけにはいかなかった。その用途はこの「上分」という名目自体によって規制されていた。

もとより、「上分」物が「供神物」「供祭物」「仏聖」などとして、神仏に直接、貢献される場合は問題ないが、保延二年（一一三六）六月日、金剛峯寺奏状[*41]に「正月修法僧等分、各所得上分、可充高野寺也、夫以内道場正月施物上分令修理道場」といわれているように、「上分」は道場の修理などに充てられることが多かった。さきにあげた勧進上人によって徴収される関所―上分が専ら寺社の修造に用いられたことは周知の通りであり、事実、前掲の「庭銭」も新八幡宮の修理造営に用いられているのである。

また、土佐国金剛定寺は「無縁所」であり、「当国隣国往反船」から「粮料施与」を乞い、これを寺家に収め、寺中の衆僧は食堂に集まって、日に一度これを食したという。これを「金剛定寺御乞食」といったが[*42]、これはさきの「那智山海上々分」と同じく、「室生崎」を通る船からの「上分」が、仏陀に直結する僧侶たちに分配されたことを示している。

このように「上分」として収められた物は、神仏のために使われただけでなく、神仏に直接仕える人によって用いられ、管理されなくてはならなかったのである。仁安四年（一一六九）二月十一日、大和国椙本《すぎもと》荘住人等解[*43]によって、上分米が「御蔵」に納め置かれたことが知られるが、小田もふれているように[*44]、それは「堂舎の後戸《うしろど》」のような聖なる収納空間＝倉庫に収納されるのがふつうであったろう。そして、それを管理、運用したのが神仏の直属民―神人《じにん》、寄人、山僧であり、こうした人々が「上分物」を「出挙」することによって、その利を得る借上、土倉になっていったことも[*45]、すでによく知られた事実である。

このような上分米の出挙の初見が、保延二年（一一三六）九月日、明法博士勘文案[*46]であることは、早くから注目を集めており、これが日吉大津左方・右方神人による出挙―借上の活動を具体的に示す史料として貴重な意味をもっている点についても、戸田芳実をはじめ多くの人々が指摘している[*47]。

そしてこれ以後、日吉上分米、あるいは日吉上分銭の出挙の事例は、ほとんど枚挙に遑ないといってもよいほど、多数見出すことができる。いまほんの一、二の例をあげれば、宝治二年（一二四八）十二月二十一日、出雲近真質地流券[*48]は「日吉上分出挙米」を弁進しなかったため私領田一段を差し進めた事例であり、永仁元年（一二九三）十二月二十八日、恵印利銭借券案[*49]は「日吉上ふんのりせに」を月毎に貫別七十文の利分で、田地一町一反小を質に、八十貫文を来年三月まで借り、返済を難渋したときは、山門公人によるいかなる譴責をうけてもやむをえない、としているのである[*50]。

また、熊野上分米が同様の役割を果たしていたことについても、戸田が平安末期の事例をあげてすでに指摘している通りで[*51]、熊野御初尾物についても、前掲の事例のほかに、正応四年（一二九一）十月二日のしんれん利銭借券[*52]に、月々に貫別四十文の利分で、「くまのゝ御はつをもの」九貫五百文を借り請けたとある例をあげることができる。そしてこうした熊野上分物の催促に当たったのは、山臥《やまぶし》であった。*53

伊勢上分物については、鎌倉期の事例を未だ見出していないが、小田も引用している応永二十八年（一四二一）十二月十九日、僧長円借状*54に、二十三貫文の「いせの御はつおせん」がみられる。この場合もその督促には伊勢の神人、御師などが当たったのであろう。

このように、借用した上分物の返済を怠ることは、神物・仏物の互用として神罰・仏罰をもってむくいられると考えられており、実際には、神人・公人、山臥等の神仏の直属民によるきびしい督促が行なわれたのである。そして万一、そうした督促の使に手をかけることがあれば、ときに嗷訴《ごうそ》までよびおこすこともありえた。*55

こうした神人などによる負物の督促に伴っておこる喧嘩、狼藉については、公武の権力によってしきりに抑制が加えられているが、*56神物・仏物の金融は中世後期に入ると一層活発化し、とくに伊勢、熊野、日吉三社の上分物については室町期にも手厚く保護されている。例えば嘉吉元年（一四四一）の徳政令*57において、その第一条に「諸社神物付、神明、熊野講要脚事」として「不可有改動之儀」とされたのをはじめ、享徳三年（一四五四）の徳政令*58には「神物事限伊勢・熊野講銭」と、両社の講銭、要脚のみについて「不可有改動之儀」と規定されているが、永正元年（一五〇四）には、これに日吉社が加えられているのである。*59

これらの徳政令はいずれも、弐文子の祠堂銭についても同様に保護しているが、[60]中世後期、とくに禅宗、律宗の寺院などに広く行なわれ、その経営を支える重要な基盤となった祠堂銭も、上分物と同じ意味をもっており、やはり仏物の貸付として、手厚く保護され、徳政免許とされた。

また、さきの三社のみならず、各地の神社、寺院においても、こうした神物・仏物の出挙は広範に行なわれている。

石井進が言及した、正応六年（一二九三）正月二十三日、竹崎季長置文[61]にみられる、肥後国海東社に関わる神物の出挙や、小田が指摘した近江国大島奥津島社の「大座神物」の出挙[62]はその好例であり、中世後期「無縁所」といわれた寺院が、祠党銭や勧進によってその経営を支えたの[63]も、すでに明らかにされている通り、仏物の運用であった。

さらに、さきの室町期の徳政令で、「上分」が日吉、神明―伊勢、熊野の「講銭」になっていることにも注目すべきで、中世以降に盛んに行なわれる憑子講などの講も、例えば「信貴頼子」が信貴《しぎ》山と結びついていたように[64]、神仏との関わりにおいて運用されたのである。

このように、金融の発生が、神物・仏物―神殿の神の物などの貸与に求められることは、恐らく世界の諸民族に共通していることと思われるが[65]、日本の社会の場合、それが初尾、初穂として神仏に捧げられた「上分」を「資本」とする形で現われてくることに注目しておく必要があろう。[*66]

しかもその貸与が「出挙」という形態をとっている点も重要であり、それは利子がなぜ発生してくるか、という問題を考えるうえにも、きわめて示唆するところ大といわなくてはならない。出挙の原形が、初穂として神、首長に貢献され、聖なる場としての倉庫に納められた籾を、種籾として貸与し、収穫時に利分を付して返却させることにあるならば、それがしばしば五把の利―五割という一見きわめて高率の利率であっても、なんら不自然ではあるまい。[*67]

中世においても、出挙がきわめて広範に行なわれたことは、すでによく知られた事実で、例えば、「無縁所」といわれた摂津国鳴尾長蘆寺は、永徳二年（一三八二）二月十一日、長蘆寺宗算跡諸方出挙方証文目録[*68]によって明らかなように、多くは五把あるいは六把の利で、諸方に出挙を行なうことによって、その経営を行なっているが、これが出挙銭―利銭の形になった場合も、こうした農業生産に結びついた利足の観念は色濃く残っていたに相違ないのである。

こうした問題を世界の諸民族の社会における金融、利足のあり方と比較、検討してみることは、今後の大きな研究課題であろう。

むすび

以上のように、「上分」は、ほぼ荘園公領制の形成とともに、負担の一つの名目として制度化され、中世社会の発展とともに、さまざまな形での展開をとげていく。中世後期に入っても、もとよりその名目は維持されているが、次第にその形を変え、影が薄くなっていくように思われる。*69 その経緯を辿ることは今後の課題であるが、そこに神仏の権威の低下がなんらかの影響を及ぼしていることは確実といってよかろう。

しかし、「上分」が聖なるものへの初尾貢献の習俗に支えられていた事実によっても知られるように、さまざまな名目の負担は、それぞれに社会の中に根づいた慣習に支えられ、それなりに負担するものの納得のうえでなくては制度となりえなかったと思われる。

そしてそれが収取されたのちも、「上分」が神物・仏物というその本来の特質に制約されつづけたように、負担のそれぞれの名目によって、その使途は制約され、たやすく収取者―支配者の「恣意」のままにはなりえなかったことを、知っておかなくてはならない。この意味で、前近代の社会においても、人間は決してなんの理由もなしにその労苦の結実を他者の手に渡しはしなかったのであり、それが支配者のものになってからのちにも、その生活そのものを通して、支配者をしばりつづけていたといってよかろう。もとより確立した制度を維持するために、またその確立の過程でも、武力を含む暴力が行使されることのあったことは間違いない事実であるとしても、収取の制度が決して暴力のみによって永続しうるものでなかったことは明白である。

そしてここからやや問題をひろげていえば、いわゆる「アジア的」な社会においては、君主のみが「自由」であったとしばしばいわれるが、これは決して正確とはいえないので、君主―王権はここで考えてきたように、社会―人民の生活のあり方に、さまざまな形で、むしろきびしく縛られていたことを強調しておかなくてはならない。

さらにまた、さきに述べたように、「上分」が金融、利子の発生に深く関連していることが認められるとすれば、交換、売買、さらに貨幣を含めて、これまで経済学的な規定によって事終われりとされてきた問題の一つ一つについて、前近代社会の中であらためて考え直してみることも、今後の大きな問題として残されている。[*70]

中世の他の名目の負担―公事、夫役等について、さらに考えつづけるとともに、このような経済的な諸現象そのものについても、私なりにさらに追究してみたいと思う。

注

＊1――勝俣鎮夫「売買・質入れと所有観念」(『日本の社会史』第4巻『負担と贈与』岩波書店、一九八七年)は「わが国では、ある人が所有している物、とくに長い間身につけている物は、その所有者の「たましい」を含み込んだかたちで存在するという強い観念が存在し」たことについて、笠松宏至「盗み」(『中世の罪と罰』東京大学出版会、一九八三年)にも

よりつつ強調している。

＊2――本書第一部、2「百姓の負担」(1)「年貢」を参照。なお、「上分」についても、拙著『日本中世の民衆像』(岩波書店、一九八〇年)、「初穂・出挙・関料」(『増補 無縁・公界・楽』平凡社、一九八七年) 等において、その概略については言及したが、あらためてここでまとめてみることとした。

＊3――「蘆山寺文書」(『平安遺文』二―三〇五)。

＊4――「櫟木文書」大治五年六月十一日、下総権介平経繁私領寄進状案に「田畠地利上分幷土産物等、可令備進供祭御贄」とあるのをはじめ、同上、永暦二年二月廿七日、下総権介平常胤解案には「御贄上分」、同年正月日、源義宗寄進状案には「供祭上分」とある。また「天養記」天養二年三月四日、官宣旨案には相模国大庭御厨について、やはり「供祭上分」とある。

＊5――「吉田文書」(『平安遺文』四―一二一二)。

＊6――「神宮雑書」建久三年八月日、伊勢大神宮神領注文。ここで、「御贄米」と「上分米」とが同じ意味で用いられていることに注目しておく必要がある。また、ここにあげた多様な物品は、諸国の年貢の物品とほぼ一致しており、上分が年貢の一部を割いたものであることを知りうる。

＊7――「柞原八幡宮文書」(『平安遺文』六―二五六〇)。同上、嘉応三年三月日、豊後国八幡由原

宮師僧定清解にも「被奉免塩浜者、捧上分令奉備九箇度御供」とある。
＊8――「陽明文庫所蔵兵範記仁安二年冬巻裏文書」(『平安遺文』六―三〇四一)。
＊9――「櫟木文書」永万元年三月廿一日、占部安光文書紛失状案（同右七―三三五五）。
＊10――このほか、『阿蘇文書之一』三一号、年未詳九月廿一日、北条泰時書下に「阿蘇社上分稲」とあり、「金沢文庫文書」建治三年、年貢散用状に「金□宮神主、同宮上分」とあるなど、事例は枚挙に遑ない。
＊11――『石清水文書之二』「田中家文書」一七一号、仁安三年四月廿五日、六条天皇宣旨案。
＊12――『高野山文書之七』又続宝簡集八十七、一六〇九号、承安五年三月七日、紀伊国神野真国荘寄進状。
＊13――「根来要書」下（『平安遺文』六―二五五四）。
＊14――佐藤進一・池内義資編『中世法制史料集』第一巻、鎌倉幕府法。
＊15――「東寺百合文書」ユ函三二号(二)、元亨元年十一月五日、まこ三郎等連署若狭国太良荘助国半名避状案に「これは、くまの〻御はつをものをへいれさせ給うゑ、のちにしさいを申候ましく候」とあり、「東寺古文零聚」三、建武元年九月六日、公文禅勝・上使友実熊野上分物利銭借状、「東寺百合古文書」百十一、建武元年九月十三日、上使友実熊野上分物銭借状には、文書名の通り、「熊野上分物」とある。この後者に「但為三山僧供料物上者、早々可弁」とされていることにも注意しておく必要があろう。

＊16――前掲『日本の社会史』第4巻『負担と贈与』所収。

＊17――拙稿「古代・中世・近世初期の漁撈と海産物の流通」（『講座・日本技術の社会史』第二巻『塩業・漁業』日本評論社、一九八五年）でもふれた通り、贄には「稚海藻《わかめ》」が広く諸国から貢進されており、「稚」「若」の字が付されていることから、これを海藻の初穂とみることができると思われる。

＊18――竹内理三「荘園語彙考」（『荘園制社会と身分構造』校倉書房、一九八〇年）はこうした語彙に関する竹内の関心をよく示している（租については同氏の御教示による）。

＊19――石母田正『日本の古代国家』（岩波書店、一九七一年）第四章3。

＊20――『国史大辞典』第七巻に島田次郎が「上分」という項目で執筆している。あわせて参照されたい。

＊21――武雄社の「上分田」は天仁二年（一一〇九）から見出されるが、「武雄神社文書」承安二年十二月廿日、武雄社司藤原貞門解には、これまで「為浮免募来処、今度初定坪」とある。

＊22――『壬生家文書』五、一〇五七（『平安遺文』五―二三三三）。

＊23――「書陵部所蔵中右記部類巻十六裏文書」仁安元年、飛驒国田文（『平安遺文』七―三四一〇）によっても、一宮の上分田が石浦出作、武行名などに分布していたことを知りうる。

＊24――「大谷氏所蔵文書」（赤松俊秀『古代中世社会経済史研究』平楽寺書店、一九七二年、「座について」所載、「山科家旧蔵文書」）。

＊25――「上分」に対して「後懸」という語があることについては、拙著『日本中世の非農業民と天皇』（岩波書店、一九八四年）、五七頁、一〇六頁などでふれておいた。そこでもあげた「徴古文府」一、永承五年二月七日、荒木田氏元寄進状写には、塩などの「海業之上分」は「恒例御贄」として備進し、「後懸」は永く子孫に領知せしむとあり、この供御人の場合も、「上分」は供御とし、「後懸」は御厨子所預の責任で、内蔵頭に弁ずることになっている。

＊26――「上分」とは異なる語であるが、『勘仲記』弘安十年七月十三日条所載、同年七月二日、対馬守源光経解に「廻船商人等着岸之条、以前分之弁可充済物」、「唐船着岸之時、前分国宰守護人相半可致沙汰」とある「前分」は、上分とほぼ同義とみてよい。『類聚三代格』寛平三年五月廿九日、太政官符に、「今件徴物使等多集党類、候郡司雑掌入京之日、各競寃勘、先号前分責取官物、次称土毛掠奪私粮」とある点も参照。「前分」は「土毛」と対照されている。また、これは「上前」の語と関係しているであろう。

＊27――この場合、天皇は神に準ずる聖なる存在とみなされていたことになる。

＊28――注1前掲論稿で、勝俣は市を「他界との境界領域としての神の示現する聖地」ととらえ、「そこに立てられた市での売買などの交換行為そのものが神々を喜ばせ、祀ることに通ずる」という観念のあったことを指摘している。こうした市での交易における初尾貢納も、もとよりこのような市そのものの性格、売買自体の特質と関わっている。

＊29──「賦引付天文四」（桑山浩然校訂『室町幕府引付史料集成』上巻、近藤出版社、一九八〇年）。
＊30──「松尾寺文書」。
＊31──「吉備津神社文書」。小田郡、後月郡、浅口郡について、神子長代に出部郷住人称屋之千一を補任している。
＊32──相田二郎『中世の関所』（畝傍書房、一九四三年、吉川弘文館より一九八三年に再刊）第十、「商買物運送と関所との関係」の、武蔵浦和宿の庭銭の項参照。なお、「庭銭」については、拙稿「中世「芸能」の場とその特質」（『日本民俗文化大系』第七巻『演者と観客』小学館、一九八四年）でも、若干、言及した。
＊33──同右、第一、「中世関所の研究」。『熊野那智大社文書』第三、「米良文書」三、一〇五五号、年月日未詳、足利将軍家御教書写断簡。
＊34──『早稲田大学所蔵荻野研究室収集文書』上巻「上賀茂神社文書」（吉川弘文館、一九七八年）。
＊35──石井良助は「古法制雑考(一)」（『国家学会雑誌』五一─五）で、高質について、債務額をこえる差押物にその原義があるとしているが、「高納」も定められた額を越える納入を意味するものと思われる。
＊36──「東大寺文書之八」七三六号。
＊37──『新潟県史』資料編四、二七八五号（これについては、中野豈任氏の御教示による）。中野によると、「蒲原郡内湊」は阿賀野川右岸の沼垂湊、信濃川右岸の蒲原津、荒川の津の

「三ケ津」をさすのではないかと推定される。「藤巻文書」天文廿年六月廿八日、長尾景虎判物には「三ケ津横目代官職」を大串某に申し付け、「上分之儀」を厳重に取沙汰すべしとある。

＊38——拙稿「中世の旅人たち」（『日本民俗文化大系』第六巻『漂泊と定着』小学館、一九八四年、『日本論の視座』小学館、一九九〇年、所収）でも言及した。なお『壬生家文書』一—二四四号、文永十一年二月十七日、安芸国入江保年貢散用状に「除米」として「所上分」「一宮上分」「道上分」が除かれている点にも注目しておく必要がある。「所上分」は現地の本社への上分、「一宮上分」は厳島社への上分、「道上分」はやはり関所料であろう。

＊39——注2前掲拙著『増補　無縁・公界・楽』参照。

＊40——笠松宏至「仏物・僧物・人物」（『法と言葉の中世史』平凡社、一九八四年）。

＊41——「根来要書」中（『平安遺文』十—補二二六）。

＊42——「大師御行状集記」（『続群書類従』第八編下）。

＊43——「興福寺本信円筆因明四相違裏文書」。「友貞等納置上分米御蔵へ逃入」「彼住宅并御蔵上分米等悉盗収畢」などとある。

＊44——注16前掲、『日本の社会史』第4巻所収「古代・中世の出挙」。小田は、「後戸」—寺院の堂舎の本尊の背後に位置する空間は「聖なる秘所」であり、そこに仏物としての稲米が納められたとし、後戸及び「後戸の神」と出挙、金融が深く結びついていた、としている。

＊45――勝俣は注1論稿で、売買の論理にも、仏物・神物の売買という観念があり、聖俗の世界が混交していた呪術的な社会空間・時間の分離の進行の中で「売買・金融業を営む人々は、多く聖の世界に属することになった」としているが、金融の場合も全く同様であった。そしてそうした金融活動の拠点が「土倉」―倉庫であったことも決して偶然ではない。この点についても、注2拙著参照。

＊46――『壬生家文書』六、一五七一号。

＊47――阿部猛「荘園制と出挙」(『中世日本荘園史の研究』新生社、一九六七年、第四章㈢)、戸田芳実「王朝都市と荘園体制」(『岩波講座　日本歴史』古代4、岩波書店、一九七六年、『初期中世社会史の研究』東京大学出版会、一九九一年)。

＊48――「勝尾寺文書」。

＊49――「醍醐寺文書之四」六四九号㈠。

＊50――近江国菅浦の村人たちは、嘉元三年(一三〇五)二月十二日「日吉十禅師彼岸衆物御用途」百五十貫文を借りたが(『菅浦文書』下、七四一号)、元徳三年(一三三一)、この「日吉上分物催促」のために菅浦に入部した隣三郎とその下人虎王を殺害したとして、建武元年(一三三四)、無動寺児童孫一丸に訴えられている(同上、一八八号)。上分物の返済を懈怠した場合、このようなきびしい譴責をうけ、そこに傷害事件などのおこる場合も、しばしばあったのである。

＊51――注47前掲戸田論稿。「天養記」天養二年三月四日、官宣旨案に「供祭料米農料出挙幷甲乙輩私物及有事縁所宿置熊野僧供米等捌佰余斛」とある。なお『高野山文書之一』宝簡集八、（正治二年）六月卅日、熊野山別当湛増請文も、備後国大田荘における「熊野上分物」をめぐる熊野神人、先達等の狼藉についてふれている。

＊52――「田中忠三郎氏所蔵文書」。

＊53――注15所掲、「東寺百合古文書」百十一の上使友実借状に「若不沙汰之時者、以山臥可被責呵法」とある。

＊54――『高野山文書』第六巻、「隈田家文書」第十、一五八号。

＊55――例えば、『天台座主記』に、建暦三年（一二一三）三月、越前国における日吉大津神人の出挙の呵責をめぐって、守護代との間に衝突がおこり、衆徒たちが神輿を中堂に振り上げるという事態にまで発展している。

＊56――保元、治承、建久等、公家新制は何度となくこれを抑制し、鎌倉幕府も追加法一一三条で「諸社神人狼藉事」をとり上げ、一二〇条で、諸国地頭が山僧、商人・借上を地頭代とすることを禁じている。また室町幕府も応安五年（一三七二）十一月十八日の追加法一二三条で「諸社神人等訴申喧嘩事」を問題にし、さらに至徳三年（一三八六）八月廿五日の一四五条で「山門幷諸社神人等」の狼藉、違乱をきびしく禁遏している（佐藤進一・池内義資『中世法制史料集』第一巻、第二巻）。

＊57――前注『中世法制史料集』第二巻、室町幕府法、追加法二二二条。
＊58――同右、二四〇条。
＊59――同右、三二二条。
＊60――同右、二二三、二四二、三一五条。
＊61――『中世政治社会思想』上、解題、石井進「家訓・置文・一揆契状」で、石井はこの置文の出挙米に関する詳細な規定に着目し、そこに季長の在地における支配のあり方の一端が示されているとしている。
＊62――「大島奥津島文書」五五号、貞治二年壬正月十九日、新三郎出挙米請状。
＊63――この点については、注2前掲拙著『増補 無縁・公界・楽』で多くの事例をあげておいた。
＊64――南北朝期、伊勢にみられる「信貴頼子」は室町期には丹波、京都でも行なわれ、徳政免除となっている。注32前掲拙稿「中世「芸能」の場とその特質」。
＊65――例えば、石井進「「新しい歴史学」への模索」（『歴史と社会』二号）が言及している「人類最古の銀行、バビロニアのウルクの「赤い神殿」や、古代ギリシャのデルフォイの神殿の金融活動」を想起するだけでも、それは明らかといってよかろう。
＊66――この「初尾」の貢献についても、世界の諸民族の事例を追究、比較してみることは、決して無駄ではあるまい。
＊67――出挙の利率の変遷については、注44前掲小田論稿が細かく追究している。

＊68――『大徳寺文書之三』一三五八号。

＊69――注20前掲『国史大辞典』で、島田次郎は、戦国期、これが年貢そのものを意味する語になったとし、「分米」は上分米の転じた語としているが、この点はなお検討の余地がある。

＊70――前掲勝俣、小田の論稿は、その方向を数歩進めたものといえよう。なお、週刊朝日百科『日本の歴史』51『税・交易・貨幣』（朝日新聞社、一九八七年）も、そうした試みの第一歩である。

（付記　本稿は一九八六年十一月十五日、白山史学会大会における報告に基づいている。当日、参集の皆様から種々御教示いただいたことに、この場を借りて感謝の意を表したい）。

補論

「上分」が初尾であることは『高野山文書』又続宝簡集百四十二、建久九年九月日、橘兼隆注進状案で、備後国大田荘桑原方の下司得分の中に「上分米《ハトヲ》」「上分麦《ハトヲ》」とあり、同上、年未詳十月五日、大田信倫陳状案に「上分米事但初米歟」とあることなどによって明らかで、「上分」そのものを「ハト《(ツ)》ヲ」といったのである。また『五本対照改編節用集』の「ハツオ」の項に「上《ハツホ》」とあることも参照することができよう。

また『古今著聞集』巻第十六、興言利口第二十五の「或僧一生不犯の尼に恋着し偽りて其の尼に仕へて思を遂ぐる事」で、三年間、機会を待った僧が思いを遂げたところ、途中で尼がにわかに「ひきはづして」持仏堂で鐘をならして祈念したのち、あらためて僧の思う通りとなった。僧が尼の行為を質問したところ、尼は「その事也、是程によき事を、いかゞはわればかりにてはあるべき、上分仏にまいらせんとて、かねうちならしにまいりたりつるぞ」と答えた、とあるが、「一生不犯」であった尼の「初穂」を「上分」といったことを示している。「初穂」が「上分」であったことを物語る好例であろう。この「上分」を「うわまえ」と釈するのは不正確であり、「うわまえ」に当たるのは、むしろ前述した「前分」とみるべきだと思われる。

(3) 公事《くじ》

一　公事の原義

「くうじ」ともいう。本来は「おおやけのこと」、政務一般をさす言葉である。「まつりごと」といわれたように、古代の宮廷の政務は、正月の節会《せちえ》から除夜の追儺《ついな》にいたるまでの一年間の季節の変化、自然の運行と結びついた儀式、年中行事を基本として行なわれた。人事に関わる除目《じもく》、重事を決定し、訴訟を裁決する定《さだめ》もまたその一環であり、公事はこれらの儀式、行事の総称で、天皇はその主催者としての役割を果たしたのである。

その諸費用は律令国家の調庸制・雑徭《ぞうよう》制等の諸制度に支えられていたが、十世紀後半までにこの租税制度は大きく変化し、諸行事の費用は諸国の国守＝受領《ずりょう》の請負によって賄われ、儀礼・行事の主催に関しても、そのころは摂関家、十一世紀後半からは院が関与するようになった。そのうち恒例の行事については調庸制の変質した年料・率分《りつぶん》等の制度で支えられたが、臨時の大きな行事などは、行事所や蔵人所の召物として調達された。そして伊勢勅使や熊野勅使などの諸国への使に対する供給―食料・人夫・馬の提供や三日厨《みつかくりや》などの費用は臨時雑役として徴収され、十二世紀に入ると、伊勢神宮役夫工米、造内裏役、大嘗会役、造野宮役、公卿勅使役などが、「八箇公事」「七箇公事」といわれ、一国平均役として制度化されていった。このように、臨時雑役、一国平均役として国守が請け負い、国内に賦課する課役が公事とよばれるようになったのである。

二　平民百姓の義務としての公事

十二世紀から十三世紀前半にかけて、荘園公領制が形成されるとともに、天皇・院・摂関の主催する行事の費用は、さきのような諸国の負担と、それぞれの直領である荘園等の貢納によって行なわれたが、こうした「公事」を免除された寺社領を基盤に、寺院、神社もそれぞれの年中行事の体系を整えるようになった。例えば、長講堂領《ちょうこうどうりょう》の荘園は、地域の特産物を年貢として貢進しているが、それとは別に、正月の元日から三日までの行事をはじめとする年中行事の費用、門や倉を警固する兵士などを負担しており、これが公事の体系であった。これほどに明確ではなかったとしても、寺社、貴族はその支配下の荘園に、年貢とともにそれぞれの行事を支える公事を課したのである。

また、国司、目代、在庁官人等によって営まれる国衙《こくが》の行事についても、国司の館の警固や京への上下の兵士、さらに一、二宮、国分寺の修造は、国衙領に公事、課役として賦課された。それは国衙が公式に検注、確定した在家から、在家役として徴収された。これは公事が本来、人身に対する課役であり、逆にこれを負担することは、平民百姓―自由民の身分にあるものの義務でもあったことを示している。

荘園の場合も同様で、預所、その代官は、本家、領家に対する年貢・公事を請け負い、これを荘内の百姓に賦課したが、公事は基本的に在家役であり、西国では、ほぼ均等の田畠の年貢を請け負った百姓名の名主―本在家が公事を負担する場合が広くみられた。

三　職能民の奉仕としての公事

十二世紀末、鎌倉に幕府が成立すると、将軍は東国の「王権」として、京都の天皇・院とは別個に、独自な年中行事を体系化してそれを主催するとともに、公事奉行人を定め、寺社の修造、祭、法会、土木工事など、さまざまな行事を行なった。それらの費用を支えたのが、将軍の家臣である諸国の御家人が負担した「関東公事」であり、その制度は十三世紀前半までに整えられ、幕府の政所が管轄しており、基本的に銭で徴収された。

御家人は侍身分として、平民百姓の負担する公事は免除されたが、これと同様に、神仏、天皇・院・摂関家等に直属する神人《じにん》、寄人《よりうど》、供御人《くごにん》などの職能民も、その在家は平民百姓の公事を免除された免在家として公認され、神仏、天皇等に対し、それぞれの職能に即した奉仕を行なった。これを「関東公事」と同じように、公事ということもあったのであり、公事の語は次第に多義的になっていった。

四　荘園・公領の雑公事

一方、個々の荘園・公領においては、預所・荘官・地頭が中心になって行なう諸行事の費用が、百姓たちに対して雑公事として賦課された。その一つは、正月の餅、五月五日の粽《ちまき》、盆のときの瓜やなすなどのように、年初・年末、節句、盆等の行事に必要なさまざまな品物であり、これらを政所に持参する百姓たちに対し、預所・地頭も酒や食事などをふるまうのがふつうであった。

また、預所・荘官・地頭の直営地である正作、佃での田植、草取、稲刈も平民百姓の賦役によって行なわれた。多くの場合、三日が原則であり、本来、「大田」などとよばれた、共同体の中で重要な意味をもつ田地の耕作に起源をもつとみられるこの賦役のさいには、食料・酒が百姓たちに給付されたのである。

さらに、預所や地頭自身、あるいはその代官や使が、検注、勧農、収納等のために現地に下ってくるとき、境まで出迎えて境迎、三日厨を行ない、饗応するための費用、現地での生活、食事の世話や必要な品物を提供する厨雑事や房仕、その上下向のさいの供をする迎夫、送夫、京上夫、鎌倉夫などの夫役《ぶやく》も、平民百姓の負担する公事であったが、これも供給、「タテマツリモノ」などとよばれ、きわめて古くから行なわれてきた客人・貴人に対するもてなしの習俗を背景にした公事だったのである。

このような、領主を中心として、百姓たちが費用を負担しつつ参加する行事は、これ以後も公事とよばれ、負担を公事物とよぶ用法も長くみられるが、十五世紀に入り、自治的な村、町が確立してくると、これらの行事もまた、村、町の成員自身によって行なわれるようになっていった。江戸時代に入ってからも、こうした村の行事、あるいは共同の作業を「公事」とよび、これを負担する成員の家を「公事屋」という地域もみられるが、十六世紀ごろから、公事の用法は次第に変わってくる。

その意味の一つに、『日葡辞書』にみられる「天然痘」があり、恐らく世間一般の人がみな一度は経過せざるをえない病である「天然痘」にかかることを「公事をする」といったのであろう。これは、平民百姓としての義務であるとはいえ、決して楽なことではない「公事」に対する当時の人々の思いがよく現われている用法ということができる。

五　訴訟と裁判

しかしこれはむしろ特異な用法であり、『今昔物語集』（巻第二第卅三）に「賢シ人、出テ公事共定メ申シテ」とあるのが、きわめて早い用例であるが、戦国期以降に多くみられる「公事」は、訴訟とその審理、裁判を意味するのがふつうで、江戸時代に入れば、この用法が一般的になっている。「公事場」「公事出入」「公事方御定書」などは、みなこの意味の公事であるが、ここにいたって「公事」のとらえ方、「公」のあり方が大きく変化してきたといえよう。

十五世紀以降、発展してきた村や町の自治的な機能は、江戸時代に入って広く定着し、さまざまな紛争は、村や町がその掟と慣習に基づいて、内部で処理する、「内済」ですますのがふつうであり、裁判権をもつ公権力、「公儀」の法廷にこうした紛争をもち出し、裁決を求めるのは、むしろ特別のことと意識されるようになってきたのである。それゆえ、なにかというと紛争をおこしたがる坊主を、「公事坊主」といったような用法が近年まであったのであり、これは村や町などの共同体内部の問題を、外部に出すことを「おおやけ」にするという、現在でも広くみられる意識と深く関係している。

かつては、共同体の成員、自由民としての立場を保つために、避け難い義務とみられていた「公事」が、ここでは共同体の外部の「公権力」と関わることを意味するようになってきたのであり、こうした「公事」の意味の変化の中に、日本の社会における「公」と「私」のあり方に関わる重要な問題があるということができよう。

関連文献

大津透『律令国家支配構造の研究』（岩波書店、一九九三年）。

井原今朝男「荘園の収取体系と領主経済、公家領」（『講座日本荘園史』2『荘園の成立と領有』吉川弘文館、一九九一年）、『日本中世の国政と家政』（校倉書房、一九九五年）。

網野善彦『日本中世の民衆像』（岩波書店、一九八〇年）。

安田元久「「関東御公事」考」（御家人制研究会編『御家人制の研究』吉川弘文館、一九八一年）。

付論1　河音能平『中世封建制成立史論』をめぐって

一

　ほぼ一九五五年を境に、戦後の日本中世史の研究史は第一期と第二期とに分けられると思うが、その第二期における最も主要な潮流の一つが、日本史研究会中世史部会を中心とする活動であったことは、いまさらいうまでもない。そして一九七一年に公刊された『中世封建制成立史論』（東京大学出版会、一九七一年四月刊、A5判、本文四〇一頁、索引一三頁、二四〇〇円）の著者河音能平が、その活動を推進した指導的存在の一人であり、六〇年代の学界に、つねに新鮮な問題を提起しつづけてきたことも周知のことである。ここに新たな編別構成を立ててまとめられた、一九五八年から七〇年にいたる十二篇の論稿は、そのそれぞれが、発表当時、中世史を研究するものの注目を集めたものばかりであり、それだけにすでに個別的に加えられた論評も多く[*1]、またその全体を研究史上に位置づける試みも行なわれている。村田修三「日本封建制論」(『講座日本史』9、東京大学出版会、一九七一年、所収)はそのまとまった試みであり、私も以前、勝手な整理をさせていただいたことがある(「中世前期の社会と経済」、井上光貞・永原慶二編『日本史研究入門』Ⅲ、東京大学出版会、一九六九年、所収)。

しかし、いまこうして三部十二章(序章〜第十一章)に整理された六〇年代を中心とする河音の論稿を通読してみると、いま「一つの潮流」といった日本史研究会の活動において、工藤敬一、戸田芳実、大山喬平をはじめとする多くの共同研究者との緊密な連帯のもとで、河音の果たしてきた個性的な役割が鮮やかに浮かんでくる。もとよりそこに個々の史料に則した鋭利な感覚による分析と実証を伴っていることはいうまでもないが、この書はやはり、すぐれて「理論の書」というべきであり、さきの潮流の中での河音の指導性も、まさしくその面で発揮されてきたといえよう。

とすれば、本書の論評は当然、この面についてこそなさるべきであり、もともと理論的思考力に甚だ欠けるところのある私などは、到底その任にたええない、といわなくてはならない。しかし、ここに収載された論稿のすべては、私にとって思い出深く、またつねに私自身の拙劣な考えをまとめていくうえに強い刺激を与えられ、教えられるところの大きかったものばかりである。最も不適任であることを重々承知しつつ、あえてこの論評を草しようとするのは、この学恩にいささかなりともこたえることが私自身の義務と考えたからであり、能力の不足からくる誤解も多々あろうが、私に理解しえた限りで河音の論旨を紹介しつつ、いくつかの感想を述べ、河音の教えを仰ぎたいと思う。恐らくは的はずれなもので、到底、「積極的な批判」にはなりえないと思うが、その点は何卒、御海容いただきたい。

いま述べた通り、この書は第一部「日本中世封建制の成立とその特質」、第二部「日本封建制研究の課題と方法」、第三部「附論」の三部にわけて編成されており、どちらかといえば具体的素材に即した論稿が第一部に、理論的な論稿が第二部にまとめられている。しかしここでは、これら十二の論稿が発表された順を追いつつ、河音の見解の発展を辿ってみることとしたい。それは河音のこの十余年間における理論の深化の過程に、やはり、一、二の段階を見出しうるように思われたからである。

二

一九五八年に発刊された論文集、日本史研究会史料研究部会編『中世社会の基本構造』は、すでに胎動しつつあったさきの潮流が、学界に全面的に溢れ出たことを示した書であった。河音の最初の論文「古代末期の在地領主制について」（第三章「平安末期の在地領主制について」）は、「領主制の課題」を解くべき諸論稿の一篇として、この書に掲載された。備後国大田荘の下司《げし》をとりあげ、桑原郷を中心にその所領の構造と支配の根拠を整理し、名及び在家を基礎とする収取の各々について分析を加えつつ、河音はこの稿で、第一期の支配的な理論であった石母田正の所論の中核をなす「在地領主制」という範疇を検討し、それは「郷司職」に代表される王朝権力を「槓桿《こうかん》としてのみ」、「在地における私領主として成長しえた」し、また「地域的土地所有」を実現しえたこと、それ故に「武士は国衙領から発生した」ことを明らかにした（一四六頁）。

村田は前掲論稿で、黒田俊雄、高尾一彦の説を、「戦前の清水三男から林屋辰三郎にいたる、主として京都の研究者に共通した発想にもとづき、それを安良城という好敵手を得たことを媒介として理論的に高めた」もの、と規定しているが、河音のこの論稿もなおこの規定の中に置いて考えることができる。清水の再評価、国衙領への新たな注目等に、その点はよく現われているが、しかし河音の場合、すでに安良城盛昭以上に、石母田の理論と独自に正面からとりくもうとしていることに注目しておかなくてはならない。「在家役の実現」に「封建的土地所有」の萌芽を見出しつつ、内乱期、ほとんど全荘の在家を隷属させるほど飛躍的に拡大された下司の私領が、ほかならぬ院と鎌倉幕府の政治権力によって「地頭得分」程度にまで縮小せしめられたという「奇妙なコントラストをなす二つの事実を統一的に理解すること」という課題をこの稿の末尾（一四九頁）において自らに課した河音は、石母田の方法との格闘を通して、この課題の理論的解決に立ち向かったものと思われる（一五二頁、三九八頁）。この書の各章の末尾に付せられた「おわりに」の項は、七一年段階における河音自身の各論稿についての位置づけを示したものであるが、この論文について、河音は石井進の指摘（「平安後期史への入門」、佐藤進一・遠山茂樹編『日本史研究入門』II、東京大学出版会、一九六二年、所収）を肯定しつつ、それを「制度史研究＝実証主義の方法の枠内にとどまるもの」と自ら規定している（一五一頁）。たしかにここではまだ河音本来の面目は発揮されておらず、この稿はその理論形成の前史的意味をもつ、といえようが、すでにこのとき、河音は「解決しうる課題」を自らの前に置いていたのである。

その課題との格闘の成果を、ある決断をもって公表したのが、翌々年、一九六〇年に『日本史研究』四七、四九号に掲載された第六章「農奴制についてのおぼえがき」であった。河音の理論はここにその基礎をすえたのである。

第一期までの日本のマルクス主義史学の研究方法について、「「世界史の基本法則」なるものの適用」、「弁証法的思考としてはきわめて妥協的」という根底的批判を行ない、六〇年当時の状況を「科学的歴史学は自らの巨大な運動をとめた」と、的確に把握したうえで（二五一〜二五五頁）、河音はそれを再び始動させるべく、生態史観と、それを批判した太田秀通の所論とを、串刺しに批判することを通して、自己の問題を提起する。そこにはおおよそ二つの主軸があったと思われる。

その㈠は、芝原拓自「前資本制分析の方法に関する覚書」(『新しい歴史学のために』五二号、一九六〇年)で展開された論旨と密接に関連しつつ、農奴制を奴隷制の必然的・継起的結果としてみることを拒否し、奴隷制と同じく、「本源的所有の矛盾(固有な二面性)の展開、すなわち農業共同体内部の矛盾の展開」(二七四頁)としてとらえる見解を提出したことである。

その㈡は戸田・大山等とともに、小経営生産様式という範疇(自由民ともいいかえられている)を、マルクス、栗原百壽によりつつ提出し、それを破壊しつくす労働奴隷制に対し、その開花のための条件をつくり出すものとして農奴制をとらえ、そこに「民族」(フォルク、以下同じ)の形成の条件を見出す点にある(第五節)。

㈠によって、河音は、律令制下の班田農民の分解が安良城の説のように家父長的家内奴隷制を展開させるのではなく、農奴制を生み出すというとらえ方に理論的基礎を与えつつ、奴隷の農奴への成長に農奴制形成の基本コースを見出そうとする石母田から安良城にいたる見方の克服を試みた。それはともすれば中世における小農民の自立度をめぐる論議に矮小化しがちだった当時の中世史研究を、狭い視野から解放し、広い舞台で展開させるための前提をつくり出したので、六〇年代におけるこの分野の研究の活発な前進は、一つにはこの理論的提言によってもたらされた、といっても過言ではなかろう。当時永原慶二は、石母田・安良城及び永原自身の所論に対する批判・自己批判を通して、新たに「過渡的経営体」という範疇を設定し、農民の封建的分解を理論化しようと試みていたが、河音は㈡の理論にもよりつつ、この永原の説を批判し、㈠の論点をさらに明確に展開したのである（「現代における日本封建制研究の課題と方法」『歴史学研究』二六四号、一九六二年）。

一方、㈡の論点は、石母田に対する鈴木良一の批判――いわゆる石母田・鈴木論争を発展させ、一九五一年以後、歴史学研究会において提起された「民族問題」の観点を継承することを意図して提出された問題で、河音のこれ以後の仕事を貫く「一本の赤い糸」と、河音自身によって位置づけられている。この論文は「従来必ずしも注目されていなかったマルクス、エンゲルスの著作の中に流れる観点の一つをおし出」し、「原始共同体の強靭さと、階級支配に対するその根強い抵抗をあらためて考え直すための契機にもなった」と、私は以前述べたが（前掲拙稿）、いま本書を読み返してみても、やはりこの点に河音の問題提起の意義がある、と私には思われてならない。

共同体の孤立性、「人間精神をありうるかぎりのもっとも狭い範囲にとじこめる」狭隘さ等々についてのきびしい見方とともに、彼等が決して見落とさなかった「未開」のもつ活力と生気、「全中世をつうじて」、「二度目に構成された共同体」を「自由と人民生活の唯一の中心」となさしめた「古代の原型からうけついだ諸特質」等々。河音が新たに注目したのは、とくにこうした後者の観点ではないか、と私は理解したのである。とすれば、一九五一年前後、民族の問題、民族の文化をめぐる討論の中で、すでに提出されながら、その後ほとんど顧みられなかったと思われるこの観点は、河音の提言によって、再び前面に浮かびあがる契機を与えられた、といえるであろう。ただこの論文では、その点は注の随所で（例えば二八五、二八七頁等）指摘されるにとどまっているが、この二つの理論的主軸を、具体的素材を通して検証し、中世社会論、封建国家論を展開した仕事の中に、河音はすでにその観点を全面的に貫いているのである。

その仕事は第一章「日本封建国家の成立をめぐる二つの階級」（『日本史研究』六〇・六二号、一九六二年）、第二章「院政期における保成立の二つの形態」（『史林』一九九号、一九六三年）で進められている。いま、河音によって構想された中世社会成立期における諸階級の動きを、一個のシェーマとして提出してみると、それはおおよそつぎのようになろう。

十、十一世紀ごろ「同類」とよばれる政治的組織をもって現われる農村有力者層――「原始共同体的社会構成の最終的破壊者」（二〇頁）は、私宅に対しては所有権を有するが、田地については「まったくの無所有者」（五〇頁）であり、その組織はなお恒常的武力組織たりえていない。しかし十一世紀半ば以降、彼等農奴主階級は国衙機構をその共同の権力機構とすることによって、私宅の外部にひろがる農業生産の主要な舞台に対する私的土地所有を確立し、在家役の収取を通じて、領内に私宅をもつすべての農民の農奴化を達成せんとする（以下、この過程を

(A)とする　筆者)。このような封建領主による農奴化に抵抗する一般農民層――原始的社会構成の解体の中から成長してきた小経営生産様式に立脚する小農民層（自由民）、とくに上層農民は、政治的共同組織を自ら組織することによって、集団として荘園領主層に寄人として隷属し、その行動を通して旧来からの請作庄公田を公事名田として確保し、田堵《たと》としての自主性を保つ（以下、この過程を(B)とする　筆者)。

第一章の論文で、河音は(A)に力点をおき、鋭利な史料分析を通じてその立証を試み、前掲第三章の論文について自ら欠陥とした点を克服、ここで郡司職・郷司職はそれ自体「封建領主的所領そのもの」（八一頁）という明確な規定を与えられた。ついで第二章の論文では、(B)に重心をおきつつ、保には(A)の過程に依存するものと、(B)の動きの中で「建立」されたものとの二類型があったことを明らかにすべく、論証を展開している。そして権門勢家が全体として生きのびるためには、この互いに矛盾しあう二つの支配原理を両方とも必要としたことを指摘し、荘園領主自体にもこれに照応して、一方には高野山や御願寺、他方には八社三寺両山の二つの類型があり、とくに在地勢力の組織に積極的な動きを示す後者に注目すべきであることを、強調したのである。

このシェーマの提出によって、これまで専ら古代的なものとのつながりの中でしかとらえられてこなかった(B)の動向――平民百姓の抵抗と、それに応ずる荘園領主の動きが、(二)の理論との関連において、中世社会形成史上、積極的な意味をもつものとして、独自な位置づけを与えられた。このことの意義は大きい、といわなくてはならない。もとより鮮明であるだけに、その論証にはなお若干の問題は残るであろうし[*2]、シェーマそのものについても、「型の理論」あるいは「二元論」という評価の入る余地もないとはいえない。たしかにこれでは国衙領と荘園とがあまりにも截然と分かれすぎることになろう。そして万一このシェーマをもとにして「類型づくり」に熱中し、「原理」についての「スコラ的論議」をくりひろげようというならば、その批判は正当であろう。しかしここで河音が浮き彫りにした二つの動向は、単に中世社会にとどまらぬ、階級社会の歴史全体にも及びうる重大な問題の一端を示しており、性急な「一元化」はかえって「スコラ的論議」をおこす原因になる、と私は考えている。

そして河音はもとよりこのシェーマに安住することなく、さらに前進し、第四章「中世社会成立期の農民問題」(『日本史研究』七一号、一九六四年)で、これにさらに肉付けを加えた。山野河海の問題と、「村落秩序から全面的に疎外された非定住農民」(二六六頁)――浪人、間人《もうと》、乞食、非人等々の存在が、河音の構想の中に入ってきたのである[*3]。これは戸田のこの方面への注目に相応ずるもので、河音は山野河海に対する在地領主の立場は人民の本源的所有・用益の権利と矛盾するものでなかった点を明らかにする一方、さきの政治的共同組織――中世村落の構造をさらに具体化した。その成員＝住人の共同組織から、厖大な中堅下層農民大衆(小百姓、散田作人）や、非定住農民が疎外されていたという事実への注目を通して、「荘園的領域支配」とは権門寺社による「反動的イデオロギー工作」を通じて上層農民を体制側にひきつけつつ、そこから疎外された厖大な農民大衆を支配する「分裂支配」にほかならぬ、という見解が導き出されてきたので、河音のイデオロギー問題に対する重視も、起請文への注目という形であらためて鮮明にされている。そしてこの村落成員＝封建的隷属農民上層の荘園領主への隷属――神人・寄人的隷属を、河音は「アジア的隷属形態」（二七九頁）と規定したのである。

こうした、シェーマへの肉付けと並行して、河音はそれを一層集約する試みを、京都歴研連封建時代史グループの一員として一九六四年北京科学シンポジウムに参加することを通じて行なっている。「本書に収録した諸論文の総括の意味をもつ」ものとして（一六頁）、序章にすえられた論文「中世封建時代の土地制度と階級構成」がその結実であり、さきには「互いに矛盾しあう二つの支配原理」（二一八頁）と把握された(A)・(B)は、ここでは封建的土地所有の三形態として、つぎのように整理されたのである。

(A)によって達成される土地所有（第一の形態）、(B)の過程を通して上層農民層の手中に保持された勤労的・地主的土地所有（第二の形態）、(B)によって成立する都市貴族的土地所有（第三の形態）がまず区別され、第一、第二は基本的、第三は二次的形態と規定された。そして第三の上に立つ荘園貴族、第一を基礎とする地方武士、第二を保持する上層農民＝小農奴主＝地主層が、「封建的搾取階級」という位置づけを与えられる。これはまさしく、さきのシェーマの一元化の試みということができよう。

この論稿発表の前後、河音は第九章「日本令における戸主と家長」(一九六三年)、第十章「二毛作の起源について」(一九六五年)の二篇の小論を公にしている。前者は令の「家長」の用法に分析を加え、律令制下の家父長制家族が「家父長制的規範を社会的規範として一般化しうるにはあまりにも若々しく、粗野なものであった」ことを明らかにし、後者では二毛作の起源が平安末期にあり、その裏作を開拓したのは中堅・下層農民であったことを指摘した好論であるが、いずれもさきの論文にいたるまでの論旨を補足するものとみなすことができる。とすれば、一九六〇年の第六章論文に出発した河音の理論構成は、さまざまな問題を内にはらみつつも、序章の論文による「一元化」の試み、「学問的仮説」の提出によって、一つの段階に到達したとみることは、許されてよいであろう。

三

このような見方に立ったうえで、ここまでにいたる河音の理論構成、仮説について、いくつかの疑問を述べておきたい。

河音は律令制下に成長してくる富豪層＝農村有力者層を「原始共同体的社会構成の最終的破

壊者」ととらえる一方、その解体の中から出現してくる小経営生産様式―小農（自由民）の、農奴化に対する抵抗の結実として、彼等自らが結集することによって成立する「政治的共同組織」を見出している。それは「村落秩序の建設」とも「村落づくり」ともいわれており、河音はそこに多少とも人為的な、非本源的な、階級支配をも内包する組織を考えているようで、それ故、「共同体」という用語を避け、「共同組織」と規定したのであろう[*4]（二八二、二八六頁）。その前提には「人民自身による自治的共同組織」の「アジア的古代国家権力」による完全な剝奪（一二頁）という認識があり、その発展として、「「種族」の解体、農奴制という特殊な階級対立とを媒介として形成された歴史的集団」＝「民族」という規定があって、一貫した理論がそこに形づくられているのである。

しかし他方、河音は山野河海に対する人民の本源的権利が、なお領主をも規制しうるほど、生き生きとした生命をもっていた、と指摘する。少なくとも鎌倉期までは、この指摘は正しく事実をついている、と私は思うが[*5]、ではこのことと、さきの理論とをどう矛盾なく解決しうるのか、私にはよくわからなかった。

河音が「政治的共同組織」という規定の一つの典拠としたのは、マルクスの「ヴェラ・ザスリッチへの手紙」にみえる「二度目に構成された共同体」であるが、そこに刻印された、原始の「よりふるい型の共同社会」そのものの「顕著な諸特質」を見出そうとする試みは、この

「共同組織」の場合には全く無用なことなのであろうか。「セム人、ギリシャ人、ローマ人などの社会のそれよりも、まして近代資本主義社会のそれよりも、比較にならないほどながい」生命力をもつ原始共同社会の、第二次、第三次等々の系列をそこに考えてみる必要はないのだろうか（マルクス、前掲「手紙」）。栗原が小経営生産様式について、「濃厚な原始共同体的遺制と固く結びつき、原始共同体的生産様式と不可分の相互規定的関係において展開され」る、といっている点を、河音はどう解決したのか。

この疑問は結局、小経営生産様式は奴隷制、農奴制による「政治的精神的抑圧」に抵抗し、抗議する「正当な権利」を、いかなる歴史的・具体的根拠からくみ出してきたのか、ということにも帰着するように思われる。農奴制を「社会的補足物」とせざるをえないような小経営生産様式に立脚する小農が、所従になるか、寄人になるかの道を「個々」に選択しなければならない状況下に、「建設」し、「つくり」あげた人為的な組織が、果たして嵐のような領主の支配の前進に有効に抵抗しえたであろうか。歴史的事実が、それをなしえた多数の人々の存在を物語っているとすれば、この抵抗を支えた根拠を、もっと自然な、本源的なものに求めてもよいのではなかろうか。かねがね抱いてきた疑問であるが、この機会に、河音の教えを乞いたいと思う。

また同じ根から発するもう一つの疑問は、この政治的共同組織と権門寺社との間に結ばれた支配隷属関係についてである。河音はそれを「アジア的隷属形態」と規定する一方で、この隷属関係を結んだ上層農民を、権門寺社ともども、「封建的搾取階級」と断じた。たしかに、供御人、神人となった人々のうち、正員、ないしそれを統轄した惣官などに、名主、荘官に比定しうる人々のいることは事実であるが、両者ともに、封建的な支配者であるならば、そこに「アジア的」なものの入りこむ余地はなくなってしまうのではなかろうか。私自身はむしろこの「アジア的」と河音のいった点に注目したいのであるが、その場合、さきの「一元化」は、一つの障害になってくるように思える。

たしかに、矛盾しあう(A)と(B)の過程を浮き彫りにし、(A)を国衙領に、(B)を荘園に結着させてしまうことは、あまりにも鮮やかすぎるといわれるであろう。国衙領において「農奴化に抵抗する上層農民の矛盾解消」がどのように実現されたのか、という高田実の疑問は当然でるべき疑問であったろうし、逆に荘園と(A)との関連も問われる必要がでてこざるをえない。もともと河音が「鎌倉時代の一般の荘園において同一の直接生産者＝荘民とおのおの収取関係を結んでいた荘園領主と地頭＝在地領主とが、それぞれその社会的存在の物質的基礎をまったく異にする異質の階級に属していたと考えうるであろうか」（第三章論文、一二一頁）という問題から出発している以上、このようなシェーマを、さきのような方向で「一元化」するのは当然の帰結ともいえるが、高田がいうように、発見された矛盾はこんどは、一元的にとらえられた、荘園・国衙領のおのおのの内部に求められ、検証されなくてはならないこととなろう。

しかしここまでに述べてきた疑問を解決する緒口は、すでにさまざまな形でひらかれており、河音はそれを発展させつつ、新たな追究と前進を開始しているのである。

四

そして第七章「前近代の人民闘争」（『歴史評論』二一九号、一九六八年）は、それを告知した論文のように、私には思われた。

この論文はすでに「六〇年代の科学的歴史学が全体として「民族問題」に収斂《しゅうれん》しうる形で共同研究を展開しえなかった」（三六〇頁）という認識を含め、当時の科学的歴史学の現状に対する反省を前提として書かれている。「科学的歴史学の成果とその問題点」と題した第一節で、河音が科学的歴史学の「初心」――「広汎な戦闘的実証史学との連帯」に基づく「地道なたたかい」を「特に重要なこと」とし、その初心にかえる必要を強調していること（二九四、二九五頁）、また「日本の科学的歴史学は現在の日本人民大衆が当面しているイデオロギー闘争の民族的課題を歴史科学的に明らかにしえていない」（二九七頁）という認識のうえに立ち、第二節で「一九五一年に提起された「民族問題」」の意義を強調し、「日本人民の全階級闘争の伝統の中から、真に天皇制を克服し、人民民主主義思想をたたかいとる」（三〇一頁）という重大な課題を歴史科学の前にすえている点に、そのことは端的に現われている。「前近代人民闘争＝イデオロギー闘争を研究する上での理論的な基本的諸問題」を明らかにすべく、河音がここであらためて小経営生産様式について立ち入った検討を行なった理由はそこにある。

その検討の結果を河音はつぎのように集約する。「歴史の鉄のごとき客観的法則性」の貫徹としての奴隷制・農奴制と、「その政治的・精神的抑圧に断固として抗議する正当な権利をもつ」小経営生産様式、階級闘争と人民闘争、この二つの「内的連関」を明らかにすること、それを通じてのみ、前者を強調した石母田と、後者に共感をよせた鈴木との「論争」を深化発展させうる。

前述してきた(A)・(B)の矛盾は、さきの「一元化」をこえ、ここに再び、はるかにひろげられた舞台――前近代に通ずる問題として提起されたのである。おのずと河音の視野も「中世封建制成立史」をこえてひろがらなくてはならぬ。第四節以下で、①階級社会形成期、②階級国家確立期、③階級国家機構形成後、の三つの段階を設定し、その区分の理論的根拠と、各段階の人民闘争の特徴の解明に、河音が力を注いだのは、その当然の結果であった。

「英雄時代」は①の時期にのみ考えられうること、②の段階におけるギリシャとアジアの小農階級の相違などについて、さまざまな論点を示したのち、河音は③に当たる問題として「封建国家確立期」をとりあげる。そこで封建領主階級が「内には広汎な人民闘争によって」規定される、とした点は、まさしくさきの(A)・(B)の矛盾の新たな表現といいうるが、それとともに領主階級が「外には周辺種族や周辺の他の封建国家との軍事的対立関係」に「規定されつつ旧国家機構を独自な政治編成に変質させるほかに道はなかった」（三二八頁）といった点に、河音のひろげられた視野に入ってきた新たな問題が姿を現わしている。

そしてその「周辺種族」の問題の提出とも関連させつつ、河音は「種族」の分解によってはじめて「民族」が生まれる、というさきの主張をくりかえし、さらに「「平等―正義」観をふまえた勤労人民の自己規律＝倫理」について、「奴隷、追放者、世間の除け者、被迫害者、被抑圧者の宗教としての」原始キリスト教に関するエンゲルスの指摘を引用してこの論文を終えている。

この最後の論点は、第四章論文で河音が注目した、「村落秩序から全面的に疎外された非定住農民」――浪人、乞食、非人等々ともかかわる問題であり、第十一章「下人的隷属の二段階」（『月刊歴史』一三号、一九六九年）も、この点にふれた小論である。[*6]「縁」の有無が、身分的隷属に当たって、決定的に重要な意味をもつのではないか、というこの小論での河音の指摘は、逆にさきの「政治的共同組織」そのものを支える紐帯、結合の原理を解明する道をひらく結果になっているといえよう。

河音の視野の拡大はこうした点にも現われているが、第七章の論文ではじめて入ってきた問題を含め河音がその理論の新たな具体化を試みたのは、第五章「若狭国鎮守一二宮縁起の成立」(『八代学院大学紀要』一号、一九七〇年)、第八章「「国風文化」の歴史的位置」(『講座日本史』2、一九七〇年、所収)の二論文においてである。

前者はさきの高田の批判に答えて、中世国衙機構の歴史的位置を、在地領主との関連(A)からだけでなく、人民(B)の観点からいかにとらえるべきか、という問題を設定し、若狭国一二宮を素材として具体化した論稿である。この一二宮に伝わった「縁起」「絵系図」「禰宜代々系図」の詳細な分析を通して、河音はここで地方神の神格の変革という問題を提起した。それは八世紀半以降の第一次変革をへて、十一世紀中葉、第二次変革をうけ、①在地領主層の共同の政治的守護神＝国鎮守(一二宮)、②有力農民層の在地領主に対する政治的抵抗の中核としての村鎮守、③中央荘園領主としての大社の末社、という三つの道に分化していった(二一八頁)と説いているので、①を(A)、②・③を(B)にあててみれば、さきのシェーマはここにも貫かれているとみてよかろう。しかし、国衙に結集した在地領主を社会的基盤とする一宮が庄公の農民にとっていかなる意味をもったか、という問題について、河音が国衙の勧農機能と、国衙の雑人裁判権との関連において考察を試みている点[*7]、また、一宮が若狭湾周辺の「漁村民」の神としての性格をも具有していたと指摘している点に、第七章の論文で加えられた新たな観点が入っているのをみることができる。

後者（第八章）も同じ視点から、第一には「律令制以前における農業共同体の私的分解の歴史的性格（族長的分解）および律令体制成立とその歴史的意義にかかわる諸問題、第二にはフォルク的農村と山野海辺における種族的諸集団との連関性＝社会的分業の問題」（三六〇頁）を新たに設定し、一九六二年に発表された論稿（「「国風」的世界の開拓」、日本史研究会編『講座日本文化史』第二巻所収）をねり直して書かれたものである。「貢納性と世界性とをその本質とする」古代貴族文化は、「いかなる意味においてもフォルクとしての民族的性格をもつもので」ない、と規定し（三三九頁）、それを「大仏開眼供養会」によって示したのち、河音は、それが基礎としていた、孤立的な「原始的・種族的諸集団」の分解の過程＝「民族」の形成の過程を、『常陸国風土記』『日本霊異記』『三宝絵詞』に手がかりを求めつつ追究している。そこで、『日本書紀』のつたえる「常世神信仰」に注目し、行基の運動から「市聖」として現われた空也をとりあげ、さらに源信から、『梁塵秘抄』を媒介としつつ、法然にいたる思想の形成過程を追究しようとする河音の姿勢に、われわれは、日本における、さきの「平等―正義」観の成立過程を徹底的に究明しようとする河音の強い意欲をうかがい知ることができる。また「贄人」などのような、長者に率いられた寄人集団を、富豪的分解でなく族長的階級分解をとげつつある非農業民集団と規定し、その国風文化、あるいはさきの思想との関連をとらえようとする河音の試み[*8]の中に、「山野海辺における種族的諸集団」そのものの実態、「フォルク的農村」と彼等との間における社会的分業のあり方を解明していくための緒口を見出すことができる。「縁」、乞食・非人の問題を含め、これらは河音のみならず、われわれすべてのまえに提示されている大きな問題であり、五〇年代に挫折した民族、民族の文化の問題の新たな発展は、この方向に向かって進むことによって、はじめて再び可能になる、といえるであろう。そして七〇年代以降の重要な課題がそこにあることを、河音とともに、私も強調したく思う。

五

以上のような意味で、第七章論文以降の河音の新たな研究は、なお未完、と私は考えている。とすれば、これについては批評がましいことを述べるのはさしひかえるべきであるとも思われるが、しかし河音と非常に接近した関心をもち、同様の課題を自らの前に置いているものとして、前述した疑問をここでさらに多少敷衍して述べ、河音の教えを乞いたいと思う。

河音は小経営生産様式の問題を、新たに「人民」の問題としておし出し、「人民闘争論」の理論的基礎づけを行なった。しかし、小経営生産様式も、「人民」という言葉も、ある場合、全く非歴史的な概念になってしまう可能性をもっている。それは「いずれの社会構成においても」普遍的に存在しながら、「支配的、規定的なものとしてではなく、従属的なものとして」しか存在しえなかった[*9]、ともいわれるこの生産様式——人民自体の本質にもかかわる問題であり、民俗学において「常民」という概念が現われてくる根拠もまたそこにある。

そして、実際に展開される「人民闘争論」が、ときに、こうした点を考慮にいれることなく、人民の概念を「濫用」するかにみえる場合のあることも、じつはこの概念そのものの「非歴史性」にもかかわっていると思われる。その困難をのりこえるためには「人民」の内容を豊富かつ厳密にとらえる努力をおこたりなく進めていくほかないので、河音が三つの時期にわけて人民闘争のあり方を考え、また「周辺種族」の問題を視野の内に入れてきたのも、もとよりその努力の現われにほかならない。しかし、そこに前述した「共同体」の問題を入れて、それ自体の多様な形態を歴史的に考えてみることはできないのであろうか。

共同体それ自体の中にある集団的要素と私有の要素、共有と私有、「無主」と「有主」との矛盾の展開として、その「全系列」を歴史的にとらえる道はありえないのであろうか。ある意味でそれは、さきの(A)と(B)、「階級」と「人民」を、共同体自体の中にひき直しただけにすぎない、といわれるかもしれないが、この矛盾の展開過程は、奴隷制、農奴制、資本制という社会発展の波長とは、多少とも次元の異なる、はるかに長い波長をもち、地域的・歴史的に多彩な過程ではないかと思われ、それ自体、独自な追究を必要とする課題なのではあるまいか。[*10] さきに河音が提起した「平等—正義」観の問題も、こうした追究なしには決して明らかにすることはできないのではあるまいか。

この疑問は、結局「原始共同体」と「政治的共同組織」とを截然と区別する河音の理論構成からでてくることで、河音の「民族」論の展開にもつながってくる。フォルクは「種族」の解体後に真にその姿を現わす、という点は諒解できるとしても、七、八世紀の古代貴族の文化を、個々に孤立し、原始的蒙昧の中にとじこめられた原始的種族諸集団の上に超越的にそびえ立つ、奇怪かつきらびやかなるものとして、いかなる意味でも「フォルクとしての民族的性格」をもつものではない、と断定する点などについては、全く不案内な分野であるが、果たしてこのようにいい切ってしまえるのかどうか、不安を覚えざるをえない。かつての「民族の文化について」の討論及び当時の運動は、たしかに著しく抑圧的な性格を一面にもっていたとはいえ、[*11]それに抗して生み出されてきたものは、それほど貧しいものではなかったように思えるのであるが、[*12]いかがであろうか。

そして、河音が「フォルク的世界における都市と農村との新しい交流関係」を示し、また「中世封建的支配秩序全体から自らを精神的に解放しようとする幻想」の熱狂的な現われを物語る、とした『梁塵秘抄』の今様を通して、果たしてわれわれは「農民」の声を聞くことができるのだろうか。もちろん、農民と截然と分かつことはできないとしても、遊女、傀儡子《くぐつ》、海人《あ》《ま》、樵夫《きこり》、鵜飼《うかい》、鷹飼《たかがい》等々、河音のいわゆる「周辺種族」に相当すると思われる非農業民の、素朴で力強く、しかも切実なその苦悩の声が、われわれの心に届いてくるのではなかろうか。

ときに、大江匡房のような人からは「雖逢行人旅客、不嫌一宵之佳会」といわれ、そうした「文明」の汚濁が彼等に及んでいたことは事実としても、こうした人々自身の生活の中に入ってみれば、そこにはなお、未開で健康な、本源的な秩序が生き生きと命脈を保っていた、とみることはできないだろうか。河音のいう「平等―正義」観の問題を、私はこのような方向でさぐってみたく思っている。[*13]

さらにまた、このような若干の疑問をもって本書をふりかえってみたとき、私自身は河音がしばしばその意義を強調する石母田・鈴木論争以上に、石母田と清水三男、あるいは一時期の松本新八郎との間に、また戦前に遡って、渡部義通と羽仁五郎との間に、さらには歴史学と民俗学・社会学等々との間に、河音によってその統一的把握の必要が強調された「二つの闘争」にまつわる深刻な問題を見出さざるをえない。石母田・鈴木論争を、このような多少ひろげた舞台の中において、あらためて位置づけてみる必要を、私は感じている。[*14]

一九六〇年代、河音をはじめ、戸田、大山等によって「小経営生産様式」の問題が提起され、民族の問題が再び多くの史家の視野の中に入ってきたことの意義はきわめて大きい、と私は考える。[*15] しかしいま――七二年初頭、この問題を前に置いた「科学的歴史学はその巨大な歩み」を、なお本格的に開始したとは決していえない、と私には思えるのである。すでに始動しはじめた各部分の歯車が、今後もかみ合わぬ不協和音を発することは十分予想される。しかしそれを、それぞれあるべき場所に位置づけ、科学的にして真に人間的な歴史学の不退の前進を用意すべき課題が、七〇年以降に課せられている、といってよかろう。そのためには、きたえぬかれた理論と思想の創造こそが、必要不可欠といわなくてはならぬ。

いま河音は、われわれのまえに、旧稿を一書にまとめ、それぞれの位置づけを明らかにして提示した。当然そこに一個の理論体系の完成を見出す見方もありえよう。

しかし、あるいは大変な失礼をおかしたのかもしれないが、私はこれをあえて「未完の書」としてうけとった。それはいま述べたような課題を達成するために、河音がさらに大きく寄与されることを切望するからであり、またともすれば「現実」に溺れがちになる私のようなものを、過去もそうだったように、将来も励まし導いてくれるよう、河音に心から期待するからにほかならない。数々の誤解、非礼にわたる妄言を御寛恕いただき、あらためて教えを乞いたいと思う。

注

＊1――河音は各章の「おわりに」で、こうした論稿を網羅しているので、参照していただきたい。

＊2――例えば、河音自身も認めているように（一二〇頁）、第一の類型の保と第二類型の保とでは、河音の実証した限りではなお重なりあうところがあり、截然たる区別は無理のように

みえる。また、権門勢家のうち、河音が高野山とともに一つの類型とされた御願寺についても、例えば六勝寺のうち、法勝寺領、尊勝寺領には保の比重が大きく、たやすくこのようにいい切れるかどうか、問題がのこる。

＊3——これよりまえ、前掲『歴史学研究』二六四号所収の論稿で、河音は「貴族的な古代寺院と一般地方農村」とを「きりはなちがたくむすんだ」人々として「遊行僧」「聖」「説経師」などに注目しており、こうした人々に対する河音の関心は早くからのことであろうと思われる。

＊4——ただ「住人共同体」（一七四頁）という言葉も使われているが、全体の論旨からみてこのように理解できるように思われた。そしてこうした河音の用意は、しばしばさまざまな意味で使用されることによって、多くの誤解と混乱をうんでいる「村落共同体」という用語を避けるためであることは、二八六頁の注17に明記されている。

＊5——例えば正嘉三年（一二五九）、諸国飢饉に当たって、浪人の身命を助けるため、すべての人が山野江海に入って、薯蕷野老、魚鱗海藻を採取することを、幕府が認めている点（佐藤進一・池内義資編『中世法制史料集』第一巻、追加法三二三条）、危機に当たっての、こうした本源的権利の発現をみることができよう。

＊6——この稿に引用された史料には、明らかな誤読があるが、河音はすでにその点を含め『月刊歴史』三二号に、本書の正誤表を発表しているので、それを参照されたい。

＊7――ただ、若狭国大田文に現われる「上下宮」の不輸田、神田を根拠として、若狭国一国の国衙領の定田―公田のすべてに対し、たとえ観念的にせよ「勧農の沙汰をおこなう」位置を、一、二宮が占めていた、とする点は（二二五頁）、どう考えても無理があろう。それならば、大田文の不輸田の項に、寺田、神田を書き上げられた他の寺社のうち、八幡宮、加茂社、日吉社のように別名として一個の単位にならなかったものが多数あるが、その場合はどう考えたらよいのであろうか。

また雑人裁判権について、河音の引いた太良保の百姓の証言は、知行国主につながる目代の前でなされているのであり、国衙領の場合にも、地頭と目代との間に、一定の対立があったことは当然考えられなくてはならない。

＊8――ここで、筑前国の宇野御厨に、寛治三年（一〇八九）、贄人として現われる源順を、『和名類聚抄』の作者源順と同一人とみることには無理がある。この点は、三浦圭一、戸田の指摘にふれて、拙稿「日本中世における海民の存在形態」（『社会経済史学』三六―五、『日本中世の非農業民と天皇』岩波書店、一九八四年）第四節、注3で述べておいた。

＊9――原秀三郎「階級社会の形成についての理論的諸問題」（『歴史評論』二三一号）三九頁参照。これは正当な指摘であるが、但し、真理の一面でしかないと思う。

＊10――拙稿「鎌倉末期の諸矛盾」（『講座日本史』3、東京大学出版会、一九七〇年）で、「民族史」的な次元、などといったのは、このことを念頭においていたのであり、ここで問題に

しようとしたことは、「階級闘争」に民族的性格を付与する「母なる大地」そのものの究明なのであるが、このような見方が果たして許されるのかどうか、大方の批判を請いたいと思う。

＊11――この点については、拙稿「悪党の評価をめぐって」（『歴史学研究』三六二号）でふれてみた。

＊12――それがどこに、どのような形で結実し、また実を結ぼうとして結びえなかったかについては、もっと精密に明らかにされ継承すべきものは継承されなくてはならないと思う。それを「冒険的」「政治主義」等の批判によってひとしなみに切って落とすことは、戦後歴史学の生んだ貴重な成果の一つを抹殺する結果となろう。

＊13――第八章で河音もその国風文化論展開の基礎の一つとされた、川崎庸之の諸論稿には、この「平等―正義」観の問題を含む豊かな問題がきめ細かく追究されている。

＊14――注11前掲拙稿で若干この点も考えてみた。

＊15――非農業民の問題についても同様である。

付論2　大山喬平『日本中世農村史の研究』をめぐって

一

一九七〇年、『荘園社会の基礎構造』と題する書として予告されて以来、待望されていた大山喬平の論文集が、八年間の熟成を経たのち、一九七八年末『日本中世農村史の研究』(岩波書店)として発刊された。

それは、一九五八年に『中世社会の基本構造』(御茶の水書房)が発刊されて以後、戦後第二期の歴史学の主要な一潮流となった日本史研究会を中心とする中世史家たちの活動の中で、緻密な実証的史風を根底にもちつつ、独自な理論的視角をそなえた論文をつぎつぎに発表してきた大山の数多い論文のうち、室町・戦国期に関わる論稿及び最近の地頭制成立に関するものを除く十二篇の論文を、十一章と付論の形にし、領主制・中世村落・身分制の三部に分けて編成した書で、各部の最初にはそれぞれ「問題の展望」が付されている。そしてそのうち、本書の

「序説」の位置を与えられた、Ⅰ「日本中世農村史研究の課題」は、一九七〇年の日本史研究会春季講演会における講演の草稿に手を加えた、未発表の論稿である。

この「序説」「問題の展望」及び「あとがき」で、大山は自らの仕事の生まれた経緯と模索の過程に言及しており、それによってこれらの諸論文の、大山の理論形成の中でもった意味、及び現在の大山の理論体系の中での位置づけは明らかにされている。とはいえ、この諸論稿はみな、私にとって、自分の未熟な考えをまとめていくうえで、それぞれの発表の時点で非常に大きな意味をもち、また、よき先導者であった。そこから受けとった強烈な刺戟に応じて、私も時にふれて、人からみれば「寝言」ともみられたであろうわけのわからぬ感想を書きつらねてきたのであり、こうして見事な編別構成にまとめられた一書となったいまも、通読しつつ、そうした過去の感慨を消し去ることができなかった。

そのような事情とともに、「あとがき」で大山が自ら語っているように、おおよそ一九七〇年前後を境として、大山の視角がある転換をとげたことの意味を明らかにするため、ここではこれらの諸論文をその発表順に辿りつつ、大山の理論の形成及び転換の歩みを追ってみることとしたい。この諸論稿の多くは、全く手が加えられていないが、一部にみられる若干の加筆・削除を通じて、大山の見方の変化を追究することができるのである。

もとよりこのような書評の仕方は、本書を一つの体系として提示した大山の意図に反することとなろうが、さきのような事情を諒とされ、失礼を許していただきたいと思う。

二

大山が最初に自らの主張を提げて登場するのは、一九五八年、前掲の書に収載された論文「地頭領主制と在家支配──肥後国人吉庄地頭相良氏」（第一部Ⅳ）においてであった。

鎌倉期から南北朝内乱期にいたる相良氏の歩みを追究したこの論稿は、決して単なるモノグラフではなく、きわめて鋭く、当時の「在家」についての通説を批判し、新たなとらえ方を提示したのである。

このころ支配的だったのは、「在家」を人間・屋敷・園地の統一体とみて、これを家人《けにん》・奴婢《ぬひ》の農奴への進化の途上にある存在と考える石母田正の見解であり、その本質を奴隷的なものとする永原慶二と、隷属農民と規定する見解との間で、活発な論議が行なわれていた。これに対し大山は、まず、「於去留者、宜任民意也」と規定した御成敗式目第四十二条を引用しつつ、「地頭の所領を耕作する農民たちは年貢所当の決済さえつければ、いつでもその対領主関係を断ち切りえた」こと、地頭が「土地緊縛をおしおよぼすことのできたのは彼等の支配に属する下人所従のみにかぎられていた」（二〇五頁）ので、「鎌倉時代の地頭所領の百姓とは、田地・住屋に対する最終的な所有権を確保しえていないというかぎりでは独立度」が低いといわざるをえないが、「法的には自由な人格の所有者」であり、「在家住民もまた、基本的にはかかる百姓のひとつの存在形態を示すものにほかならない」（一〇七頁）と明言したのである。

現在ではもはや常識となっている百姓身分と下人所従《げにんしょじゅう》身分との本質的な差異が指摘されたのは、恐らくこれがはじめてであり、この論文における大山の論証は、きわめて明快かつ確信的であった。この視点に立って大山は、さきの石母田の「在家」規定の誤りをつき、「在家住民が在家支配者の人格的拘束下にあったという結論」は決して出てこないので、「中世領主の所領としての在家は本来在家役徴収権の存在を示すにすぎ」ないことを明らかにするとともに（一〇八頁）、在家住民の中には自由な農民だけではなく、惣公文《そうくもん》・夫領・梶取《かじとり》《かんどり》・神官などの多様な人々がいた事実を指摘している。

そしてさらに進んで、大山は領家・地頭・小地頭の得分に分析を加え、領家がその支配の基礎とする起請田について、地頭はわずかな加地子収得権しかもたぬこと、地頭の基盤はむしろ出田・新田にあった点に注目[*1]、小地頭が耕地・人間に対する一切の支配権を掌握していたとする永原の見解を批判し、これもまた加地子収得権の保持者にすぎないとした。これは、地頭領主がそれまで考えられていたよりもはるかに制約された立場にあったことを解明したもので、さきの在家住民の「自由」な性格についての指摘とあわせ、この当時の地頭領主制に関する評価を――それを封建的領主制以前の苛酷な奴隷制的支配とみる見方、また在家農民を農奴として支配する封建的領主とする見解のいずれについても――根底から覆す指摘であったといわなくてはならない。

つづいて、こうした全体的制約下におかれながら、相良氏が鎌倉末期にいたるまでに領家の経済的基盤を漸次侵食、ついに新しい支配確立への道をひらきながら、一族内部の対立、分裂という大きな危機にさらされ、その克服の過程で戦国大名へと成長していく道筋を素描した大山は、この論文を「在家農民の夫役徴収による直営地の設定・拡大というものは、本稿でみたごとき在家農民を前にしては、事実上相良氏における地頭領主制の行きづまりを打開し、その順調な発展をもたらしうるがごとき重要な意義をもつものであったとは考えられない」（一二八頁）と結んだ。もとよりここにも、このころの地頭領主制論に対するきびしい批判がこめられていることはいうまでもないが、以上のような画期的意味をもつこの論文は、同時にまた、あらゆる意味で大山のその後の研究の出発点であったといっても過言ではなかろう。これ以後、大山が展開・開拓していったさまざまな分野の研究の原形は、この論文の中にその多くを探ることができるのである。

まずここには、それまで支配的だった領主制論、とくに奴隷から農奴への進化に封建領主制成立の基本的コースを見出してきた石母田正に対する根本的な批判がある。これに対し、「在家農民の歴史的系譜」は「普通の律令農民の展開過程のうちに」あるとする大山の主張は、戸田芳実・工藤敬一・河音能平等、前述した日本史研究会を舞台に登場する中世史家に共通するもので、その後の大山の理論の根底にすえられた基本的認識であった。それは本書の「序説」において、大山自身が石母田批判として詳しく展開している通りである。

しかしこれらの史家たちの間にあって、大山の独自性は、なによりもいま述べてきた、下人・所従と異質な中世農民の特質、領主の私的支配から「自由」な百姓の性格を強調する点にあるので、これ以後、少なくとも一九七〇年前後の転換にいたるまでの大山の研究は、まさしくこの基調のうえに考えられなくてはならない。この見方はおのずと、地頭領主の「支配」の弱体という結論を導き出してくることになる。それは戸田の主張と矛盾する面をもち、やがて大山はその問題に直面するとともに、自らの主張の力点を変えていくことになるが、しかしこの論文で大山の強調したのが、地頭領主制のもつ制約であり、その「弱さ」、中世農民の「自由」な特質であったことは間違いない、と私は考える。大山の独自な中世社会論の原形は、少なくともその当初、当時の領主制論に対する批判として姿を現わしたのである。

それとともに、この論文を書くに当たって、現地に立ち、この辺の地形をながめつつ、人吉荘の河梶取から海の商人、貨幣流通の波を見通していく大山の姿勢に、ひろびろとした視野から事実をみる、史家としてのなみなみならぬ資質の片鱗が姿を現わしていることにも、私は注目したい。ここにこそ大山の本領があるので、以後の労作の中に、この史風は大きく生かされていくこととなる。

そしてまた、ここではまだほんの緒口であるとはいえ、相良氏の歩みの追究を通して、大山は戦国期の研究の見通しをつかんだものと思われる。

さきに出発点といったのは、以上のような意味からであるが、とくにその中で、百姓の「法的」な「自由」を指摘したこの論文を読んだときの強い感銘と、それを確信にみちて提出する颯爽たる若き歴史学徒に対する羨望とを、私は忘れることができない。的外れであったのかもしれないにせよ、この指摘はその後の私自身の拙ない歩みの中で、きわめて力強い支えとなったのである。

三

これについで大山は、一九六〇年、中世農民についてのさきの新たな理解に基づく自らの領主制論を、「国衙領における領主制の形成」（第一部Ⅲ）として発表した。

国衙を封建制成立の対立物とみなし、古代的とのみ把握する見方を「もはや許されない」としつつ、国衙自体の変質に目を向け、そこから「封建制形成過程にみられる王権の歴史的役割を正当に評価する道」（七五頁）をひらこうとする、広い視野をもつこの論文で、大山は若狭国大田文《おおたぶみ》をとりあげ、「別名」に焦点を合わせて、主題の解明を試みている。

まずこの大田文のもつ特異な記載を丁寧に分析、郷型記載と別名型記載とを析出したうえで、大山は「公領制下の本来的徴税領域たる郷」（八七頁）に対して別名が成立してくる理由を追究し、それが「荒田の開発という農業生産のもっとも基礎的な作業と深くかかわりあっていたこと」（八八頁）を明らかにする。そして別名の成立は、律令制の官僚機構——国衙が、その公的機能として保持していた勧農沙汰権をもはや遂行し難くなり、それを別名領主に委譲せざるをえなくなっていく過程であり、こうした勧農権——領内沙汰権を掌握することによって、在地領主は領内農民に対する統制力を強化し、やがてそれを下地進止権にまで成熟させていくと主張したのである。

さらに大山は小地頭の権限について、前稿を補足、それが給田の得分及び定得田についての加地子得分であったことを確認し、これはまさしくここで析出された別名領主に当たるものとする。ついでこれらの別名が国衙の所在郡——遠敷郡において圧倒的に多く成立した点に着目する一方、別名領主の多くが在庁官人であった事実を明らかにした大山は、国衙がこのように在地私領主の性格を強めた在庁官人の連合体制として封建的構成に傾斜していったこと、逆にまた在地領主は「在庁官人として国衙公権につながるところにその成長の一根拠を見出し」「国衙公権の一部を勧農権として現実的に取得することによって」「その歴史的展開の法的根拠を獲得するにいたる」（一〇〇頁）という、重要な論点を提出したのであった。

この論点の提出は、あたかもこれと並行してつぎつぎと発表されていた石井進の、鎌倉幕府と国衙との関わりについての明快な論旨をもつ力作[*2]と相俟って、中世における国衙及び国衙領、大田文についての研究を力強く推し進める契機となった。また別名領主と勧農権をめぐる指摘は、一方では田中稔の労作[*3]と結びついて、「鎌倉殿勧農使」、在庁官人と御家人制、さらに一国別の地頭御家人、荘園公領の研究を発展させ、他方では勧農の実態、勧農権のあり方などについて論議をまきおこしていったのである。戦後第二期の中世史研究のうえで、この論文の果たした役割も、またまさしく画期的といわなくてはならない。

それだけではない。大山自身の研究の歩みからみても、この勧農権の「発見」はその領主制論の要の位置を占めるものとなった。いわばこれは、さきの「自由」な農民を支配するための、在地領主にとって必須な権限といってもよいのであり、前稿の論旨はここにおいてさらに新たな展開をみせたといってよい。

注目すべきは、この論文が石母田によってきびしく批判された清水三男の戦前の研究を継承している点である。「問題の展望」において、大山は逆に、石母田の観点——国衙在庁組織を国内大小領主による農民支配のための共同組織とした石母田の清水批判の継承・具体化を強調しているが、同じ文章の中で、この論文の根底には「中世領主制を古代家族的なものの自己展開のなかに位置づけようとする石母田領主制論」に対する疑問が存在したといわれており（四六頁)、むしろこの後者の観点の方が論文発表のころの大山の主眼だったと、私には思われる。その意味でこれは、当時の主流であった領主制論に対する批判——あえていえば「反領主制論」の立場から再構築された新たな領主制についての見方ということもできよう。この大山に対し、正統的な領主制論の側からのきびしい批判がおこってきたのは当然といわなくてはならない。[*4]

しかしそのころ、専ら若狭国を研究対象として遅々たる歩みを進めていた私にとって、この論文の出現はまさしく目のさめる思いであったが、同時に、期せずして石井の仕事とともに、清水の国衙領の研究が継承・発展されはじめたことに、深い関心を抱かずにはおれなかったのである。

四

翌一九六一年、大山は「日本中世の労働編成」[*5](a)、「中世村落における灌漑と銭貨の流通」(b)、「国衙領地頭の一形態」[*6](c)の三篇の論稿を世に問うた。このうち(c)は収録されず、(a)は「中世における灌漑と開発の労働編成」(第二部Ⅵ)(a′)と改題、最大の改稿を施され、(b)も第二部Ⅷとして多少の補足を加えて本書に収められている。

このうち、(a)の(a′)への改稿は、後にも述べる大山の理論の転換を考えるうえで重要ようとした対象は変わっていない。それは宝月圭吾『中世灌漑史の研究』（畝傍書房、一九四三年）に指摘されている中世の灌漑労働が原則的に有償であったという事実に触発され、これまでの研究がこの点を無視してきた点を批判しつつ、その論点を掘り下げることに眼目があった。

こうした有償労働は灌漑と開発に当たっての「功」として八世紀以来確認され、そこに郡司・百姓、田堵などの寄与による労働編成があったこと、こうした灌漑施設の修築には中世においても国衙が関与していたこと、また「勧農」は耕作者の決定、種子農料の下行とともに、毎年春に行なわれる灌漑施設の整備を内容としており、そのさいの労働編成もまた有償を前提とし、その主体は村落上層農民を中心とする「共同体的結合」にあった点などが、ここで豊富な史料を引用しつつ明らかにされているのである。ただ（a）においては多少の論点の拡散と未整理がみえるが、（a′）では堤防と井溝の修築、春の勧農と灌漑、国衙と荘園の三節にしぼってそれを整理し、さまざまな修築労働について数字をあげて実態を示すなど、論文としてははるかに内容の充実したものになっているといえよう。

そして、これによって、さきに大山の理論構成の要といった勧農の実態が具体的に解明され、さらにその主体として村落の公文以下の上層農民の役割を重視する点に、のちの村落領主論の原形が姿を現わしていることにも注目しておかなくてはならない。

しかし（a）において大山は「単純かつ素朴に領主権の強大さが、農民をほしいままに無償の強制労働に駆りたてえた、というような事態は日本の現実の中世には存在しなかった」と明言し、結論でも「日本の中世農民を奴隷でなければ農奴、規定が困難であれば過渡的であるとして」、「日本の封建制成立史を解明する」さいに「奴隷の農奴への進化」に「問題解決の基本的な設定をする学説には従えない」といい切り、石母田、永原慶二に対してきびしく批判を加えている。そして「中世の農民にはあきらかに一種の非農奴的性格ともいうべき自由さがきわめて色濃くまとわりついている」とし、その背景に農奴の本質を探り、「アジアの農奴制を具体的に解明する道をひら」こうとしているのである。灌漑における有償労働の実証は、このことを主張するためにこそ行なわれたのであった。

もとよりこれが、前節までに述べてきた中世農民の自由民的特質の強調、領主に強大な権限をみる当時の領主制論に対する批判の、真直な延長線上にあることはいうまでもなく、（a）の文章はその点において戦闘的ですらあるといってよかろう。

ところが（a′）において、この結論は削除、序論の文章は修正緩和、（a）では結論近くに置かれていた東国における農民からの賦役徴収の事例が冒頭に置かれ、この戦闘性は全く影をひそめたのである。ここに、大山が自ら「問題の展望」にいう宝月の研究の前提に対する疑問にとどまらぬ、大きな立場の転換があったことは明らか、と私は思うが、それは後述することとし、前節から（a）までの見方をさらに充実させた、（b）の論稿に進むこととしたい。

　この論文は宮川満とともに大山が従事した丹波国大山荘の史料の編纂、『大山村史』[*7]の叙述にいたる研究過程で生まれたもので、大山の史風の見事な結実の一つである。ここで大山は、まず西田井の低劣な自然的環境を叙述、大山荘と宮田荘の間の用水相論とその結果結ばれた契約が西田井にとっていかなる意味をもっていたかを、的確、明快に分析している。こうした歴史地理学的な側面で、大山の研究はきわめて精彩を放っており、たやすく他の追随を許さぬといってよかろう。

　しかしそれだけでなく、この論文は西田井百姓の強い銭納要求にみられるように、たえず荒廃の危機にさらされ、農業生産力の低劣な西田井のような地域に、いち早く貨幣流通がみられることを明らかにし、そこに、非農業的生業に携わる人々、雇傭農業労働者の存在を推定しているのである。「自然と社会の環境が稲作経営以外の生業を強制するような地域と階層が、銭貨をまず最初に吸引する」（三一八頁）という命題がここに提出され、のちの諸論稿で展開される、勧農・雇傭において貨幣の果たす重要な機能もすでに示唆されている。

　大山の強調点はここにあったので、さきの有償労働についての主張は、これによってさらに裏付けられたのであった。

　そしてこのころ、漁村に対する長年の関心から、農村、とくに水田にのみ研究が偏っていることに、ひそかな不満を抱いていた私にとって、この論稿の印象は忘れ難いものがあり、また その前後、大山自身に漁村に関する論稿のあるのを知って、大いに心励まされたのである。

五

一九六二年に入り、大山は「中世社会の農民」（第二部V）を発表するが、これは同年の歴史学研究会大会に向けて書かれた「領主制研究についての試論――石母田氏の方法にふれて[*8]」とセットになる論文といってよかろう。後者においては、前述してきた論旨を要約・整理し、あらためて石母田・永原の領主制論に対する批判を正面から展開しつつ、地頭が農民を土地に緊縛するどころか、逆に幕府の土地緊縛禁止令によって制約されていたこと、「職」の体系に制約される日本の封建制の特質、「公的機能」である勧農権をよりどころとしなくてはならぬ日本の領主制のあり方などに注目、論点を鋭くまとめているが、本書に収められた前者では、そうした整理のうえに立って、積極的に中世の村落と農民についての、自らの新しい見方を打ち出したのである。

大山はそこでまず「本名体制」について論及し、それを、土地私有を名として固めた「家父長的な農民的大経営が、互いに対立的契機をはらみつつも、相互に結集しつつ、私的隷属化の過程にありながらも、なお、固定的な緊縛にいたらない一般の不安定な小経営に対し」「一つの階層として対決」するにいたった体制とみる（一五二頁）。そして農民的大経営は弱小経営を隷属せしめる方向をもつとともに、逆にたえずこうした「不安定な小経営をその私的隷属関係から排除し、その外部に広汎に存続させる内的必然性があり」（一五七頁）、それは水田稲作経営の労働力需要の著しい季節的偏差に基礎をもつとする。ここに前述の有償労働と貨幣の問題が導入されるので、下人・所従の労働力のみならず、こうした有償の雇傭労働力を担う小経営の存在、同時にそれを雇傭するための銭貨の、農民的大経営における蓄積が、必要不可避な事態として強調されることとなる。大山はこの不安定な小経営に、年々、荘園領主直属地——散田を充て作らされる「散田作人」という規定を与え、その浮浪性、流動性を強調するという、きわめて重要な結論を導き出したのである。[*9]

いわゆる中世村落の「二重構成論」がここではじめて提示され、大山の独自な中世社会論の根底部分は形を成すにいたったといってよかろう。そしてそれをさらに具体的に展開したのが、翌年に発表された「鎌倉時代の村落結合」（第二部Ⅶ）であった。

これはさきの西田井村に関する論文（第二部Ⅷ）と対をなす丹波国大山荘の本格的研究で、大山はここでも同じく歴史地理学的な手法によりつつ、一井谷の村落と耕地を復原、「溜池をともなう灌排水設備の村落的規模による確保と整備を軸とした改良耕地の造成」（二四七頁）の様相を鮮やかに解明したのち、そうした村落を背景に鎌倉末期に成立した百姓請の分析を通じて、村落の共同体結合の強さ、共同体の機能の大きさを、まず強調している。

この百姓請が、預所と対決した一井谷の百姓の場合に成立し、屈伏した西田井村で不成立に終わったことを、具体的な経過を通じて明らかにしたのち、預所を追放・失脚させた一井谷百姓の行動理念は、決して反荘園制的意識に基づくものでなく、荘園領主―百姓関係のあるべき理想像こそがこの抵抗を支えていた、と大山は指摘する。

そのうえで、大山はこの百姓の動きを指導した沙汰人、貞清名主右馬允家安の人物像を浮き彫りにしたのであり、[*10] 村落の小さな領主の顔をもち、家父長原理で結集する武力集団をもつ反面、抵抗する百姓の顔をあわせもつ家安の行動様式を見事に明らかにしたのである。本書に収録するに当たって、大山がこの家安の節に「村落領主」という題を付したことからも知られるように、まさしくこれが大山の村落領主論の出発点であった。

そして「むすび」で、畠地についてはともかく、田地所有における百姓の権利の不安定さを強調し、百姓の意識の変革、荘園領主による呪縛からの解放の道を探ることを課題としようとする大山の文章には、石母田の『中世的世界の形成』にも似た一種の高揚がみられるのであり、大山の理論体系は、いよいよその骨骼を固めはじめたのである。

六

しかしそうした前進に対し、否応なしにおこってきた戸田芳実をはじめとする領主制論の立場からする批判に対し、大山があらためて自らの意図するところを開陳したのが、一九六五年に発表された「中世史研究の一視角」（第二部Vの付論）であった。

日本史研究会の大会報告でもあったさきの「中世社会の農民」の意図は「家父長制原理の適用を意識的に避けたところに中世村落論を展開しようと試みた点にある」（一七七頁）と、大山はここで述べている。これまで私が当時の領主制論に対する批判といい、一応、「反領主制論」の流れの中でとらえてきた視角を、大山は「家父長制原理」の過大評価に対する批判と自ら規定して、戸田等に答えたのである。それがおのずと安良城盛昭の説に対する批判の伏線になっていることは間違いなかろう。

しかしそうした視点から、大山はなおここでは、散田作人が下人・所従ではなく自由な人格であったことを強調し、その耕作権の不安定、浮浪性に日本の中世社会の「東洋的デスポティズムからの規定性」を見出し、さらにその貨幣流通との関わりについて再論している。そして村落の二重構造と結びついた貨幣は、中世社会を解体させる作用よりも、むしろその存立のために必要な要素としての機能をもち、そうした貨幣との接触、散田作人の管理の必要を通して、村落上層＝名主層の合理的な行政能力が生まれてくるという、興味深い見解を展開する。

とはいえ、散田作人を含む中世農民の自由な性格を前提とする限り、家父長制的な私的人格関係による支配と異質な支配原理が見出されなくてはならぬ。大山はそれを佐藤進一によって定式化された統治権的支配権に求め、名主層の散田作人に対する支配をそれにつながる「構成的支配」と規定、一方の名主による家父長的支配を「主従制的支配権の原基的な形態」としたのである。

これまでの「反領主制論」的な方向をもつ主張を、このように処理したのち、大山は石母田にあらためて批判を加えつつ、中世の領主制が当初「公権」に依存することによってしか出発しえなかった点に「東洋的デスポティズム」の刻印を見出し、そうした領主が次第にその「在地性」を「深化」させていくところに「封建領主制の運動」の方向を求めた。そしてそれを地頭領主、村落領主、有力名主の三つの側面から観察、勧農権から下地進止へ、さらに在地性の最も深化した戦国期の領主にいたる過程を見通している。あたかもこの年から、大山の戦国期についての研究が活発になるが[*11]、それは一つにはこの見通しを立証しようとする意図からでたものとみてよかろう。

いわばここでは、鎌倉期の「非領主的」な領主のあり方を強調するかわりに、戦国期における真に領主制的な領主が前面に押し出されようとしているので、これが結果的に、このころの永原の見解と著しく接近することになっている点に注目すべきであろう。

以上のように、この論文は戸田等の批判の中で、大山がそれまでの自らの立場を主張しつつも、批判の鉾先を「家父長制論」批判の方向にずらし、むしろ独自な領主制論の構築の方向をとりはじめたことを示しており、五年後の転換の萌しはすでにここに現われているといわなくてはならない。

同じ年、大山は「尾張国富田庄について」（「絹と綿の荘園」と改題、第二部Ⅸ）を書いている。この論文で、とくに注目すべきは、尾張・美濃に絹・綿・糸を年貢とする荘園が濃密に分布している事実を明らかにした点で、年貢のあり方を考えるうえに大きな意義をもっているが、ここでは専ら十三世紀後半の代銭納化に養蚕業の衰退をみる通説に、批判が加えられ、大山荘西田井と同様、非水田的生業に従事する階層・地域に銭貨が浸透するというさきの主張が展開されている。

それとともに富田荘の絵図について、歴史地理的な手法を存分に駆使し、確度の高い結論を引き出したことは、この論文の大きな収穫であった。こうした具体的・実証的な研究を進め、荘園の現地の状況を浮かびあがらせていくときの大山の論旨は、つねに明快で精彩を放つが、これは大山のこうした本領が遺憾なく発揮された論文の一つといえよう。

しかしこれを一つの区切りとして、大山の中世前期に関わる論稿は、『岐阜県史』（通史編、中世、一九六九年）に美濃国大井荘の歴史を叙述したのを除くと、しばらく見出されなくなる。

そして自ら「あとがき」でふれているように、一九七〇年以後、大山は六五年以前とは明らかに色合の異なる中世社会論を、積極的に主張しはじめるのである。

七

この年、大山は「序説」の基礎となった講演を行ない、「荘園制と領主制」（第一部II）をまとめているが、この二論稿に、その転換ははっきりと現われている。

後者の論文で、大山は荘園社会の諸階層として、荘園領主、在地領主、村落領主、名主層、散田作人層の五つの階層を設定、そのそれぞれに分析を加えつつ、その中世社会論を展開する。村落の二重構成、名主の下人・所従に対する家父長制支配と、米銭を媒介とした名主層による散田作人層に対する構成的支配。その主従制的支配権と統治権的支配権との対応。村落の共同体的規制を自らのうちに体現し、村落内部における勧農の現実的主体である村落領主。その支配をめぐり対立しながら、それ――村落領主と連繫した荘園領主・在地領主によって組織される領主権力の体系。そうした個別権力を調停しつつ、この体系を補完する超越権力。そして中世後期、農民闘争の発展に伴い、戦国期にかけて深化していく領主の在地性。これが一九六〇年代までの大山の諸研究の総括であり、若干の新たな論点を加えた体系化であることは間違いない。大山の理論体系は、ここに整った姿を現わしたのであるが、しかし注目すべき重要な点は、五〇年代末から六〇年代にかけての大山が最も力をこめて主張していた、中世農民の「自由」な特質についての言及が、ついにここにいたって全く消え去った事実である。

それは村落領主の範疇、構成的支配の論理の中に吸収され、むしろ封建領主の支配の基礎とされているので、おのずとこの論文での大山の力点は、「中世村落」に「平等な農民の共同体を想定することはとうていできない」（五三頁）という指摘、あるいは領主による共同体的機能の吸収、領主の生な暴力をおおいかくす統治権的支配の欺瞞性に置かれることとなる。そして、かつては「公文などは、上層農民の共同体的規制のもとにある一有力農民の領主制的表現」（二一五頁）にすぎないといわれてきた村落領主が、ここに大山の「領主制理論」の「真髄」の位置にすえられた。

この立場に立ち、高橋幸八郎のフーフェ－ゲマインデ－グルンドヘルシャフトの論理序列に支えられつつ、大山があらためて石母田の領主制論に詳細な批判を加え、返す刀で、石母田に対する批判を非領主制論の方向に徹底させた黒田俊雄を批判したのが「序説」であった。非領主制論的な主張から新たな領主制論へと、大山はこうして転換をとげたのである。本書に収められた諸論文が、この立場から配列・修正されるのは当然のことで、六〇年代はじめの大山の主張を最も戦闘的に表現しているともいえるさきの論文（a）が、大きく手を加えられた（a′）とされた理由も、もとよりここにある。

第三部にまとめられた「中世の身分制と国家」（X、一九七五年）とその付論「奈良坂・清水坂両宿非人抗争雑考」（一九七六年）、及び「中世社会のイエと百姓」（XI、一九七七年）は、こうした転換後の立場に立った大山の新たな模索の成果である。

Xの論文で大山は、「身分とは」「各段階の社会的諸活動の遂行主体として自己編成をとげた集団の内部規範にその成立の根拠をもつ」（三七三頁）と規定したのち、そうした社会諸集団を、イエ、ムラ、党・一揆・座・衆・武士団、権門貴族・幕府・権門寺社、国家の五段階に区分した。社会学的な方法がここに大きくとり入れられ、新たな整理が試みられている。

そのうえで、侍、百姓・凡下、下人・所従に区分された三身分について、田中稔の論文[*12]に依拠しつつ、有位官者を侍とし、さまざまな凡下との区分の徴証――被物・服装・名字等に言及、凡下の積極的規定としての百姓にふれる。ここでは、浪人が百姓身分に属したとの注目すべき指摘もみられるが、百姓をイエとの関連でとらえる観点が示されるのみで、立ち入った論述はされていない。しかし下人については、イエを破砕された奴隷型下人を軸に、明確な規定がなされる。

しかしこの三身分より、むしろ大山が最も力をこめて論じたのは、キヨメ・ケガレと非人の問題で、付論もじつはこの論文の一節だったのである。キヨメ・ケガレの構造の中心を、京城――古代都市の中心としての天皇・賀茂神に求め、平安期におけるケガレ観念の拡大にふれたのち、大山は「差別」がまず都市のものとして生まれるという観点から、中世前期の非人について、さまざまな角度から論ずる。そして、穢多、五ケ所十座の声聞師、散所《さんじょ》法師、犬神人《いぬじにん》等について、興味深い概観を行なったのち、中世後期にいたって、非人は身分外身分の外観をもつにいたるが、本来は凡下百姓の一特殊形態であった、と結論している。神人・供御人・寄人を同じく百姓の変型とする大山の見方からすれば、これは当然の結論といってよかろう。[*13]

このように、大山は新たな分野を開拓しつつ、身分論を通じて、より体系的な中世社会像を追究しているが、それだけでなく、横井清・黒田俊雄・脇田晴子等の研究と相俟って、被差別身分についての研究は、この論文によって大きな進展をとげたといえるであろう。

そして、この論文を敷衍する形で、大山は主として百姓とイエに焦点を合わせ、XIの論文を提げて日本史研究会大会の報告に立ったのである。

ここで、石井進・笠松宏至・勝俣鎮夫及び私の最近の仕事について、これらがいずれも、石母田・永原・戸田・河音にうけつがれてきた「領主制理論」に対する「重大な疑惑」の「表明」であり、「その一部」には「中世＝家父長制的奴隷制論に立つ安良城盛昭氏の学説へのいちじるしい接近」がみられると断じたうえで、大山は「みずからの」独自な「理論的枠組」をもつ「領主制理論」の立場から、これら四人を一組にしてきびしい批判を加えた。[*14]

まず古代のイエについての吉田孝の研究に依拠しつつ、イエ及びそれに根拠をもつ百姓の成立を十世紀以降に求め、直江広治の民俗学的研究[15]をとりいれつつ、イエの実態を探ったのち、大山は石井の「イエ支配」論及び笠松の「地頭独立国家論」に対する批判を展開する。しかし、地頭一円地においてすら訴訟当事者として現われる百姓の自立的性格、本所・領家領における名主百姓の地頭に対する抵抗、百姓と下人・所従の身分的相違、領主のイエ支配から自立した百姓身分、中世前期の領主権の狭隘さ、脆弱性を力説しつつ、石井・笠松を批判する大山の文章の中に、「領主制理論」とは逆の、かつて大山が強調し、その立場の転換とともに一旦全く影をひそめていた、中世農民の「自由」な特質が再び浮き彫りにされ、その非領主制論的立場が生き生きと復活しているのを見出すのは、恐らく私のみではあるまい。

この論文の主眼点はまさしくそこにあるともいえるのであるが、もとよりその批判の対象が「領主制理論」であろうはずはなく、安良城の学説に著しく接近した、石井及び私の「家父長制論」に対する批判として展開されていることに注目しなくてはならない。さきの「中世史研究の一視角」における批判の標的の移動は、このような形で見事に貫かれているので、その限りにおいて、大山の主観に即していえば、転換後の「領主制理論」の論旨は一貫しているともいえるであろう。そしてまた、相良氏法度の「公界」についての笠松・勝俣の解釈を批判、それを相良氏の権力とみる見方に、戦国期の領主に真の領主制を見出そうとする大山の前述した志向が貫徹しているということもできる。[16]

とはいえそれは、もともと相互に異質な、私を含むさきの四人を一組にして批判しうるという、成り立ち難い断定のうえに立って展開された議論といわなくてはならないので、別の機会にふれたような、平素の大山らしからぬ不用意な批判がそこから否応なしに生まれてきたものと私は考えている。[*17]

そしてまた、こうした不用意さは、おのずと大山の理論体系そのものの自己矛盾を露呈させる結果になったともいえよう。それは、大山の立場からみても当然異質であるはずの、領主の支配と百姓の抵抗の原点を、ともに同質な双方のイエ支配に求める点にもよく現われているが、さらに大山が村落領主を百姓とともに、領主のイエ支配権の外にある自立した存在で、中世王権の社会的基盤とみなしたところに、それは一層鮮明といわなくてはならない。「領主制理論」の「真髄」たるべき村落領主は、ここでは非領主的存在とみなさざるをえないのであり、[*18]いかにそれに「領主」という定義を与え、「領主制支配の内部に喰い込む」と強調しても、この矛盾はおおいがたいといえよう。

こうした矛盾を解決するために、大山が依拠することを明らかにした高橋の論理序列は、よく考えぬかれた序列であることはいうまでもないが、そのゲマインデには「規制」の側面はあっても、グルンドヘルシャフトに対する抵抗の側面は、もともと欠落しているのであり、この矛盾の解決にはなりえないと思われる。

このように、あたかも領主の支配と百姓の抵抗の間にあって、その双方に向けた二つの顔をもち、苦悶する村落領主の如く、この論文は、領主制論と非領主制論の狭間にあって、否応なしにその理論を二つに引き裂かれていく大山の苦悩を、集中的に示している、と私は考える。

八

以上、長々と辿ってきた大山の研究の足跡は、戦後第二期の歴史学そのもののはらむ問題の所在をよく示しているといってよかろう。この論文で大山のきびしい批判の対象となった石井の場合も、じつは大山とほぼ同じ軌跡を対称的に描いているので[*19]、六〇年代の非領主制的方向をもつ「上からの権力」の研究から、七〇年代のイエ支配を中軸とする領主制論――「下からの権力」の研究へと、その重点を移しているのである。それは大山の歩みにみられた転換が、単に大山のみの問題にとどまらぬ、より深い意味をもつことを物語っているといわなくてはならない。その意味で、本書は第二期の戦後歴史学の一記念碑としての意義を十分に担う労作ということができよう。

そして、その過程で歴史地理学的な手法を駆使しつつ、すぐれた実証的な個別研究を生み出した大山は、さらに社会学・民俗学の成果を吸収し、その学問の幅を一層ひろげ、文治守護地頭論を中心に、現在、旺盛な研究活動を進めている。その中で、いま私が自己矛盾といってきた問題が、どのように解決されていくのか、私なりに大山の今後の研究の展開を追いつづけ、その成果をじっくり勉強したいと思っている。

ただしかし、五〇年代末から六〇年代はじめの大山の研究が、それまでの領主制論の視野にほとんど入っていなかった、中世農民の自由民としての特質に照明をあてていくのに共感、かつ敬意を表し、そこから多くを学びつつ拙い仕事をつづけてきた私は、六〇年代後半の転換後の立場に立つこの論文で、突如大山から、「網野」の「論理には中世成立過程における日本の農民のあらゆる前進、中世村落の形成と百姓のイエの成立の問題、さらにはその達成を否定的に媒介する在地領主制の展開等々の、従来の中世村落史と領主制研究が構築して来た研究の諸過程が、欠落せしめられている」（四七一頁）との批判を頂戴することとなった。文字通りこれは、私が中世の農民、村落、領主制についての研究史について全く不勉強ないし無知であるか、あるいは意識的にそれを「欠落」させたとの批判であろう。意識して欠落させた覚えの全くない私は、この書評でも、そうした批判にできるだけ応えるべく、あらためて大山の研究を勉強し直し、多少とも史学史的に追究する努力を試みてみたのであるが、もとより力の不足は如何ともなしがたい。これについてもまた、同様のきびしい、しかしもう少し具体的な批判をいただければ幸いである。

さらにつづけて大山は、このような「問題を欠落させた歴史の枠組が必然的に安良城氏の家父長制的奴隷制社会説への傾斜を強くするのは論理の必然」（四七一頁）と、私の「文章」「歴史把握」を批判し、あわせてそれを「野性的」とされ、別の場所で、私の学説史整理が「感性的にすぎる」（四二四頁）との批評を加えられたのである。私にはこの「必然」は全く解しかねるのであるが、この点についてはすでにふれる機会があったので、[*20]ここでは立ち入らない。

むしろ興味深いのは、最近、石井もまた大山と同じく、拙著について「感性的」という批判を加えている点である。[*21]東西のアカデミズムの中世史学を代表する石井・大山から、期せずしてこうした同じ批判をいただく結果になったのは光栄の至りと、昨年（一九七九年）の史学会大会で述べたが、それはともかく、ここにもまた恐らくは歴史学の本質にかかわる重大な問題がひそんでいるように思われる。

その点について考えるのも、別の機会にゆだねざるをえないが、「感性的」という批判は、もともと感性の鈍い私には過分であり、大山の「野性的」という批評の方が当たっているであろう。そうした本性はどうしようもなく、この書評、研究史整理も、また長い時間をかけたにもかかわらず、まとまりのない粗雑な感想を長々と述べるにとどまったのは、私の力の限界として、大山及び編集委員会の御寛恕をいただくほかない。

そして、私も大山の驥尾に付して、今後、「冷徹」な「論理」を身につけるべく努力する心算であるが、ただそれを、矛盾の中をすりぬける「冷徹」に計算された「論理」としてではなく、できうることならば、その烈しい鉄火の中で鍛えぬかれた氷のように冷たい刃にまで磨きぬきたいものと思っている。その意味からも、大山をはじめ、大方の厳格な御批判を切にお願いしたいと思う。

注

＊1――この点について、服部英雄「空から見た人吉庄・交通と新田開発」(『史学雑誌』八七―九)、「人吉庄再論」(『日本歴史』三七五号)は、これを領家得分と考え、本書及び「肥後国人吉庄中分状の新解釈について」(『日本歴史』三八一号)で、それが地頭得分であったと主張する大山と、意見が分かれている。
　この論文執筆当時の大山は、地頭の制約された立場を強調していたが、現在はむしろその強力な支配を主張する形になっている点に、注目すべきであろう。
＊2――『日本中世国家史の研究』(岩波書店、一九七〇年)に収録された論稿。
＊3――「鎌倉幕府御家人制度の一考察」(石母田正・佐藤進一編『中世の法と国家』東京大学出版会、一九六〇年、所収)、「「鎌倉殿御使」考」(『史林』四五―六、『鎌倉幕府御家人制度の研究』吉川弘文館、一九九一年、所収)。
＊4――本書(大山の書、以下同)七二頁、注4にあげられた河音能平・吉田晶などの批判。
＊5――『日本史研究』五六号。

＊6――『日本歴史』一五八号。
＊7――塙書房、一九六四年。
＊8――『歴史学研究』二六四号。
＊9――この論文についての感想めいたものを、拙稿「十三世紀後半の転換期をめぐって」（『歴史学研究』二六九号、『悪党と海賊』法政大学出版局、一九九五年に第Ⅰ節付論3として所収）として発表したことがある。
＊10――家安及び「悪党」厳増の動きについて、大山の事実認識に誤りがあるとみられることは、拙稿「鎌倉後期における東寺供僧供料荘の拡大」（『日本史研究』六九号）でふれたが、厳増についての若干の補足を含めて、拙著『中世東寺と東寺領荘園』（東京大学出版会、一九七八年）第二章第三節で再説した。
＊11――「室町末戦国初期の権力と農民」（『日本史研究』七九号）は、同じ一九六五年に発表され、以後、大山の研究の重点は戦国期に移る。
＊12――「侍・凡下考」（『史林』五九―四）。
＊13――拙稿「中世身分制の一考察」（『歴史と地理』二八九号、『中世の非人と遊女』明石書店、一九九四年、所収）で、この点についての考えを述べてみた。
＊14――「律令制と村落」（『岩波講座　日本歴史』古代3、岩波書店、一九七六年）。
＊15――『屋敷神の研究』（吉川弘文館、一九六六年）。

＊16——この史料解釈についての疑問は、拙著『増補 無縁・公界・楽』（平凡社、一九八七年）で述べた。
＊17——前掲拙著『中世東寺と東寺領荘園』五八～五九頁、三六三頁、四一五～四一六頁。
＊18——さきに引用した本書二一五頁の文章の趣旨が、ここで復活している点に注目すべきであろう。
＊19——石井は東国的に、大山は西国的にということができそうである。
＊20——注17参照。
＊21——「一九七八年の歴史学界——回顧と展望」日本中世一（『史学雑誌』八八—五）。

第二部　職能民

1 「職人」

一 「職人」と「職」

江戸時代、手工業者を指す語として広く用いられた「職人」という言葉が、どのような経緯を経て成立してきたかについては、意外に鮮明でない。すでに石田尚豊・町田和也も指摘しているように、[*1]『東北院歌合』から『七十一番職人歌合』に至る、いわゆる「職人歌合」の詞書についてみても、「職人」という言葉は現われないのであり、「道々の者」「諸職諸道」の語が使われている。それ故、町田が「職人歌合」は「諸道歌合」とよぶべきであるとしているのは、決して理由のないことではない。

しかし明らかに手工業者を指す「職人」の語の用例は、十三世紀後半から十四世紀にかけて、文献に現われる。管見の限りでは『東宝記』(第二、仏宝)中の塔婆の項にみえる弘安八年(一二八五)に造り終えた塔の升形に書された修理《しゆり》《すり》大工、鍛冶《かじ》大工、鋳師大工、瑩師大工、丹塗大工、塗師大工などの署名に「南方西間職人」とあるのが、当時の書ならば、最も早い例であるが、「東寺執行日記」貞治三年（一三六四）四月十四日条に「当寺番匠《ばんじょう》、鍛冶、大仏師、畳差以下職人」とあるのが、その確実な例で、これ以後こうした用例は、文書・記録に散見する。恐らくこの用法は鎌倉末期に遡り、戦国期にはほぼ定着したものと思われる。そしてこの場合の「職人」の「職」が平安末期以後、鋳物師《いもじ》がしばしば「所職の業能」とか「其職を停廃し」とかいい（『真継文書』）、大歌所十生《としょう》が「止むことなき厳重の職」「人数限りある職」（東洋文庫蔵『弁官補任紙背文書』）などといった時の「職」につながることは間違いない。

とはいえ、中世において広く用いられた「職人」の語が、下司《げし》・公文《くもん》・田所《たどころ》・総追捕使《そうついぶし》などの下級荘官・在庁官人を指していることは、すでに周知の通りである（『沙汰未練書』）[*2]。また寺院においても「職人」の用例があり、たとえば禅宗寺院の東西両班のメンバーである役僧を「職人」といっていることも、よく知られている。これらの用法がさきの手工業者を指す「職人」の用例と異なることはいうまでもないが、しかしこの場合についても、下司職・田所職等の「職」から、「職人」の語が導かれてきたことは確実で、この点では手工業者の「職人」とまったく同じといってよい。とすると、問題はまさしく「職」そのものに収斂《しゅうれん》するといわなくてはならない。

日本中世の国家、とくに西国の王朝国家が「職制国家」あるいは「職の体系」といわれる特質をもっていることは、古くから注目され、さまざまに論議されてきた。しかし「職」の本質については、官職の変質と考える見解、不動産物権、得分権と規定して所有の一形式とみる見方、その双方の特質を共に認める説などがあって、なお議論の結着はついていないのであるが、佐藤進一はこれについて注目すべき新見解を提示した。*3

佐藤は、九世紀から十世紀にかけて、個々の官庁の特定氏族による請負・独占世襲の動きが進行するとともに、「務」と切り離し難く結び付いた「職」の原形が成立してくるとし、いわば「勤務」と「営利」とが表裏一体をなしているところに「職」の本質があり、それは礼家・薬家・法家・暦家などのような特定氏族の「家業」の形成を背景にしていると説くのである。こうした動向がいち早く進むのは、天皇の家政機関蔵人所の管轄下に入っていった内廷官司――主殿寮・造酒司・御厨子所等々であるが、鋳物師が蔵人所に、十生が大歌所に属したように、これらの官司にはさまざまな職能民が所属していた。とすれば、十一世紀から十二世紀にかけての、官司の「職」の全面的展開が、その末端まで及んだところに、さきのような職能民の「職」の成立する背景があったとみることができよう。

同様の事態は国衙《こくが》においても進行し、その諸機能を分担する役所――税所《さいしょ》・田所・公文所等々が請負・世襲される過程で、在庁官人・下級荘官の「職」が形成されるが、それが国衙に所属していた手工業者にまで及んだと考えることは、決して無理ではなかろう。鎌倉時代「道の細々外才《げざい》の輩」が「諸地頭・公文・在庁」と並記され（『民経記寛喜三年十月巻紙背文書』）、大田文に在庁給・職掌人給と道々細工給が人給田としてまとめられた理由はここにある（網野善彦「「外財」について」『名古屋大学文学部研究論集』、史学二六、『日本中世の非農業民と天皇』岩波書店、一九八四年、所収）。

こうして姿を現わす「職の体系」の特徴の一つは、ある「職」を請け負ったものが、その職務を全うするために必要な範囲の下級の「職」を補任する権限を保持している点にある。たとえば、官司では寮務が年預を、年預が目代を補任し、荘国では領家が預所を、預所が下司・公文を補任するのである。手工業者・芸能民の「職」の場合、そうした補任関係を早い時期に確認することはできないが、「所職」の「停廃」といわれている点からみて、なんらかの補任が行なわれていたのではなかろうか。

しかしこうした「職」の補任と、その世襲とは本質的に矛盾している。職務を全うするためには、それなりの能力・才能が必要であり、それは世襲によっては必ずしも保証されないからである。このような補任と世襲の矛盾を、笠松宏至は「遷代の職」と「永代の職」の矛盾としてとらえている（『徳政令』岩波書店、一九八三年）が、ここから「職」をめぐる無数の争いが生まれてくるので、それは「職の体系」の宿命といってよかろう。そしてこの矛盾の背景に、一方では多様な「芸能」とその「道」を重んずる社会の風潮があり、また他方にはそれを同族・

子孫に伝えることによって、特定の「芸能」を家業として「職」を保とうとする強烈な志向が働いていたのである。

たとえば、大江匡房《おおえのまさふさ》が親王・上宰・九卿から文士・和歌・画工、さらに武士にいたる、一条朝の「天下の一物」をあげ（『続本朝往生伝』）、藤原明衡《あきひら》があらゆる「所能」を網羅した右衛門尉の一族の姿を『新猿楽記』に描き、和歌・管絃《かんげん》から好色、偸盗《ちゅうとう》、博奕《ばくち》にいたる「芸能」によって分類された説話集が次々に編まれたのは、もとより前者の風潮の現われにほかならない。その一つの流れがやがて「番匠」「鍛冶」から「巫女《みこ》」「博打《ばくち》」にいたる「道々の者」を描いた、いわゆる「職人歌合」に結実していくのである。

それとともに、後者の志向は、前述した法家・暦家などから「兵の家」、さらに和歌・管絃等々、あらゆる「芸能」の「相伝」という事態を生み出してくる。大河直躬はすでに番匠に即して、「家業の相伝」が中世において一般的であったことを明らかにしているが[*4]、鋳物師についても同様の事実を確認しうるので、大なり小なり、これは中世の「職人」に共通する傾向であったといってよかろう。戦国時代、三代にわたる祖先が「日本一番」の博奕の名人だったと誇らしげに語る多胡辰敬のような人のあったことからみて（『多胡辰敬家訓』）、博奕打においてすら、「芸能」の「相伝」の原理が働いていたとしてよいと思われる。

こうした職能の世襲の淵源は、恐らく律令制以前のいわゆる氏姓制度にまで遡りうると考えられ、日本列島西部の社会の体質に触れる問題がそこに横たわっているのであり、もしもこの志向が社会に貫徹したならば、まさしくカースト制に比べうるような事態が現われたに相違ない。確かに江戸時代の家元制度や、被差別部落が制度として固定された事実などは、社会の中にこうした傾向が根強く作用していたことを物語っているが、先の多胡辰敬が一方では祖父の代から博奕をやめたことを強調している点からも知られるように、日本の場合、それが社会をまったくおおいきることはなかったのである。そこには「芸能」をそれとして重んずる風潮の作用のみならず、東日本に西国の王朝国家とは異なる型の国家が存在したこと、[*5]さらには再三にわたる動乱など、さまざまな要因が考えられなくてはならないが、これについてはすべて今後の課題とするほかないので、ここでは、佐藤が先に「営利」といった「職」の特質を、「職人」に即して、次に述べてみることとしたい。

二 「職人」の存在形態

佐藤は「職務の執行によって、予定された収益の取得が実現される」点を「営利」と表現したのであり、[*6]これは得分権としての「職」に相当するが、こうした「職」の体制の成立は、もとより体制そのものの力に多少とも依存しているにせよ、ともあれ自力で得分の取得をなしうる自立した同族集団の存在を前提としている。氏寺を中心に、置文によって結ばれた「一門」の存在は、貴族の中にも確認しうるが（『浄蓮華院文書』）、石母田正がすでに早く指摘した通り、中世「職人」の特質の一つも、こうした自立した集団をなしている点に求めることができる（石母田正「古代・中世社会と物質文化」『古代末期政治史序説』下、未来社、一九五六年）。

そして上級の「職」の場合、その得分は主として荘園・公領を基礎としており、「職人」の場合もさきに触れた通り、給免田がその一つの源泉になっていることは事実であるが、「道々の者」の給免田は、荘官・在庁官人に比べて狭小であり、[*7]職種によって、給田を与えられていない「職人」もあった。たとえば鋳物師の場合、河内国日置《ひき》荘に給免田を保持する土鋳物師もあったが、廻船鋳物師の場合は「段歩の給免もなし」（『真継文書』）といわれており、鍛冶などと比べると、給免田の事例は著しく少ない。しかも給免田の経営は、もとより「職人」の本来の職能とは異質であり、実際にも他人にゆだねることが多かったと推定されるので、これを「職人」の得分の主要な基礎とするわけにはいかない。

その職能に即した「営利」は、中世前期の「職人」の場合、やはり「諸道細工人等、身の芸能に就きて色々の私物を売買交易せしむるは、これ定例なり」（『真継文書』）などといわれたように、その「芸能」を通じて生産・入手した「私物」を売買交易することによって行なわれたのである。こうした交易は、各地の市や「職人」自身の「売買屋」で行なわれたが、自らの「芸能」そのものを、注文主の作業場で行使することによって、「禄物」などを得るのも、広義の交易とみてよかろう。

そして、こうした活動形態に即して、中世前期の「職人」を、広域的な遍歴を常態とするものと、注文主の職場での仕事をもっぱらにし、比較的限られた地域で活動するものとに、一応、大きく分類することができる。

前者の型の「職人」としては、別の機会に詳述したように、*8 鋳物師・檜物師《ひものし》・櫛造《くしづくり》・生魚商人から傀儡《くぐつ》・博打など多くの事例をあげることができよう。商工未分離で、なお需要の少なかったこの時期には、多くの手工業者・芸能民は、自らの「芸能」そのもの、その製品を売買交易するため、五畿七道諸国を往反しなくてはならなかったのである。もとよりその範囲は多様であり、廻船鋳物師のように、鍋・釜・鍬《くわ》・鋤《すき》などの製品や打鉄・熟鉄などの原料鉄をもち、畿内を起点に瀬戸内海を経て九州に、あるいは山陰・北陸に廻り、琵琶湖を経て淀川に入る広大な水域を遍歴する集団もあるが、女性の多かった生魚商人の場合は、おそらく畿内とその周辺の範囲にとどまったであろう。

こうした遍歴は、単に市場での交易だけでなく、鋳物師の場合、原料鉄をもち、遍歴先で小さな作業は行なったのではないかと思われる。*9 この点は貴族などの招きに応じて「芸能」を演ずる桂女・遊女・傀儡の場合も同じであった。

一般的に「職人」は、年貢・公事などの平民に賦課《ふか》される課役の免除を保証されているが、このように遍歴を主とする「職人」にとって、関渡津泊における津料・関料などの交通税免除は、生活そのものの要求であった。しかし、西国において、交通路に対する支配権を保持し、諸国往反の自由を保証しえたのは、中世前期には天皇であり、自ずとこうした「職人」たちは供御人《くごにん》の称号を与えられることを求めたのである。*10 逆にいえば、供御人となれば通行税は免除された。鋳物師が蔵人所灯炉《くろうどどころとうろ》供御人となり、檜物師が納殿御書櫃《おさめどののごしょびつ》供御人になったのをはじめ、粟津橋本供御人、津江御厨《つえのみくりや》供御人などの生魚商人、丹波甘栗御薗供御人となった栗売等、その例は多い。傀儡・唐人《とうじん》も往反自由を保証されたとみられるので、あるいはこの人々もなんらかの称号をもっていたのかもしれない。そして、供御人となった「職人」は、この特権を認めた「過所」――通行証を、蔵人所牒の形で、あるいは「短冊」「札」などの形式で与えられていたのである。

これに対して、番匠・鍛冶を代表的な「職人」とする壁塗・瓦葺《かわらぶき》・銅細工等々の建築工については、今のところ供御人の称号を与えられたものを見出すことができない。今後、史料の発見される余地もなお残っているとはいえ、当面、これらの「職人」は遍歴生活を業とする人々と区別して、一応、さきの後者の型に分類するのが適当であろう。

建築工は寺社・貴族さらには在地領主などの建築の需要に応じ、総合的な組織をもって、それぞれの「芸能」を発揮しており、その中で番匠がもっとも中心的な役割を果たしていたことは、大河直躬等によって、すでに詳細に明らかにされている。[*11]

もちろん、鋳物師が梵鐘など、多少とも大規模な鋳造《ちゆうぞう》にあたって、各地に出向いたように、番匠も広い地域で建築に携わっている。河内の鋳物師丹治氏は、東は関東から西は長門・周防、四国・九州でその作品を残しているが（坪井良平『日本の梵鐘』角川書店、一九七〇年）、東大寺系の工匠も、山城・播磨・備後などで寺院の造営に従事しているのである。しかしこれは、勧進上人と結びついた活動で、廻船鋳物師などの遍歴とは異なっており、また後年の渡り大工とすぐに同一視することもできないであろう。

一方、番匠とともに姿を現わす鍛冶は、刀鍛冶ではなく、釘などを製作する鍛冶であるが、弘長三年（一二六三）大和の鍛冶本座が左右合わせて三十六人いたことを確認できるように（『醍醐寺聖教紙背文書』）、鋳物師よりも数が多く、また給免田を保証されている事例も、番匠とともに広く見出せるのである。また、中世の平民百姓の財産目録をみると、[*12]鍋・釜・鋤・犂《すき》など、鋳物師の供給した鉄器のほか、鍬・金輪のように鍛冶が関わった可能性のあるものもみられるが、これも鋳物と考えられないわけではない。とくに鎌がまったく百姓の財産の中にみられない点に注目すべきで、鎌の消耗率の高さによるものとすれば、かなり日常的な鍛冶による供給を考慮に入れなければこの事実を理解することはできないであろう。

いずれにせよ、中世前期における鍛冶の広域的な遍歴は現在のところ未確認であり、もしも売買交易のための遍歴を考えるとしても、それは一国規模程度の狭い範囲にとどまるのではあるまいか。こうした点から、鍛冶はやはり番匠と同じ型の「職人」としておくのが適当であろう。

いわゆる「職人歌合」においては、たとえば桂女と大原女、巫女と博打のように、ある共通した性格をもつ「職人」が組み合わされているが、鍛冶が番匠と一対にされたのは、刀鍛冶・農鍛冶としてではなく、建築工としての鍛冶の特質によるのであることを、考えておかなくてはならない。[*13]

こうした「職人」としての特質から、番匠・鍛冶などの場合、その職場を提供する権門——修理職・木工寮などの官司、東大寺・興福寺・春日神社等の寺社、さらには各地の国衙などへの専属性が、鋳物師などに比べて、より強くなることは間違いない。しかし、これらの「職人」も、春日神社の修理寄人《よりうど》や鍛冶寄人のように、神人・寄人の称号を認められ、課役免除の特質を保証されており、潜在的には通行税免除の特権も保持していたとみてよかろう。

そして権門への「専属」といっても、永仁四年（一二九六）、園城寺・東寺・賀茂社等への寺社に属する木工が、公役を勤めないことを修理職が訴えているように（「実躬卿記紙背文書」[*14]）、また寺社の大建築の場合、南京・北京など、各地の番匠が集まって仕事をしている事実からも知られるように、番匠・鍛冶等も、諸権門に兼ね仕える「諸方兼帯」であり、決して下人・所従のごとく特定の主に隷属しているわけではなかった。この点は、灯炉供御人でありながら、殿下細工、東大寺鋳物師、住吉社修理鋳物師等を兼ねた鋳物師のあり方と同様であり、「諸方兼帯」は中世の「職人」身分一般の本質的特徴といわなくてはならない。*15

ただ、修理職が寺社に専属するようになった工匠に対する公役の賦課を主張し、日吉神人《ひえじにん》・春日神人となった酒麴売――酒屋に対し、造酒司が酒麴役の賦課権を室町期にも駆使した事実が示すように（拙稿「造酒司酒麴役の成立について」『続荘園制と武家社会』吉川弘文館、『悪党と海賊』法政大学出版局、一九九五年、所収）、「職人」に対する前述した内廷諸官司の支配権は、中世を通じて根強く保たれた。それゆえ、南北朝内乱を経て、交通路に対する天皇の実質的な支配権が失われて以後も、西国の「職人」に対する天皇の影響は消えることなく、中世後期以降の「職人」たちの意識の中には、その職能の起源・由緒に結びついた、伝説上の天皇が長く生きつづけたのである。

周知のように、江戸時代、鋳物師が偽作された蔵人所牒、木地屋が偽綸旨をその特権の保証とし、前者が近衛《このえ》天皇、後者が惟喬《これたか》親王に、職能の起源を結びつけていること、桂女が神功皇后《じんぐう》に、各地の被差別部落が醍醐天皇に関わる由緒書・巻物をもち伝えていることなど、近世の「職人」と天皇との関わりを示すさまざまな民俗は、もとより事実ではないが、まったく架空の創作ではなく、多くは中世後期に成立し、その根は中世前期にまで遡りうることを、知っておかなくてはならない（拙稿「中世文書に現れる「古代」の天皇」『史学雑誌』八五―一〇、前掲『日本中世の非農業民と天皇』所収）。

三　「職人」の組織

中世の「職人」の日常的・制度的な組織としては、まず「座」を考えるのがふつうである（豊田武『座の研究』吉川弘文館、一九八二年）。しかし、さきの「職人」の二形態に即してみると、単純にそれだけですませてよいかどうか疑問が残り、とくに後述する東国の問題を考慮すると「座」については、ひとまず西国に限定しておくのがよいと思われる。

そのうえで、遍歴する「職人」について考えてみると、鋳物師の場合、平安末期から鎌倉初期にかけて、左右両方の灯炉供御人、東大寺鋳物師の三集団が、相次いで成立するが、この組織は「座」の形態をとっていない。供御人の組織は、官司側――蔵人所側では蔵人所小舎人《ことねり》（鎌倉中期以降は小舎人の紀氏）が年預《ねんよ》となり、諸国に散在する鋳物師は番に結ばれて番頭に統轄され、その全体を左右両方の惣官が管轄し、年預に掌握される形をとっている。東大寺鋳物師の場合、当初、年預の役割を果たしたのは勧進上人重源《ちょうげん》であったと思われるが、のちに左方供御人と融合してからは、年預紀氏・左方惣官の下に入ったと推定される。

この組織形態は、南北朝内乱期までは、一応実質的に維持されているが、内乱中から室町期にかけて、国ごとに定着した鋳物師の組織が形成され、守護に支配されるようになると、年預の機能はなお働いているとはいえ、供御人全体の惣官の実質はまったく失われ、一国あるいは九州のような地域を単位とした惣官、大工が守護に補任されて、鋳物師を統轄するようになっていく。鋳物師の「座」が史料に現われるのは、まさしくこのころからで、宝徳二年（一四五〇）、和泉・河内鍬鉄鋳物師の「本座」が確認されるのである（『上杉家文書』）。

　これをどの程度一般化しうるか、なお問題は残っているが、中世前期の供御人・神人の組織がこの鋳物師＝灯炉供御人とほぼ同様の形態であったことは間違いない。納殿御書櫃供御人であるとともに、院別納所の檜物作手《つくて》であった檜物師の集団は、少なくとも摂津・河内を中心に、畿内周辺を遍歴していたと思われるが、貞応二年（一二二三）、供御人の沙汰人（沙汰者）、院作手の兄部《このこうべ》を兼ねた清原時宗によって統轄されていた（『弁官補任紙背文書』『民経記紙背文書』）。また精進御薗供御人には女性が多かったと思われるが、その惣官はやはり女性で、鎌倉末期、女《にょ》孺猪熊《じゅいのくま》がその地位にあったのである（『大理秘記』）。

　さらに年預についてみると、主殿寮小野山供御人（炭・続松売）の場合は主殿寮の官人伴氏、蔵人所甘栗供御人は楽人多氏、主水司《しゅすいし》氷室《ひむろ》供御人は清原氏で、ほぼ下級官人であった。このような年預―惣官・兄部・沙汰者―（番頭）―供御人という組織は、荘園の預所―下司―名主にほぼ相当するといってよかろう。

神人も同様で、祇園社に属した呉綿《くれわた》神人は沙汰者に統轄され、年預を世襲する執行一族によって支配されていた。この神人が南北朝初期までに「本座」を構成し、康永二年（一三四三）、同じ執行一族の別の人を年預とする「新座神人」と激しく争ったことはよく知られているが、その際本座側が「新座と号するは、その座、何れの所か。散在商売に於ては、何ぞ座号あるべけんや」と新座側を非難している点に注目しなくてはならない（『八坂神社記録』）。これについてはさまざまな議論があるが、先の鋳物師の事例を考慮すれば、この発言を通して、散在し、遍歴をもっぱらにする「職人」の座が成立しにくかったことを知ることができる。一方、新座側はこれに対して「座と号するは、まったく商売の座に非ず、神人の通名なり」と反論しており、これは「座」の形をとらないとしても、鋳物師などの遍歴する「職人」――供御人・神人の組織が、それ自体、座的性格をもっていたことを物語っているともいえよう。とすれば、「座」を形成するか否かは、「職人」の組織の本質に関わることではなく、遍歴・散在の範囲の広狭によるとみることができる。

事実、さきの後者の型の「職人」、鍛冶・番匠など建築工の場合、座の形成は早く、鍛冶の座はすでに平安末期に、その存在を確認しうるのである。そしてさきにあげた、大和の鍛冶本座は恐らく東大寺に属した座であろうが、三十六人が左右に分かれ、それぞれ兄部に統轄されていた。それほど大規模ではないにしても、この「座」のあり方は、前述した鋳物師の組織と基本的に同じといってよかろう。もっとも早く「座」のみられる田楽や、惣官に当たる長者に率いられた法勝寺後戸《うしろど》猿楽（『勘仲記紙背文書』）など、芸能民についても同様なことがいえるであろう。

そして鋳物師や鍛冶のように、左方・右方に分かれるのも、多少とも規模の大きい「職人」――供御人・神人の組織の特徴であった。楽所の舞人が左右に分かれていたのは周知のことであるが、日吉社の各種神人も左右それぞれがあったのである（豊田武『中世の商人と交通』吉川弘文館、一九八三年）。まったくの推測であるが、壁塗のことを、のちに左官といったのは、ふつう木工寮の属《さかん》が壁塗をしたと説かれているが、あるいは壁塗の左方惣官の略称ではなかろうか。

重松伸司は南インドにおいて、諸種の職能民のカーストが右手集団と左手集団に分かれていたことに注目し、それぞれの職能・伝承・儀礼などを解明したうえで、右手が正統に近く、左手は異端に位置付けられていったと指摘している（「南インドの右手・左手集団と祭礼騒擾」『国立民族学博物館研究報告』七―二、一九八二年）。日本の場合、一般的に左が優位といわれているが、「職人」の左方と右方のいずれに優位があったのか、必ずしも明らかでない。解明すべき問題はこのようなところにも存在しているのである。

以上のような「職人」の日常的・制度的な組織に対し、作業を行なう際の非日常的・一時的な組織については、大河直躬がすでに明らかにしている通り[*16]、建築工の場合、番匠＝木工において、もっとも発達した形をみせる。大工・引頭《いんとう》・長《おさ》・連《つれ》の組織がそれで、壁塗・石造などは、引頭あるいは長を欠いた不完全な姿であったが、鋳物師の場合も同様に完全ではなかった。寛元四年（一二四六）の高野山奥院大湯屋釜の鋳替にあたっては、惣大工に十人の列大工、弘安八年（一二八五）に完成した東寺塔婆の場合にも、大工・引頭がみられるのみである。

大河は、ツレが踊りや邦楽を演ずる集団に残っていると指摘し、手工業者だけでなく芸能民にもこの組織形態が及んでいたことを示唆しているが、こうした観点から「職人」に共通した作業組織を探り当てることも、今後の問題であろう。

しかしこうした各種の「職人」を一つの工事・作業に組織する役割を果した勧進上人については、急速に研究が進みつつある。[*17]

勧進聖の活動は平安後期から各地に見出すことができるが、鎌倉時代に入ると、東大寺の重源、東寺の文覚《もんがく》、高野山の鑁阿《ばんな》など、その活動は大規模かつ積極的になってくる（五味文彦「永観と「中世」」『国立歴史民俗博物館研究報告』第二集、『院政期社会の研究』山川出版社、一九八四年、所収）。

鎌倉前期、これらの上人たちは、実際に遍歴して勧進を行なうとともに、造営料国や荘園の経営・開発に力を注ぎ、修造費の調達をはかっているが、鎌倉後期になると、勧進の体制化ともいうべき関所設定による通行税の徴収、棟別銭の賦課などの新方式が、広く行なわれるようになった。各寺院はこうした上人を、大勧進・勧進方としてその機構の中に位置付け、修造事業を行なわせたのである。

しかし、寺院が上人たちに期待したのは、このような修造費の調達だけでなく、その「職人」たちに対する組織力であった。鎌倉初期に大仏修造を行なった重源が、草部姓鋳物師と密接な関係を保つ一方、宋人の鋳物師や石工を招き、事業を成功に導いたことは、すでに周知の通りである。また鎌倉中期、弘安年間（一二七八〜八八）に東寺の塔婆造営にあたった泉涌寺《せんにゅうじ》の願行上人憲静は、淀の関や畿内諸国への棟別銭などによって費用を調達する一方、得宗との深い結びつきを通して、鎌倉から建長寺・円覚寺の梵鐘を鋳造した物部姓鋳物師を招き、北京・南京・修理職の番匠を組織、さらに鍛冶・壁塗・丹塗・塗師・瑩師など、各種の「職人」を動員し、工事を完成させたのである（拙著『中世東寺と東寺領荘園』東京大学出版会、一九七八年）。

憲静は北京律の中心、泉涌寺の上人であったが、鎌倉後期から南北朝期にかけて、こうした勧進上人に叡尊《えいそん》・忍性《にんしょう》をはじめとする西大寺流律僧が非常に多かったことは、近年とくに注目を集めている。三浦圭一は、これらの律僧が宋人の流れをくむ伊姓石工と密接に結びつき、また非人と深いつながりを保ちつつ、これらの「職人」を土木工事や開発事業に動員したことを明らかにしているが（『中世民衆生活史の研究』思文閣、一九八一年）、律僧と「職人」との関係は、恐らくそれのみにとどまらぬであろう。叡尊の法流を継ぐ宣基上人は、嘉暦二年（一三二七）、後醍醐天皇綸旨を得て、税所兄部として在庁の「一ノ庁官」といわれた権介助忠の力を背景としつつ、丹後国分寺を再興造営し、建武元年（一三三四）上棟を行なっているが、この時の左方番匠土師貞光は天王寺の番匠、右方の大江家氏は丹後府中の番匠であった（『丹後国分寺建武再興記』）。この天王寺の工匠が、西大寺流の宣基によって動員されたことは間違いない（永井規男「丹後国分寺建武再建金堂の成立背景」『橿原考古学研究所論集』吉川弘文館、一九七五年）。こうした勧進上人と「職人」との関係をさらに具体的に追究することも、今後の興味ある課題の一つであろう。

さらに考えておかなくてはならないのは、「職人」自身が自らの「芸能」を営む作業場についてである。もとよりそれがいち早く現われるのは京都の店棚であり、建久三年（一一九二）粟津橋本供御人の生魚売買を営む四宇の売買屋が六角町に公認され、仁治元年（一二四〇）には、東西両京に「その員を知らず」といわれるほど多くの酒屋が現われていた。鎌倉においても町屋が早くみられたことはよく知られている。

しかし、手工業者・芸能民がこうした「屋」をもつようになるのは、やはり鎌倉後期以降のことと思われる。鋳物師の場合、鉄屋《かなや》＝金屋が史料に現われるのは、正応元年（一二八八）ごろのことであり（『勘仲記紙背文書』）、これ以後、各地に多くの金屋が見出されるようになる。それは鋳物師の諸国への定着の進行と並行しており、金屋はその後も近世を通じて長く鋳物師の活動の拠点となっていくのである。

まったく方面は異なるが、遊女が「傾城屋《けいせいや》」に「定着」するのも、室町期といわれており（瀧川政次郎『江口・神崎』至文堂、一九六五年）、なお細かく調査する必要はあるが、室町期になると「屋」に根拠を置く「職人」は広くみられるようになってくる。各地の津・泊・浦・市などに、都市が本格的に姿を現わすのと、それは軌を一にする動きであり、都市の職人の問題がこれ以後、表面にでてくるのである。中世の「職人」から近世の職人、いわゆる「職人歌合」の世界から、「洛中洛外図」「職人尽絵」の世界への転換は、まさしくここに求めなくてはならない。

四　東国の「職人」

これまで「職人」についてのさまざまな特徴を、西日本——西国に限定してきた。それは現存するこの方面の史料が、圧倒的に西国に多いことにもよるが、理由はそれだけではない。佐藤進一が指摘するように、*18 東国には西国の王朝国家とは異なる型の国家——東国国家が、鎌倉幕府の成立後、事実として存在していたのであり、この国家は西国とは異なる体質をもつ社会のうえに成立したもの、と私は考えている。*19 それは最初にふれた「職」が、東国においては著しく未発達であった点に、端的に現われている。もとより東国にも、郡司職・郷司職などの

「職」はみられるが、西国に比べてはるかに単純であり、むしろ東国国家は「職の体系」とは異なる原理――主従制や惣領制のような生な人間の関係を軸として成り立っていたとみなくてはならない。このことが「職人」のあり方と無関係であろうはずがない。

もとより東国にも多くの「職人」が活動していた。これまで、東国における「職人」の史料が少ないことから、東国の後進性を強調する見方が支配的であったが、最近、製鉄について東国に独自な技術の伝統があったことも明らかにされており、この見方は再考を迫られているといってよい。

事実、鎌倉には十三世紀前半には、多くの「道々の輩」「町人」などが働いており、元亨三年（一三二三）の北条貞時の十三回忌供養の際には番匠・絵師・檜皮師《ひはだし》・鍛冶・塗師・畳指・壁塗・丹塗・石切・車借《しゃしゃく》などの道々の者が動員されている（『円覚寺文書』）。さきの物部姓鋳物師のように、こうした「職人」の中には西国から移住してきたものも少なくなかったであろうが、周知の鉄仏や鉈彫《なたぼり》だけでなく、近年の発掘により鎌倉では高度の技術を背景にした漆器が広く使われたことも明らかになっている。[*20]東国独自の「職人」の世界があり、技術があったことは、疑いないといってよかろう。時期は降るが、『鶴岡放生会歌合』には先行する『東北院歌合』と重複を避けて宿曜師《すくようし》・銅細工・相人から遊女・白拍子などの「職人」が描かれており、そうした世界の一端を垣間みることができる。

先の貞時の十三回忌には「細工所寄人」も活動している（『円覚寺文書』）。これは得宗の細工所で、建治三年（一二七七）ごろの武蔵にみられる「内細工所」と関連があろう（『金沢文庫文書』）。当然、将軍家にも細工所があったろうが、それはあるいは武蔵の「大細工所」にあたるのかもしれない。将軍家にはそのほか、御厨子所・贄殿《にえどの》・釜殿などの機関があり、御厨子所別当に二階堂氏（政雄『尊卑分脈』）がなっている点などからみて、これらの「内廷」的機関は政所に統轄され、番匠などの「職人」もそこに寄人として所属していたと推定される。大分後年のことであるが、永享七年（一四三五）、鋳物師の補任に、鎌倉府政所執事が関わっていることも（『房総古文書』）、この推定を支えている。遡って建久四年（一一九三）、頼朝が里見義成を遊君別当とし、遊女の訴訟を執り申していることも（『吾妻鏡』）、見逃すことはできない。

鶴岡八幡宮に「歌合」の描いたような「職人」が早くから属していたことも確実で、嘉暦元年（一三二六）には、相撲奉行に統轄され、左右に分かれて長に率いられた相撲のいたことを確認しうるのである（『金子文書』）。この奉行は幕府側の奉行であり、鶴岡八幡の「職人」も幕府の統轄下にあったものと思われる。

これらの「職人」の中にも、広く各地を遍歴する人々がいたに相違ないが、その東国における通行権を保証したのは、幕府であった。延慶三年（一三一〇）、甲斐国大善寺修造のための信濃国棟別十文銭の賦課は、朝廷側の関与なしに、幕府の命――関東下知状《げちじょう》によって指令されている（「大善寺文書」）。勧進の転化形態である棟別銭を賦課することは、勧進上人の遍歴を保証するのと同じ意味をもっており、これは幕府が東国における交通路の支配権を掌握していたことを明証している。また、恐らく文永末年、幕府は西国の諸関・河手を停止しているが、そこでとくに「西国」と限定されているのは、東国における関所の設定・停廃権を幕府が保持していたことを推測せしめるし、室町時代、関所の寺社への寄進が鎌倉公方によってさかんに行なわれている事実も、この推測を支えるものといえよう。

前述したように、西国の「職人」がその職能・特権の起源を天皇に結びつけているのに対し、東国の「職人」が、頼朝とのつながりを強調するのは、やはりこうした事実の背景があったのである。

このように、東国国家の下で「職人」の活動はそれなりに活発であった。国衙によって給免田を保証された鋳物師・紺掻《こうかき》（上総国）などもみられるのであるが、しかし東国では神人の姿をほとんど見出すことができず、「座」もまたごくわずかの事例しか知られていない。

確かに、鶴岡八幡宮や香取社に神人のいたことは事実であるが、その動きはきわめて微弱で、鹿島社の場合はまったく史料に現われない。もとより、巫女《みこ》・舞人《まいびと》など、職掌人ともいうべき人々は多数所属しているが、商工業に携わる神人は確認することができないのである。

「座」についても同様で、材木座の存在を貞治六年（一三六七）に知ることができるが（『佐々木文書』)、果たして商人の組織であったかどうか疑問であり、確実な例は戦国期にならないと現われてこない。これは西国で広く分布している宮座が、東国にはほとんどみられない事実とも通じており、「職」や神人の未発達とともに、東国と西国の社会の構造・体質の相違につながる問題がそこにあるといわざるをえない。

とすると、西国の「座」や供御人・神人の組織に代わる異なった原理に立つ、東国独自の「職人」の組織が果たしてありえたのか、もしあったとすればいかなる組織であったかという問題が、自ずと浮かび上がってくる。今それに答える力は到底ないが、西国の御家人と神人とが、酷似といってもよいほどそのあり方が似ており、いずれも国ごと(神人の場合は寺社にも保管される)に作成された名簿=「交名《きようみよう》」によって、その身分が確定されるのに対し、東国御家人の場合、「交名」の作成された形跡がないという事実は、この問題を考えるための一つの手がかりになろう。東国御家人は惣領を中心とする一族を単位として、将軍と主従関係を結んでいるのであるが、あるいは同様のあり方を東国の「職人」についても考えることができるのではあるまいか。

大河直躬は、十五世紀になると、棟梁という地位が建築工事の中に現われ、やがてそれが大工にとって代わる称号となると指摘しているが、鋳物師に即しても、応永二十年(一四一三)、越中国に二十字の棟梁に率いられ、合わせて二百五十字の鋳物師がいたことを知りうる(『東寺百合文書』ヤ函)。棟梁という言葉は、もとより武家だけで使われたわけではなく、この一つの事例から軽々に判断することは慎まなくてはならないが、越中鋳物師の棟梁―寄人の関係が一時的なものでなく、恒常的な組織とみられる点から、これを西国と異なる「職人」の組織のあり方を探る緒口にすることはできるのではなかろうか。今後の問題としてさらに考えつづけてみたいと思う。

五　むすび――「職人」と国・郡

中世の「職人」については、戦前以来、遠藤元男[*21]・豊田武によって精力的に研究が進められ、戦後には脇田晴子[*22]・三浦圭一・佐々木銀弥[*23]・浅香年木が、それぞれに成果を上げてきた。しかし専門の日本史研究者の中で、この分野に関心をもつ者はきわめて少なく、現状では、むしろ建築史・技術史・民具学などの分野の研究者や、「職人」の技術・生活を心から愛する人たちによって、研究が支えられているといわなくてはならない。ようやく最近にいたって、戦国期の笹本正治、江戸初期の横田冬彦などの新進の研究者が現われつつあり、見通しは決して暗くないとはいえ、未開拓の分野の広大さに比べ、なおまことに心もとない状況といわざるをえない。

それゆえ、ここで述べたことも、二、三の「職人」の実態に基づいただけの、粗い素描にとどまり、解明さるべき問題が無数にあることを示したにすぎないが、さらにその一つとして、中世後期から近世にかけての「職人」の組織における、国・郡の機能の問題をあげることができる。

中世後期、鋳物師が各地に定着しはじめると、守護の支配下に入り、国、あるいは郡単位に組織され、国・郡ごとの惣官・大工に統轄されるようになる、と先に述べたが、鍛冶の場合も同様で、南北朝末、永和五年（一三七九）ごろには、給分を保証された「長門国鍛冶大工職」が成立し、長門国府中国衙鍛冶として、戦国期まで国中の鍛冶を統轄したものと思われる。国衙によって給免田を保証された鍛冶は各地に見出されるので、恐らく諸国にこうした形態がみられたに相違ない。

国単位の鋳物師の組織は、その国内の売場——商圏や、鋳鐘の仕事場を独占し、その縄張に他国の鋳物師の入ることを認めなかった。鍛冶の場合も同じであったろうが、鎌倉後期以降にみられる非人の「乞庭」も、国単位だったと考えられ、近世に入り、尾張・三河に本拠をもつ千秋《せんず》万歳《まんざい》の勤場・万歳場も、また国を単位とし、時に売買されることもあったのである。これらの事例からみて、国・郡は「職人」の商売、作業の場の範囲——縄張を示す単位だったとみてよかろう。

そして、売買された点からみて、それは確かに「職人」に「所有」されているが、この所有は田畠屋敷の所有とは、性質を異にしている。ここでは、かつて「職人」が遍歴していた場、市や道路そのものが「所有」の対象になっているので、いわば境界領域に対する「所有」といってよかろう。

こうした境界領域が、中世前期では西国の天皇、東国の幕府のような統治権者の支配下に置かれていたことは前述した通りであるが、国・郡はまさしくその統治機構そのものだったのである。とすれば、境界領域自体が「所有」されるようになった中世後期以降、その単位が国・郡になるのは当然といってよかろう。

近世の幕藩体制下、大名による領主的土地所有が確立しているにもかかわらず、国・郡がその機能を失わないのは、決して単なる伝統的国制の利用というだけでなく、こうした具体的な物質的基礎をもっていたことを、はっきりと確認しておく必要がある。そしてこのことが、日本の場合、天皇の権威を長きにわたって保ちつづけさせることになっている点も、事実として認めておかなくてはならないが、しかしこうした境界領域の「所有」あるいは「支配」のあり方は、民族によって多様であった。古代以来、現在もつづいている天皇の存在の意味を、漠然たる観念の世界の問題にとどめ、それをいつまでもつづけさせる無力から脱するためにも、われわれはこうした世界の諸民族との厳密な比較を通して、その具体的な基盤を明らかにしなくてはならない。

それは「職人」の組織にみられた、カースト的といわれる特質の問題と表裏をなしているが、これも単に西欧のギルドとの比較にとどまらず、広い視野から追究してみる必要があろう。われわれに課された課題はきわめて多く、また大きいのであり、その解決は、各分野の研究者の率直かつ緊密な協力によってのみ達成しうる、と私は考える。

注

＊1——石田尚豊『職人尽絵』(『日本の美術』一三二、至文堂、一九七七年)、町田和也「諸職風俗図絵 解題」(『日本庶民生活史料集成』第三十巻、三一書房、一九八二年)。

＊2——拙著『日本中世の民衆像』(岩波書店、一九八〇年)。

＊3——佐藤進一「公家法の特質とその背景」(『中世政治社会思想』下、岩波書店、一九八一年)、『日本の中世国家』(岩波書店、一九八三年)。

＊4——大河直躬『番匠』(法政大学出版局、一九七一年)。

＊5——注3佐藤前掲書、拙著『東と西の語る日本の歴史』(そしえて、一九八二年)。

＊6——注3佐藤前掲論文。

＊7——横井清「荘園体制下の分業形態と手工業」(『中世民衆の生活文化』東京大学出版会、一九七五年)、浅香年木『日本古代手工業史の研究』(法政大学出版局、一九七二年)。

＊8——注2前掲拙著。

＊9――名古屋大学文学部国史研究室編『中世鋳物師史料』（法政大学出版局、一九八二年）。鋳物師関係の史料はこの書を参照。

＊10――拙稿「中世における天皇支配権の一考察」（『史学雑誌』八一―八、『日本中世の非農業民と天皇』岩波書店、一九八四年）。

＊11――注4大河前掲書。

＊12――その一部は黒田日出男「中世農業技術の様相」（『講座・日本技術の社会史』第一巻『農業・農産加工』日本評論社、一九八三年）にあげられている。

＊13――「巫女」と「博打」は恐らく神と関わりがあり、憑かれた人という点で対にされたのであろう。『東北院歌合』流布本では「博打」と「舟人」が対にされているが、舟は博奕のもっともよく行なわれた場であった。ただこの対の変化に、鎌倉末期と室町期との博奕の性格の変化がうかがえる。

＊14――赤松俊秀「座について」（『古代中世社会経済史研究』平楽寺書店、一九七二年）。

＊15――注10前掲拙稿。なお鋳物師については、拙稿「中世初期における鋳物師の存在形態」（『名古屋大学日本史論集』上、吉川弘文館、一九七五年）、「中世中期における鋳物師の存在形態」（『名古屋大学文学部研究論集』史学二二、前掲『日本中世の非農業民と天皇』）。

＊16――注4大河前掲書。

＊17――中ノ堂一信「中世的「勧進」の形成過程」（日本史研究会史料研究部会編『中世の権力と

民衆』創元社、一九七〇年）、永村真「東大寺勧進職と油倉の成立」（『民衆史研究』一二、『中世東大寺の組織と経営』塙書房、一九八九年）、安田次郎「勧進の体制化と「百姓」」（『史学雑誌』九二―一）。

＊18――注3佐藤前掲書。

＊19――注5前掲拙著。

＊20――鎌倉考古学研究所編『中世都市鎌倉を掘る』（日本エディタースクール出版部、一九九四年）。（これらの点については大三輪龍彦氏の御教示を得た）。

＊21――遠藤元男『日本職人史の研究』（雄山閣、一九六一年）、『日本職人史』（雄山閣、一九六七年）。

＊22――脇田晴子『日本中世商業発達史の研究』（御茶の水書房、一九六九年）、『日本中世都市論』（東京大学出版会、一九八一年）。

＊23――佐々木銀弥『中世商品流通史の研究』（法政大学出版局、一九七二年）。

2　職能民の存在形態——神人・供御人制

はじめに

近年、さまざまな観点から職人についての関心が高まりつつあり、職人のもち伝えてきた技術を見直し、その中に日本の文化・社会の個性的な特質と、世界の諸民族の職人に共通するものを見出して、今後の社会のあり方を考えるさいの一つのよりどころをそこに求めようとする動きをはじめ、多彩な注目すべき試みが行なわれようとしている。

例えばその一つとして、「職人歌合」「職人尽し」、さらに「洛中洛外図屏風」「寺社参詣曼荼羅」等を通じての、職人の多角的な研究をあげることができるので、歴史学、国文学、美術史学等の各分野において、すでに多くの成果が生まれつつある。[*1] そしてそうした成果を含めて、文献史学においても、戦前以来の遠藤元男、小野晃嗣、豊田武等の研究を本格的にこえる仕事が、ようやく現われるようになってきた。近世まで視野に入れてみれば、横田冬彦、吉田伸之、笹本正治、桜井英治等の最近の研究は[*2]、つぎつぎに新たな分野を開拓しつつあり、これらと、考古学、民具学の分野での活発な研究の進行、さらに各地域での「諸職」の民俗学的、民具学的な調査の進展とが相俟って、いわば学際的な研究が本格的な軌道にのりはじめたといってよかろう。

しかもそれが単に狭義の職人のみにとどまらず、広義の「芸能」民―職能民の全体に及び、広い視野から日本の社会における職能民の位置づけが明らかにされつつあることに注目しておかなくてはならない。

就中、横井清、黒田俊雄等の問題提起[*3]を一つの契機とした、被差別部落形成史についての最近の研究の進展は、文字通りめざましいものがあり、さまざまな見方の相違を含みつつも、「非人」を中心に、中世における被差別民の実態が詳細に明らかになってきたのである。もとよりこれを職能民ととらえることが妥当であるか否かについて、なお議論の余地が残っているとはいえ、この分野での研究の深化が、職能民全体の問題を考えるうえに重要な意義をもっていることは否定し難い事実としてよかろう。

また、遊女《ゆうじょ》、傀儡《くぐつ》、白拍子《しらびょうし》など、中世後期以降、「非人」と同様、賤視の対象となった女性たちについても、後藤紀彦の研究[*4]によって、多くの新たな事実が紹介され、研究史に時期を画するといっても決して過言でない成果があげられており、猿楽などの芸能民に関わる研究も、丹生谷哲一、[*5]小田雄三[*6]等によって、歴史学の分野から新たな問題が提起され、国文学の長い伝統をもつ研究と呼応しつつ、研究は新段階に突入したといってよいと思われる。

そしてこうした諸研究は、単に個別的な問題の実証にとどまらず、日本の社会、文化、さらには天皇にも関わる国家のあり方の本質に迫る重要な問題を提起しており、この分野——職能民の問題を無視して、今後の日本史像を全面的に描きえないことは、もはや万人の認めるところとなったといえよう。

これまで私自身も、職能民の問題について、「職人」「芸能」「道」「外才《げざい》」等に関連させ、また供御人《くごにん》・神人《じにん》等のあり方に即して若干考えてみたが、[*7]これらの最近の研究をふまえたうえで、いま一度、中世の職能民の存在形態について再検討し、不十分であった諸点について、補足、訂正しておきたいと思う。[補注]

一　職能民の形成

平民あるいは農業民と異質な人々に対し、多少とも意識的な目が向けられはじめるのは、八世紀まで遡ることができよう。

『万葉集』に海人や遊行女婦などをよんだ和歌が多数現われるのも、その先蹤といえようが、『日本霊異記』になると、すでに注目されている通り、乞食、浮浪する沙弥《しゃみ》や尼をはじめ、寺の銭を借りて越前の敦賀津に行って交易する人、大船に荷を乗せて津々で交易する商人（中巻第二七）、瓜売の男（上巻第二一）、花売の女（中巻第二四）、さらに酒や米・銭を出挙《すいこ》する男女など、多彩な非農業的な生業に従事する人々が、平民身分から離脱した人々とともに姿を現わす。律令国家の原則から逸脱したこれらの人々を、著者景戒《きょうかい》が全体として肯定的にとらえていることも、周知のことであるが、ただここにはまだ、職能をそれとしてとらえる見方は固まっていないといってよい。

また、しばしば引かれる九世紀末の菅原道真の漢詩「寒草十首」は、川口久雄が「平安社会の職人尽しであり、貧窮問答歌ともいうべき秀作」と称讃しているように[*8]、走還人、浪来人、老鰥人、夙孤人、薬圃人、駅亭人、賃船人、釣魚人、売塩人、採樵人をとりあげ、それぞれの人の寒気の中での貧窮の苦しさを、国守の目から同情をこめて描いている。このうち、前四者は一般平民と異なる立場に置かれた人々、後六者は非農業的な生業に携わる人々であるが、全体としてみると、やはり平民を基準として、そこから外れた、あるいはそれとは異質な人々に着目する結果になっており、『日本霊異記』の著者の目に通ずるものをそこに読みとることができる。そしてそれがおのずと、川口によって「職人尽し」といわれたような形になっている点に注目しておかなくてはならないので、職能民に対する後年の貴族社会の見方の源流の一つを、この辺に求めることも可能であろう。

さらに十世紀前半に成立した『倭名類聚抄』の人倫部に現われる人々、その分類の仕方にも、このような視点をうかがうことができる。その二十巻本は男女類、老幼類をあげたのちに、工商類として医、相工、工匠、鍛冶、陶者、客作児《つくのいひと》、市郭児（市人）、商人、裨販《ひきぎひと》（販婦）、漁猟類として漁子、漁父《むらきみ》、白水郎《あま》、潜女、猟師、列卒《かりこ》、屠児《えとり》、微賤類として辺鄙、田舎人、人民、闇人《みかともり》、圉人《むまかい》、礲人《くちとり》、舟子付水手、檝師《かちとり》、渉人《わたしもり》、奴僕、婢などを列挙し、乞盗類として巫覡《ふげき》、遊女付夜発、乞児《かたい》、偸児《ぬすびと》、群盗、海賊、囚人をまとめている。

しかし、木村紀子の指摘する通り[*9]、これを十巻本と比べてみると、かなり重大な差異があり、木村は二十巻本が微賤類に「人民」を入れているのは「苦しまぎれ」な分類で、十巻本では「君、臣僕、人民」の連続群の中でとらえられていること、とくに前者が乞盗類に入れた「巫覡」が、後者では「医」の次に並べられ、「遊女」も「蕩子」と対にされて、「闇人・圉人・礲人」の前に置かれている点に注目している。また二十巻本が工商類に入れた「客作児」、漁猟類に入っている「屠児」が、十巻本では「奴・婢」の次に並び、「乞児、偸盗《ちゅうとう》」などの前に置かれているのも、重要な差異といえよう。

こうした両者の差異から多くの問題をくみとることができるが、木村の指摘した巫覡をはじめ、遊女、屠児などの社会的な位置づけが、なお大きく揺れて定まっていないことは明らかである。そして、二十巻本の工商類以下、十巻本の医以下の配列に、さきの「寒草十首」などに共通する見方をうかがいうるとともに、職能をそれとして分類し、まとめようとする視点がかなりはっきりと現われていることにも注意しておかなくてはならない。

この前者の見方は、十一世紀以降も、例えば大江匡房の『遊女記』『傀儡子記《かいらいしのき》《くぐつ》』をはじめ、『本朝無題詩』の作者たちが、傀儡子、漁父、売物女、売炭婦、妓女、塩商などをとりあげ、『西国受領歌合』が釣船、塩竈を題とし、『六百番歌合』が遊女に寄する恋をはじめ、傀儡、海人、樵夫《きこり》、商人のそれぞれに寄する恋をテーマとしている点などにも共通していることで、のちの「職人歌合」にもこのような視点が底流の一つにあることは否定できぬ事実といえよう。

これに対し、後者の職能そのものに対する関心は、例えば『宇津保物語』吹上にみられる紀伊国牟婁《むろ》郡の長者神南備種松の家の描写に、炭焼、木樵《きこり》、鵜飼、鷹飼、網結、馬飼、牛飼、酒造、細工、轆轤《ろくろ》師、鋳物《いもじ》師、鍛冶、織手、染物、擣物《うちもの》、張物、縫物、糸繰等々が現われるように、一種の「職人尽し」としての形になる一方、大江匡房の『続本朝往生伝』が、その冒頭に、一条朝に現われた「天下の一物」として、親王、上宰、九卿、雲客、文士、和歌、画工、舞人、異能（相撲）、近衛、陰陽《おんみよう》、有験、真言、能説、学徳、医方、明法《みようぼう》、明経《みようぎよう》、武士について、それぞれの人名をあげているように、宮廷を中心として人々のすぐれた特異な「能」に着目する方向にも新たな展開をみせている。

周知のように、人々の多彩な「所能」をとりあげた『新猿楽記』には、いわばこの二つの形が合流しているといえるので、武者《むしゃ》、紀伝・明法・明経・算道の学生《がくしょう》、相撲人《すまい》、医師、陰陽、管絃《かんげん》、和歌、侍従宰相《じじゅうのさいしょう》、頭中将《とうのちゅうじょう》、上判官《かみのほうがん》、蔵人少将《くろうどのしょうしょう》、左衛門佐《さえもんのすけ》、験者、受領郎等、天台の学生、楽人《がくにん》など、匡房と同様の人々があげられるとともに、博打《ばくち》、巫女《みこ》、鍛冶《かじ》、鋳物師、細工、馬借《ばしゃく》、車借《しゃしゃく》、飛騨工《ひだのたくみ》、炭焼、遊女夜発、木道、絵師、仏師、商人など、まさしく「職人歌合」の世界に通ずる職能民が描かれているのである。そしてそこには、さきにふれた一般の人々と多少とも異質な存在、貪飯愛酒《たんはんあいしゅ》、糟糠《そうこう》、不調白物《ぶちょうしれもの》、孀《やもめ》などもまたとり上げられていることにも注意しておかなくてはならない。

『二中歴』の「一能歴」もまた、鎌倉期のものとみるより、『新猿楽記』に近い視点に立つ分類といってよかろう。この場合は管絃、武者、明経、明法、算道、陰陽師、医師、宿曜師《すくようじ》、禄命師《ろくめいし》、相撲、近衛舎人《このえとねり》、楽人、舞人、鷹飼、鞠足《まりあし》など宮廷に近いものに、易筮《えきぜい》、相人《そうにん》、夢解《ゆめとき》、絵師、細工、仏師、木工《こだくみ》、囲碁《いご》、双六《すごろく》、呪師《じゅし》、散楽、遊女、傀儡、巫覡を加え、さらに勢人《せいにん》、徳人《とくにん》、良吏《りょうり》から竊盗《せっとう》、私曲《しきょく》などを並べているのである。

こうしたいくつかの系列の中で、第二の系列の職能民が、やがて十二、三世紀に「芸能」「職」「外才」[10]と結びつく「道々の輩」として社会的な位置づけを与えられていったことは、別に述べた通りで、『東北院歌合』『鶴岡放生会歌合』など、鎌倉期の「職人歌合」の成立はもとよりそれを背景としており、『普通唱導集』の「世間出世間芸能二種」がおおよそ鎌倉後期のそれを網羅したものになっていることは周知の通りである。そして、第一の系列は『普通唱導集』のその「世間出世間聖霊二種」の中に、整理された形で組み入れられ、第三の系列は説話集などのテーマとなっていったということもできよう。

しかしこのような経緯を経て、職能及び職能民の社会的な位置づけが定まってくる過程で、注目すべき点の一つは、いま第一の系列といった宮廷の官職、職掌に関わりのあるグループが、第二のまぎれもない職能民のグループと切り離し難い関係をもっていたことである。しかもそれが前に掲げた『続本朝往生伝』の上宰、九卿、雲客、近衛等や『新猿楽記』の侍従宰相、頭中将等のように、官職に即した形で現われていることに注意する必要があるので、これが近年の佐藤進一[*11]、橋本義彦[*12]、玉井力[*13]等の研究によって見事に浮き彫りにされてきた、官司請負制の形成に伴う貴族、官人の家格と家業の成立の動きと密接に結びついていることは間違いないといってよかろう。

ただ、こうした官職、職掌の現われ方は、家格・家業がなお完全に固まり切っていない時期の現象であり、やがて下級官司と結びついた家業の多くは、第二の職能民のグループの中に入り、清華家《せいかけ》、名家《めいか》、羽林家《うりんけ》のような家格の定まった貴族は、鎌倉期に入り支配者としての立場を固めた武者とともに、こうした世界から姿を消していくようになるが、このような家業、職能の世襲が、単に職能民だけでなく、支配者層にまで及んでいることは、それが日本の社会の体質と深く関わる問題であることを示している。

そして、佐藤・玉井等の指摘するように、官司請負制、家業・家格の成立と、いわゆる「職の体系」を構成する「職」の形成とが不可分の関係にあることと、「職」が「芸能」「道」「外才」とこれまた分かち難い関係にあることとは、やはり共通してこうした社会の特質を根底にもっているとみなくてはならない。鎌倉後期以降、主として手工業者を指す「職人」の語が現われ、定着していくのも、もとよりこのことを背景にしている。

また、さきのような職能及び職能民のとらえ方が定まってくる前提に、現実の社会の中での分業の進展があり、それまで律令制官衙の下に組織されていた多様な職能民が、海民出身の魚売や廻船人、さらには鋳物師等について別に詳述したように[*14]、それぞれの職能に即した自立的な集団を形成していく過程があったことはいうまでもない。遊女[*15]や博打、さらに『倭名類聚抄』の乞児、屠児、囚人以後、職能民尽しに姿を現わさない「非人」についても、これとほぼ軌を一にした動きがあったとみてよかろう[*16]。

そしてこの動向の中で注意しておく必要のある点は、十、十一世紀ごろから、これらの職能民がしばしば天皇や神仏の直属民としてその姿を現わしてくる事実である。これについては、他の機会に言及したことがあるが[*17]、ここであらためて、平安末・鎌倉期における職能民の、このようなあり方について考えてみることとしたい。

二　神人・供御人制の確立

十世紀以後、臨時雑役を免除された「寄人《よりうど》」が広く姿を現わし、十一世紀に入ると、畿内近国にそれが激増してくることはすでによく知られた事実で、官省符荘等を保持する権門寺社は荘司、荘子、寄人の免除を申請し、これを公認されるものが多かったことも、周知の通りである。[*18]

当初、それは荘園に関わる農業民を主にしていたと思われるが、この制度に道が開かれてから急増してくる寄人の中に、すでにかなりの非農業民、職能民のいたことは確実で、寛弘九年（一〇一二）正月二十二日の和泉国符案[*19]で「此国所部雖狭、居民有数、半宗漁釣之事、無好耕耘之業」といわれた人々が、永承五年（一〇五〇）七月二十一日の和泉国司充の太政官符[*20]にみえる「寄人千二百八十余人」と、かなりの程度重なることは確実と思われる。例えば、康平三年（一〇六〇）三月十八日の蔵人所牒[*21]に現われる内膳司網曳御厨寄人はその一例で、天皇家に直属する和泉国の贄人《にえびと》―網曳はこの時期、国制のうえでは官司の寄人となっているのである。とすれば、後年、内蔵寮《くらりょう》御櫛生供御人、大膳職陶器寄人、造酒司に属した酢造、大歌所十生供御人、春日社神人などとなった人々[*22]もその中に含まれていたに相違ない。

このように令制の官司に属していた職能民が、内廷官司の寄人となっていったことは、他の諸国においても同様だったと思われるが、こうした動きの中で、十一世紀以降、大きな政治問題になってきたのが大寺社に属する神人・悪僧の動向であったことも、あらためていうまでもなかろう。

もともと神人の語は『日本霊異記』においては、「閻羅王」の「門の左右」に「身に鉀鎧《よろい》を著、額に緋の縵《かずら》を著け」た二人の神人（中巻第七）や、「猴聖《さるひじり》」といわれた尼を嘲った僧を「空より降り、鉾を以て」突いた神人（下巻第十九）のような、神に属する人ならぬ存在をさす語であった。しかし『小右記』永祚元年（九八九）四月十四日条で、吉田祭のさい御幣を授けた神人や、正暦四年（九九三）五月九日条の上賀茂社の神人にみられるように、十世紀以降は神社に仕える人をさす語となっており、以後、この用法がふつうになることはいうまでもない。

そして、稲葉佳代が詳細に辿っているように[*23]、永延元年（九八七）九月の伊勢神人の強訴（『百錬抄』）を早い例として、十一世紀に入ると、長保五年（一〇〇三）以後、再三にわたった宇佐神人の強訴（『日本紀略』）、寛仁元年（一〇一七）十二月九日、黄衣を着し、賢木を捧げた伊勢大神宮神人の濫行（『小右記』）、万寿元年（一〇二四）十一月八日、「公門」に立って愁文を進めた気比《けひ》宮神人（『小右記』）等々、神の権威を背景にした神人の活発な動きが目立つようになり、治暦元年（一〇六五）以降、それはついに「王権の聖域」ともいうべき赦にさいして、神社の訴えに関わるものはその対象から除外するという文言を登場せしめるにいたったのである。

稲葉は赦の除外文言に「寺院訴者」が見出されない点に着目し、赦文に明記される場合は、たとえ衆徒の訴えによっている場合でも神社の訴えの形になるという重要な事実を明らかにしたうえで、「赦」が「神慮」によるととらえられている点に、その日本的な特質が見出されるという興味深い指摘をしているが、このような形で神輿、神木等に表現される「神威」を前面に押し出しつつ強訴に及ぶ大寺院の衆徒たちの動きは、白河上皇の「三不如意」によって周知の通り、十一世紀後半以降、まさしく「王法」をこえようとするにいたったのである。

これに対し、王朝は、一方では土地に即して荘園と公領の分野を明確にすべく、いわゆる荘園の整理を行なうとともに、他方、人に即しては、大寺社や諸司等の寄人関係を明らかにするために、寄人の整理を推進したのである。

延久の荘園整理令は、寄人ならぬ平民を駈って公田を籠め隠すことを停止し、記録荘園券契所における審理を通じて、荘園の免田とともに寄人の数を明確にすることにつとめている。延久三年（一〇七二）六月二十四日、太政官符[*24]によって摂津国輪田荘の本免田五町、庄司五人、寄人十人を正子内親王家領として認め、同四年九月五日の石清水八幡宮護国寺に充てた太政官牒[*25]で、和泉国御香園の免田十町、寄人十五人、美濃国泉江《いずみえ》荘の庄田、寄人、丹波国安田園の免田十町、寄人二十人などを公認しているのは、その結果にほかならない。

注目すべきは、これを境にして、このような免田、寄人の官符による免除が見出されなくなる点である。[26] その理由は恐らく単純ではないが、つとに石井進が指摘したような大田文《おおたぶみ》の作成、[27]さらには畠文の作成[28]によって、荘園・公領の分野の整理の進行したことが、その背景にあることは推定して間違いなかろう。とはいえ、これ以後も、よく知られている摂津国長洲御厨をめぐる東大寺と鴨社、山城国木津木屋所をめぐる東大寺と興福寺の対立にみられるように、「貴賤之領地」に「権門之神人・召次等」が居住する場合、土地の支配の論理―「居住地主義」を貫徹しようとする「領主」と、人の支配の論理―寄人関係を貫こうとする「本所《ほんじょ》」との紛争が頻発しており、[29] 寄人の整理はなお多くの未解決な問題を残していた。大寺社、権門勢家はそれぞれにこの二つの論理を行使して競合し、とくに大寺社は神仏の権威を背景として新たに神人、寄人を組織すべく活発に動いていたのである。

これに対し、王朝側は大寺社、権門勢家に対し、寄人の交名《きょうみょう》を注進させるという方式を採用し、その統制を試みたのではないかと思われる。[30] その点を考えるうえで注目すべきは、すでに坂本賞三も注意している天永二年（一一一一）十二月十二日、保司中原某による根本法華堂寄人等注進状[31]で、ここでは二十二名の寄人が請文を進めたものと進めないもの、神人札を召したものと出さないもの、保《ほう》の外の寄人に分けられ、それぞれさらに注記が付されている。文書が孤立しているため事情は定かでないが、恐らくは山門系とみられるこの保の寄人が、請文と神人札によって確定されようとしていること、しかも「不加判」とか「依訴押参云々」などと注記されているように未確定の人々もいたこと、さらに保の領域外の寄人のいたことを知ることができる。ただ、そこに想起すべきは、この年、天永二年が、石井進の明らかにしたように、[*32]記録荘園券契所が設置され、伊勢神宮領をはじめ大寺社からの所領注進が行なわれたとみられる点で、後年の保元新制から逆推し、私はこのとき寄人交名の注進もあわせて命ぜられ、さきの注進はそれに応ずるために作成されたのではないか、と臆測してみたい。[*33]

元永二年（一一一九）七月十六日、河内国に対して官宣旨を下し、官使を遣わして大江御厨の四至、供御人交名、在家、免田地所を検注・言上せしめているのも、その延長上で解することができるであろうし、保延元年（一一三五）、伊賀国夏見・矢川・中村三津の沙汰人等に充てた待賢門院下文[*34]に載せられた二十人の寄人交名は、すでに確定された寄人のあったことを前提としているように思われるのである。

それとともに見逃すことのできないのは、延久新制以後に現われる寄人は、さきの伊賀の寄人が筏師と推定される[*35]のをはじめ、長洲御厨の鴨社供祭人、木津木屋所の木守、大江御厨供御人、大膳職陶器寄人、内蔵寮御櫛生のように、非農業民、職能民というべき人々であった点である。これは前述したように、寄人に対する臨時雑役免除の官符がみられなくなったことに照応する事実で、延久新制後、寄人はこうした人々に限定されていったものと推定される。これと並行して、天皇家に属する寄人を供御人、賀茂・鴨両社の神人を供祭人《ぐさいにん》とよぶなど、神人、寄人の呼称をその所属する本所によって区別しようとする動きが現われてくることも注意すべきで、召次《めしつぎ》、雑色《ぞうしき》、舎人なども同様の意味をもっているとみてよかろう。[*36]

田文、畠文だけでなく、戸田芳実の指摘する「公郷在家」の出現に着目すれば、すでにこのころには「在家帳」も作成され、[*37]そこにこれらの人々の在家と平民の在家とが区別されるようになったことも考えられるが、[*38]いずれにせよ、荘園・公領の内部の体制整備に伴い、十一世紀以前にみられた荘園内の寄人は、名主などの位置づけを与えられ、国制的な意味を失っていったものと思われる。

そして、こうした王朝側の寄人に対する対応が明確に軌道にのるのが保元新制であったことは、すでに別の機会にふれた通りである。[*39]五味文彦が詳述しているように、[*40]信西入道によって主導されたこの新制は、「天皇高権の下で荘園・公領の秩序を画定し」、荘園公領制の確立に向かって大きな一歩をふみ出すとともに、天皇足下の京都を平和領域とし、京中の神人・供御人などの都市民―富裕な商工民を寄宿人調査を通じて確定しようとした画期的な意味をもっているが、保元元年（一一五六）閏九月十八日の新制の第三条から第五条までは、まさしく神人、悪僧等を「天皇高権」の下に置き、延久以来進められてきた寄人整理を制度化しようとしたものであった。

その第三条は、本司及び諸国国司に、伊勢、石清水、鴨、賀茂、春日、住吉、日吉、感神院の神人の濫行停止、本神人交名及び証文の注進、新加神人の停止を下知し、第四条では、本寺、国司に命じて、興福寺、延暦寺、園城寺、熊野山、金峯山等の「悪僧」—夏衆、彼岸衆、先達、寄人などの、出挙の利の加増、公私物の掠取等の濫行を停止せしめ、さらに第五条では、諸国司に国中寺社の神人、講衆等の濫行停止を命じているが、これによって、神人は王朝の国制の中に、正式な身分としての位置づけを得たといってよかろう。この制度は、田畠、在家—土地の支配に基づく荘園公領制と並ぶ人の支配の制度として、王朝を支える二本の柱の一つであり、私はこれをひとまず神人・供御人制と規定しておきたいと思う。*41

これ以後、治承二年（一一七八）七月十八日の新制は、*42 さらに第十条で、延暦・興福両寺悪僧、熊野山先達、日吉社神人などの神人・悪僧が国中を往反、京中を横行して訴訟を決断することを禁じ、第十一条でも諸国人民が公田を私領と称して神人・悪僧等に寄与することを停止、建久二年（一一九二）三月二十二日の新制も、治承の第十一条、保元の第三、四、五条をほぼ踏襲した条々を第三、六、七、八条として定め、建暦二年（一二一二）三月二十二日の新制は第四条で神人・悪僧の濫行を停止するなど、王朝国家はこの制度を確立すべく努力をつづけている。そして、嘉禄元年（一二二五）十月二十九日の新制第六条の諸社神人濫行と人数加増の停止、建長五年（一二五三）七月十二日の新制が、新加神人及び公家・諸院宮の新加供御人・寄人を停廃し、本神人、「往古根本輩」の交名、証文を注進させていること、文永十年（一二七三）九月二十七日の新制第十六条が供御人・寄人についての建長符をそのままうけついでいる点など、新制の規定の基調が、新加の輩の抑制に移っていることからみて、神人・供御人制は荘園公領制と同様、十三世紀前半までに、一応確立したとみてよかろう。

これまでこうした供御人・神人・寄人について、「村落住民の上層」「名主層」とみてその上に成長する可能性をもつほどの階層とみる見方[*43]が一方にあり、また中世後期の新加の神人・供御人については商工業者であることを認めつつも、中世前期の神人・供御人のそうした性格を「農民的性格」を強調し、これを結局は「百姓」[*44]ととらえる見方と、逆にこれを「封建領主層」消極的にしかとらえようとしない見解[*45]もあるが、私は神人・供御人制はその成立の当初から、少なくとも実態としては、職能民、非農業民の支配のための王朝国家の制度であり、この制度の下での寄人・神人・供御人は間違いなく平民百姓とは区別された身分であったと考える[*46]。

さきの新制で、国中、京中を往反して訴訟を決断する神人・悪僧と、その出挙の活動が、専ら問題とされている点にも、そのことが明瞭に現われているが、十一世紀後半から十二世紀、さらにそれ以降に現われる供御人・神人等の具体的な事例も、さきに多くあげたように、これらの人々が多様な職能民であったことを明示している。

屋上屋を重ねる感はあるが、これにさらに事実を加えるならば、すでに戸田芳実が実証したように[*47]、白河院召次勾当、近江国愛智《えち》郡司、日吉新宮神事勤仕人を兼ねた中原成行をはじめとする日吉大津神人は、十二世紀前半、広域的な出挙―借上の活動に従事していたが、大津を中心に左方、右方に分かれ、それぞれ長者に率いられたこの神人集団は、鎌倉期までに越後、越中、能登、加賀、越前、若狭等の北陸道諸国に広く分布して「北陸道神人」とよばれ、出挙のみならず日本海の廻船人として活動していたものと思われる。[*48]

また、山城国薪薗と大住《おおすみ》荘の山の境や井水をめぐって長期にわたる争いを興福寺、春日神人との間でくり返した大住荘の石清水八幡宮神人は、大山崎神人、淀荘神人などとともに御綱引神人であったが、大山崎神人が油売、淀神人が塩売だったように、大住神人はまず間違いなく薪などを扱う山民的な職能民であったと思われる。[*49]大住荘の春日神人の場合も同様の集団とみてよかろうが、丹生谷哲一が詳述している通り、[*50]和泉・摂津に散在する春日神人は、いずれも供菜として魚貝を貢献する海民的な魚貝売であった。

畿内の大寺社だけではない。『拾遺往生伝』（巻中、二三）には、備中国吉備津宮神人藤井久任が、神斎を役として「漁釣」を業とする海民であったといわれており、建保二年（一二一四）、越前国守護によって内裏大番役を催促されたさい、自らは弓箭を帯びず、「兵」の氏でもなく専ら神事を営んできたとしてその不法を訴えた中原政康は、敦賀郡に居住し、日吉神人であるとともに「気比大菩薩神奴」―気比社神人だったのである。[*51]このような気比社神人は越前だけでなく、能登、越中、越後、佐渡に分布し、和布《わかめ》、丸蚫《まるあわび》、鮭などを神に貢納しており、[*52]中原政康を含むこれらの神人が、漁撈、廻船などに従事する海民的な職能民であることは確実といってよかろう。

紀伊国日前宮《ひのくま》に御鉾神人、散所神人、本神人などの神人集団が属していたことは、別にふれた通りであり、[*53]諸国の一、二宮をはじめ、多少とも名のある神社は、少なくとも西日本においては多様な職能民を神人として組織していたのである。そして、いま気比神人に即してふれたように、これらの神人たちは、しばしば自らを「神奴」と称して憚らなかった。しかし、この「奴」という言葉を、単に隷属を意味する言葉とだけ解することは、もとより全くの誤りであり、「神奴」の語こそ、神人身分の本質を直截に表現するキーワードとみなくてはならない。

「寺奴」の場合も同様とみるべきで、すでにしばしば強調してきた通り、[*54]供御人の場合を含め、これらの人々はまさしく神仏、天皇の直属民、「聖なるもの」の「奴婢」だったのであり、その点で大番役のような世俗的な課役を勤仕する「兵」の氏―御家人などとも異なり、平民百姓の身分とも明確に異質な身分として、自他ともに認めるところだったのである。

この身分に属する人々は、まず新制によって定められた「神人交名」「供御人交名」によってその地位を確定されるとともに、国衙の保持する「在家帳」あるいは「大田文」によって、その立場を裏づけられていた。例えば『福智院家古文書』[*55]三三号、建長七年十一月日、春日社本社神人等申状で問題となった吉次について、神人たちが「吉次者為重代本神人之上、在家又以非信達庄男郷中、国衙神人在家也、若相貽御不審者、於吉次交名張（帳）者寺社政所在之、御披見之時無其穏（隠）者歟、又於在家張（帳）者代々国前幷男郷沙汰人等明鏡也、依何神人傍輩之沙汰、信達庄官百姓等可相綺歟」と述べているように、本神人の名は「寺社政所」の保管する「名帳」ともいわれた「神人交名帳」に記されており、その在家については国衙や諸郷の保持、作成する「在家帳」に、平民の在家と区別された神人の免在家として記載されていたものと思われる。

「神人交名」については、このほか、寿永二年（一一八三）三月十三日、春日社神主等解案[*56]に「能季所従中何輩相語社司、始補神人哉、尤可被覧交名也」とあるのをはじめ、[*57]『春日社記録』「中臣祐定記」安貞三年（一二二九）六月二十日条の神主泰宗廻文に殺害された神人について「神人交名」に書き入れるとあり、同嘉禎二年（一二三六）正月十六日条の興福寺返牒に、神主親泰が初任のとき、例に任せて「諸国神人交名」を注したといわれるなど、神人身分の人の確認のさいに必ず参照される基本的な文書であったことが明らかである。そしてそれが、新制によって作成、注進されただけでなく、社家側でも変動に応じてこれをつねに点検し、正確を期したことも、これによって明らかであろう。

もちろん、春日社だけではない。『天台座主記』嘉禎二年五月五日条に中堂寄人と称して左方馬上役を拒否した清三郎について、社頭大衆が議して「件清三郎、非中堂寄人、随而所被下社家之交名帳、不載其名字」としているように、延暦寺、日吉社においても、寄人・神人の交名帳は全く同じ機能を果たしていた。

すでに丹生谷も指摘しているが、『春日社記録』「中臣祐賢記」ののせる建治三年（一二七七）四月十六日の長者宣には、春日社においては、本社神人は人数を限らず、父が器量を選んでその子を補し、国中散在神人は死闕を以て補任し、今後、自由の加増を無からしめんために、「当時現在交名」を召すとあり、『平戸記』仁治元年（一二四〇）十一月六日条に、神人の主張として「康和宣旨云、於神人職者、永限寿命令勤仕」、「安貞宣旨云、補神人職者、以一期為限、輙無改易之例」ともいわれている通り、神人の地位はたやすく改易されることのない「職」だったのである。

そして過を犯したさいも『福智院家古文書』一八号、建暦三年（一二一三）六月日、春日社和泉国池田郷神人等解に「神人之法、其身若有犯過時者、触本社天必解其職畢後被行罪過」のが「公家之御沙汰」といわれているように、一旦、神人身分となった人に対しては、王朝の権力も直ちにこれを処罰することができなかった。丹生谷の指摘する通り[*58]、黄衣と神木等に象徴される神人が殺害された場合、「墓所」の名のもとに一定の所領が給付されるべきだとする法理―「墓所の法理」のあったことは、笠松宏至が明らかにしたところで[*59]、これは神人が「聖別」された存在であったことを端的に示しているといえよう。

また、保元三年（一一五八）十月日の後白河上皇院宣[*60]が、たとえ権門勢家の所領を耕作している場合でも、八幡宮神人の在家役、万雑公役は免除としているように、神仏、天皇の直属身分である神人・寄人・供御人に対しては、平民に賦課される公事は免除され、その在家は免在家とされた。「在家帳」の実物はいまのところ見出されていないが、「久麻加夫都阿良加志比古神社文書」貞応三年（一二二四）十月一日、能登国熊来荘立券文案に、熊甲宮の結衆・八女・神人等の十九宇、賀茂宮神主一宇、日吉社右方神主一宇等の在家が免在家として確定されたように、荘・郷・保ごとに検注された在家の中に、神人・寄人・供御人の在家が免在家として記載され、国衙の在家帳でそれが公的に確定されたことは、前述したように間違いないと思われる。[*61]

さらに給免田畠を保証された神人・寄人・供御人の場合、和泉国近木荘の事例[*62]にみられるように、検注帳に確定、記載され、弘安八年（一二八五）十二月日、但馬国大田文の赤淵社、東河郷、石禾上郷、高生郷、日置郷、高田郷、気多郷、狭沼郷、八代郷、小坂郷、下里郷にそれぞれ八幡神人給が記載されたような形で、大田文にまとめられた。

また、供御人・神人が諸国の関渡津泊、山野河海の自由通行権を保証されたことは、すでに詳述した通りで[*63]、「聖別」された身分としてさまざまな特権を保証された神人・供御人たちは、ときとして神人・供御人制の枠をこえる動きを示し、紛争の火種となったのである。

これらの供御人・神人・寄人をその実態に即してみると、戸田芳実が指摘したように[*64]、官位をもち、中原成行のように「国内名士」といわれるほどの実力を備え、中原政康のように御家人クラスの人とみられるような人々が多く見出される。寛喜二年（一二三〇）ごろ、春日社山城国散在神人、興福寺西金堂寄人として姿を現わす多賀左兵衛尉紀高綱もそうした人で、「利《り》米《まい》」の出挙を行ない、巫女四郎から水田を流し取った高綱は、飯岡荘の沙汰人たちから、御家人と号し、軍兵を率いて狼藉を働いたと非難されているのである。[*65] 神人を在地領主とみる見方は、こうした事実に基づいているので、大住の八幡神人の「沙汰者」といわれた交野右馬允宗成[*66]なども同様の人とみてよかろう。

しかし、神人・供御人になった人々で、荘園の百姓名の名主層に準じうるような人のいたことも事実である。建永二年（一二〇七）六月、四月末日御供神人職に補任された若狭国大音浦の加茂安守[*67]や、近江国菅浦供御人などは、まさしくそのクラスの人々であったといってよい。そして中世前期の供御人・神人が農業に多少とも関わりをもち、戸田の強調する通り、[*68] 御稲田供御人や精進御薗供御人のように、田畠を基盤とする供御人のいたことも事実である。

とはいえ、さきに中原政康に即してふれたように、神事を専らにする神人と「兵」の氏の人—御家人とは、前者は「神人交名」に、後者は「御家人交名」に載せられ、制度的には明らかに区別されていた。もとより、後述する準神人・寄人ともいうべき舎人、雑色、召次などを含めて、両者がしばしば混同されたことがあり、当事者自身、兼帯を志向したこともあったとみられる点は、ここにあげた事例によっても明らかで、そこに西国御家人の特質の一端がうかがわれるのであるが、王朝も幕府も、この両者——「聖なるもの」の「奴婢」と、世俗的な主従関係との混雑を整理すべくつとめたことは間違いないといってよい。

また「神人与平民、各改其住宅、不可相混」といわれ[*69]、神人の女が平民と結婚することが「別籍」になるといわれたように[*70]、平民と神人の区別は制度的にも社会的にも、きわめて明確であったといわなくてはならない[*71]。

そして供御人・神人の称号は、天皇、神仏に、その職能によって生み出された産物の初穂、初尾を貢献すべきものと定められた人々に対して、その職能に即して公認されたことに注目しておかなくてはならないので、たとえ田畠を基盤としている場合でも、一般の在地領主—侍や平民百姓とは異なる自由通行の特権を供御人が保証され[*72]、実際、商人として活動している点に、両者の違いは明瞭に現われているということができる。

またこう考えてくれば、しばしば強調してきたように、祇園社犬神人、延暦寺西塔釈迦堂寄人の称号をもつ清水坂非人、興福寺の寄人であったとみられる北山宿の非人も、神人・供御人制の下に位置づけられた集団とみなくてはならない。たしかに「犬」という語が冠せられている点に、他の神人との区別のあったことは間違いないが、前述した神人の主張する「墓所の法理」を、周知のように、文和二年（一三五三）五月の申状[*73]で、犬神人たちが同様に主張していることは見逃し難い事実で、この称号でよばれる限り、非人もまた「聖別」された職能民として公認されていたことは疑いない、と私はやはり考える。

注目すべきは、この申状で犬神人が、壇供《だんく》寄人と自分たちはともに「職掌人」としてなんら異なるところはない、と主張している点である。祇園社に即してみると、獅子舞、田楽が「職掌人」といわれており、巫女、宮籠《みやごもり》なども同様と考えてよかろう。

別に述べたように、[*74]「職掌人」は諸国の神社―伊勢神宮、伊豆の三島社、若狭の一、二宮等に広く見出すことができるが、若狭の場合は舞人、陪従が職掌人といわれており、必ずしも神人・寄人とはよばれない狭義の芸能民を含んでいる。とはいえこれらの人々は、供御人、神人と同様、芸能をもって神仏に仕える人であり、それに準じてよいと思われる。丹生谷がそのあり方を解明した法成寺、法勝寺に属する猿楽、[*75]後藤紀彦が詳細にその実態を明らかにした遊女、傀儡、白拍子[*76]も、また同じく、供御人・神人に準ずる人々であったことは間違いない。

また、院や摂関家はもとより職能民を寄人としているが、その御厩舎人《みまやとねり》や居飼《いがい》、召次や雑色、牛飼なども、なお実態を十分明らかにしえていないが、やはり同様に考えてよい人々であろうし、[*77]国衙の細工所、御器所等の所々に寄人として所属し、[*78]給免田を保証された工匠をはじめとする各種の職能民―「道之細々外才輩」「道々外才人」も、国衙を通じて「高権」につながる人々として、供御人・神人に準ずるとみなくてはならない。

これまで、種々の批判のある規定であるが、「職人」身分といってきたのは、ほぼ以上の人々でつきるといってよい。そして、不十分なことは重々承知しているが、神人・供御人制によって確定された神人・寄人・供御人のあり方は、ここまで拡げることが可能と思われるので、今後もこれらの人々を「職人」身分と規定し、さらに考究を期したいと思う。ただ、東国において、神人・供御人制が実際にどの程度機能したか、また「職人」身分の人々がいかなる存在形態をもっていたかについては、なお不明な点が多いが、別稿で若干、言及した[*79]ので、ここでは立ち入ることを差しひかえておく。

しかし、このように考えてくると、中世前期において、職能民がなぜ神仏、天皇などの「聖なるもの」の直属民としてその姿を現わすのか、という問題がおのずと浮かび上がってくる。この点も別稿で多少ふれてみたが、以下、くり返し述べてみたいと思う。

三　職能民の特質

この問題は、一応、職能民の主として活動する「場」と、職能そのものの本質から考えてみることが可能であろう。

このうち「場」の問題については、すでに多くの人々が言及しており、私自身もあれこれ述べたことがある[*80]が、山野河海、道路、市、関渡津泊などの特質に関わっていることは、あらためていうまでもなかろう。

中世前期まで、山野河海のかなりの部分は、なお人力の全く及ばぬ「無所有」の自然の状態にあり、人間にとって、畏敬・畏怖するほかない世界として、その社会に力を及ぼしていた。自然の力に人間はなおかなりの程度圧倒されていたのであり、ときに社会に及んでくる猛威に対して、人々は多分に呪術的な意味をもつ神仏の力に依存するほかなかったのである。

そうした、いわば「聖なる世界」と人間の社会との接点、境界が、海については浦・浜、川については河原・中洲、山については山根、あるいは峠・坂であったが、そのような場がすでに中世前期までに、さきにあげたような市、津、泊、関、渡、また道路、橋、宿、墓所、祭庭などとして人間の社会活動の中に組み入れられていたことはいうまでもない。しかし、これらの場には、なお「無所有」の自然、神仏の力が強く投影しており、定住地として確保された田畠、在家等の場とは明確にその性格を異にしていたのである。

このような場に、それぞれその性格に即した神─市神、関の神、渡の神等が祀られ、しばしば多くの寺院が集中して建てられたことは、その特質を端的に示しており、すでに証明されている通り[*81]、そこは垣根などによって囲まれた空間とは異なり、「穢《けがれ》」の伝染しない空間だったのである。人間の活動のテリトリーになり、その領有の下に置かれた山野河海も、これとほぼ同じ性格をもつ空間であったといってよい。

職能民の主たる活動、その生業の営まれた空間は、まさしくこうした「聖なる場」だったのであり、神仏の直属民として職能民がとらえられた理由の一つはここに求めることができる。例えば、古代以来、「聖地」である山林で修行した人々が、山野のもつ霊力を身につけた人として畏敬、畏怖されたように、中世に入っても山野で活動する山伏、野伏をはじめ狩猟民や樵夫、杣人《そまびと》、そこで果実を採集し、木器の原料、さらには銅、鉄、水銀等の金属を採取する山民的な人々は、一般の平民百姓にとって、たしかに「恐ろしや」という畏怖の感情[*82]をも交えて「異人」ととらえられたであろう。河海の場合も同様であろう。漁撈民、鵜飼、廻船人、船人をはじめ山とも結びついた筏師等、海民、川の民もまた、同じように「異人」とみられたと思われる。

これらの人々の中には、中世前期、かなりの広域を遍歴し、交易に携わる人々が多かった。また、手工業に携わる人々の一部—鋳物師、轆轤師などや、狭義の芸能民—遊女、傀儡、白拍子、呪術的宗教者—巫女なども、周知の通り遍歴民であったが、道や橋、市などを含め、その活動の場も、みな聖地性をもっていたのである。

そして山野河海や道、市等に即した儀礼をもつこれらの人々は、津、泊、浦、浜、渡や坂、峠など、その拠点を通過する人々に、神への初尾、初穂の貢献を求め、ときに神になり代わって、それを強要することもあった。「山立」やのちの海賊の警固料などは、まさしくそれであり、山野河海―「聖地」のタブーを身につけた人々として、これは当然の行為と考えられていたのである。[*83]

しかし「聖なるもの」と職能民との結びつきは、このような場そのもののもつ「聖地」性のみによるものではなかった。職能民の活動、その職能に即した行為自体が人ならぬものと結びついて考えられていたとみなくてはならない。

神の声を語り、常人の知り難いものの力を知る巫女や陰陽師、「穢」を「キヨメ」うる力をもつ非人など、呪術的な宗教民の場合はもとよりのことであるが、遊女や傀儡、猿楽、田楽、獅子舞などの狭義の芸能も、鍛冶、番匠、鋳物師などの工人の技術も、しばしば説話の世界などで語られるように、当時の人々は神仏の世界との交流の中でとらえていたものと思われる。

たしかに、自らの肉体を含む自然の奥底深くから、人の心をゆるがす力をもつ芸能を演じ、また溶解され熱せられた金属や自然木から、さまざまな道具を駆使して至妙の産物を創り出すこれらの人々の「芸能」に、一般の人々が人ならぬ神仏の手の働きを見出し、「芸能民」自身が自らのうちにそれを感じとっていたとしても、それは全く自然のことといえよう。それ故に、これらの人々はその最初の演技や産物―初尾を、まず神仏に捧げたのである。神人、供御人の「公事《くじ》」「上分《じょうぶん》」はまさしくそれにほかならない。

また、売買・交易という職能民の多くが携わった行為そのものが、神仏を媒介とし、その影響下にある市庭《いちば》あるいは門前という特定の場においてはじめて行ないえたことについては、勝俣鎮夫が見事に解明した通りである。[*84] さらに、「新制」で最も大きな問題とされた神人・悪僧の出挙―金融も、別の機会にふれたように、[*85] 神物としての初穂の貸与、返却に当たっての利稲の収取に源流をもつ、神物・仏物である初尾としての「上分米」「上分銭」の貸与であり、それ故にこうした行為は、神仏に直属する人によってはじめて行なうことができたといってよかろう。

日本列島の外から渡来、移住した「唐人」が、王朝国家の下で神人の地位を得ていることは、やはり「聖なる地域」―「異域」からの渡来という事実に起因しているとみてよいが、逆に「異域」に渡って交易を行なうのも、国家間の公式の貿易は別として、中世では「勧進」の形式をとることが必須の要件とされていたのであり、貿易もまた南北朝期までは神仏の直属民でなくては行ないえなかった「聖なる」行為といってよかろう。

とすれば、職能民の多様な活動は、中世前期、みな神仏の世界に発し、それと結びついたものととらえられていたことになるのであり、私はいまも、そこに「無所有」の自然の作用を見出すとともに、このような人々、行為のあり方を、「無縁」ととらえることができる、と考えている。

むすび

　神人・供御人制はこのような職能民に対する社会のとらえ方を根底において形成された王朝国家の制度にほかならない。流動的であるだけでなく、「聖なるもの」を背景にした職能民は、国家権力の最も統治し難い人々であったが、院政期から鎌倉前期にかけての「苦闘」を通して、王朝はともあれこの制度を軌道にのせることに成功したのである。鎌倉幕府の成立後、その統治権下に置かれた東国で、この制度がどの程度機能したかは前述したように疑問であるが、西国において御家人を組織するさいに「御家人交名」の注進という方式を幕府が採用したのは明らかに「神人交名」注進の形式にならったもので、その点でもこの制度は中世国家を考えるさいに無視できない意味をもつといえよう。

　これによって、王朝―天皇は、その高権―統治権的支配の下に、寺社を媒介としつつ神人・寄人を支配、統制する道をひらいたのであるが、それだけでなく、天皇家自体が神仏とともに「聖なるもの」として職能民を供御人として組織しつづけ、それを自らの家産経済の一つの基礎としただけでなく、そこから天皇直属の軍事力を動員する手がかりをつかんだといってよかろう。

　寺社にとってもそれは同様で、神人・寄人は荘園とともにその経済を支え、仏事、神事を営むために欠くことのできぬ柱であり、同時にまた、荘園支配を貫徹し、平民百姓を支配するための実力となったのである。

しかし、さきのような職能民の営む「芸能」のうち、商工業、金融に携わる人々がときとともに増加していくのは否応のない動きであり、鎌倉中期の「新制」が示しているように、王朝国家は次第に顕著になる神人・寄人・供御人の動きに対し、天皇直属の供御人まで含めて、きびしく抑制をしなくてはならなかったが、その間に王朝と寺社の間の矛盾、紛争が激化していったことは、すでに周知の通りである。

また前述した、山民・海民的な職能民の拠点における「初尾」「手向け」の徴収についても、王朝は一方でこの人々に神人・供御人制の枠をはめるとともに、その拠点を関として公認し、徴収される「初尾」を関料の形で仏神物として認め、仏の直属民ともいうべき勧進上人の請負の下で、これを仏神のため——寺社の造営、修理等のために用いる方式を、鎌倉中期以降、さかんに採用している。そしてこの枠を外れ、公認されぬ場で慣習的徴収を強行しようとする人々については、これを山賊、海賊—「悪党」として禁圧したのである。*86

鎌倉幕府がこの動きに呼応する形をとりつつ、博打、四一半打等を含む「悪党」の禁圧令を頻々と発し、王朝の統治権下にある西国にその力を及ぼしていったことも、すでに指摘された通りである。

呪術性を多少とも帯びた「聖なるもの」の力を次第に排除しようとする動きが、このような形でたしかに強まりつつあったのであるが、もとよりそれはたやすく衰弱するどころか、この動きに対して強烈な反発をもって酬いようとしていた。「悪」という語が、単なる善に対する反対語というだけでなく、一種の畏怖と畏敬をこめた両義的な意味で用いられたのは、この時期の人々が、山野河海のタブーにつながる「聖なるもの」の影をそこに見出していたからにほかならない。実際、こうした抑圧に対して「悪党」たちは、「聖なるもの」「人ならぬもの」の姿を自らよそおって対抗したのである。[*87]

そしてまた、次第に力を失っていく古き「聖なるもの」を新たな宗教の中に生かし、「復活」させようとする鎌倉新仏教の創始者たちの真剣な思索の根底に横たわっていたのは、まさしくこうした現実だったのではなかろうか。この時期にすぐれた宗教家がつぎつぎに生まれたという事実の背景を、私は今後このような方向から考えてみたいと思う。

やがて鎌倉後期に入り、貨幣流通の活発化、商工業・金融の発展に、モンゴル襲来に伴う状況の激変も加わって、神人・供御人制の動揺は一層著しくなり、鎌倉末期に近づくにつれ、新たな宗教とも結びつきつつ、その枠をのりこえようとする職能民、さらに悪党・海賊の動きはもはや抑え難いものとなってきたのである。元亨二年（一三二二）の後醍醐天皇の神人公事停止令、洛中酒鑪《しゅろ》役《やく》賦課令、元亨四年（一三二四）に鎌倉幕府が発した神人名帳注進令は、この動きに対する東西の王権の対応にほかならないが、その両者の相つぐ崩壊をまねいた南北朝動乱の中で、それまでの「聖なるもの」——神仏、天皇の権威は低落し、それとともに職能民の存在形態は大きな変化をとげていく。この過程を細かく辿ることは、後日を期することとしたいが、ただここで考えてきた神仏の直属民としての職能民のあり方は、他の諸民族においても、共通したものを見出すことができるように思われる。

日本の場合も、それは古代の采女や鹿島社の神賤に遡りうる。「神の奴婢」は、南アメリカのインカ帝国にも見出しうるといわれるし、和崎春日が詳しく追究したアフリカのバムン族における王権に直属する職人、[*88] ジョン・ハーヴェーが「職人の頭としての君主」「祭儀と職人」に言及し、ホカートを引用して、セイロン（現スリランカ）において、理髪師、洗濯夫は小聖職者であり、職人は祭儀において大きな役割を果したと指摘していること[*89]など、中世前期の職能民と十分に比較しうる事例といえよう。

そして南北朝動乱を経たあとの職能民のあり方の大きな変化、商工業・金融などの行為の世俗化は、阿部謹也の強調する、キリスト教の浸透に伴っておこったといわれる大宇宙と小宇宙の統合によるヨーロッパ社会の変化[*90]と酷似する過程といわなくてはならない。[*91] その類似とともに、宗教の果たした役割における両者の大きな違いをさらに細かくつめて考える作業も後日に残し、ひとまずこの粗雑な稿を閉じておきたいと思う。

注

＊1――石田尚豊「職人尽絵」（『日本の美術』一三二、至文堂、一九七七年）、岡見正雄・佐竹昭広『標注洛中洛外図屛風上杉本』（岩波書店、一九八三年）、これに関連する『文学』五二―三（一九八四年）の特集、岩崎佳枝・長谷川信好・山本唯一編著『職人歌合総合索引』（赤尾照文堂、一九八二年）、岩崎佳枝『職人歌合』（平凡社、一九八七年）、大阪市立博物館編『社寺参詣曼荼羅』（平凡社、一九八七年）等。

＊2――横田冬彦「職人と職人集団」（『講座日本歴史』5『近世』1、東京大学出版会、一九八五年）、吉田伸之「近世の身分意識と職分観念」（『日本の社会史』第7巻『社会観と世界像』岩波書店、一九八七年）、笹本正治「近世真継家配下鋳物師人名録」㈠、㈡（『名古屋大学文学部研究論集』史学二八、一九八二年、史学二九、一九八三年）、桜井英治「中世職人の経営独占とその解体」（『史学雑誌』九六―一、一九八七年）、同「日本中世商業における慣習と秩序」（『人民の歴史学』九四号、一九八七年、『日本中世の経済構造』岩波書店、一九九七年、所収）等。

＊3――横井清「中世における卑賤観の展開とその条件」（『中世民衆の生活文化』東京大学出版会、一九七五年）、黒田俊雄「中世の身分制と卑賤観念」（『日本中世の国家と宗教』岩波書店、一九七五年）等。

＊4――後藤紀彦「辻君と辻子君」（前掲『文学』五二―三）、「遊女と朝廷貴族」「立君・辻子君」

「遊廓の成立」（週刊朝日百科『日本の歴史』中世Ⅰ—3『遊女・傀儡・白拍子』朝日新聞社、一九八六年）。

＊5——丹生谷哲一『検非違使』（平凡社、一九八六年）。

＊6——小田雄三「後戸考（上）・（下）——中世寺院における空間と人間」（『名古屋大学教養部紀要』二九輯、一九八五年、三〇輯、一九八六年）。

＊7——拙著『日本中世の非農業民と天皇』（岩波書店、一九八四年）。

＊8——『菅家文草　菅家後集』（『日本古典文学大系』72、岩波書店、一九六六年）の川口久雄による頭注。

＊9——木村紀子「古代社会の声わざ人たち」（『国語国文学』五六—五、一九八七年）。

＊10——注7前掲拙著。

＊11——佐藤進一『日本の中世国家』（岩波書店、一九八三年）。

＊12——橋本義彦『平安貴族』（平凡社、一九八六年）。

＊13——玉井力「「院政」支配と貴族官人層」（『日本の社会史』第3巻『権威と支配』岩波書店、一九八七年）。

＊14——注7前掲拙著参照。

＊15——注4前掲後藤論稿。

＊16——この点、拙稿「古代・中世の悲田院をめぐって」（『中世社会と一向一揆』吉川弘文館、一

九八五年、『中世の非人と遊女』明石書店、一九九四年)。

＊17――拙稿「境界領域と国家」(『日本の社会史』第2巻『境界領域と交通』岩波書店、一九八七年)。

＊18――坂本賞三『荘園制成立と王朝国家』(塙書房、一九八五年)。

＊19――「田中忠三郎氏所蔵文書」(『平安遺文』二―四七二)。

＊20――同右(『平安遺文』三―六八一)。

＊21――『高野山文書之六』又続宝簡集八十一、一四七一号。

＊22――注7前掲拙著参照。

＊23――稲葉佳代「平安後期における神社について――赦の除外文言を中心として」(『年報中世史研究』一一号、一九八六年)。

＊24――『九条家文書』二、三三〇号。

＊25――『石清水文書之二』田中家文書一二二号。

＊26――注18坂本前掲書。

＊27――石井進「院政時代」(『講座日本史』2、東京大学出版会、一九七〇年)。

＊28――拙稿「荘園公領制の形成と構造」(体系日本史叢書6『土地制度史』I、山川出版社、一九七三年、『日本中世土地制度史の研究』塙書房、一九九一年)。

＊29――「東大寺文書」大治元年十一月十九日、東大寺三綱申文(『平安遺文』五―二〇九六)。

＊30――『平戸記』仁治元年十一月六日条に「康和宣旨」が引かれているように、神人をめぐる訴訟の中で、その地位が次第に明確になっていったことにも注意しておく必要がある。
＊31――「山口光円氏本打聞集紙背文書」(『平安遺文』四―一七六〇)。
＊32――石井進「天永二年の伊勢神宮領注進状」(『日本歴史』三五〇号、一九七七年)。
＊33――「山科家旧蔵大谷仁兵衛氏所蔵文書」(『平安遺文』九―四六七〇)。
＊34――「東大寺文書」(『平安遺文』五―二三二四)。
＊35――黒田日出男『日本中世開発史の研究』(校倉書房、一九八四年)第二部第四章「中世的河川交通の展開と神人・寄人」。
＊36――供御人の称号の初見は、いまのところ長治三年(一一〇六)の近江国愛智郡雉供御人(『平安遺文』四―一六五二、一六五三)であり、鴨社神人を供祭人とよんだ早い例は寛治六年(一〇九二)である(同上四―一三一一)。このほか、春日社の神人は「供菜人」とよばれた。
＊37――戸田芳実『日本中世領主制成立史の研究』(岩波書店、一九六七年)第七章。
＊38――「陽明文庫蔵宗性筆最勝講聴衆記紙背文書」大治四年(三月廿八日)、遠江国質侶牧在家帳案(『平安遺文』一〇―四九八一)にみられるように、荘園の立券文(質侶荘についてはとは同年月日の立券文)に記載された在家数は、こうした在家検注帳―在家帳によって確定されていた。これと同様の在家帳が公領の郷・保単位に作成されていたことは、後述する

『福智院家古文書』三三号にみられる摂津国男郷の事例によって知りうるし、それが国衙においてまとめられていたことも、「於在家帳者代々国前幷男郷沙汰人等明鏡也」とある点から間違いないといえよう。

＊39――拙稿「中世都市論」（『岩波講座　日本歴史』中世3、岩波書店、一九七六年）。

＊40――五味文彦『平家物語　史と説話』（平凡社、一九八七年）。

＊41――かつてこれを、「統治権的な人的支配」と考えてみたことがあるが、制度としての規定は、このようによんでおきたいと思う。黒田日出男「「人」・「僧侶」・「童」・「非人」」（『境界の中世　象徴の中世』東京大学出版会、一九八六年）は「神人・寄人などの方が、中世における国家的・社会的身分であると考えている」として、「寄人身分」をもって代表させている。黒田のいう通り、これに寄人を加えることも当然考えうるが、ただ十一世紀前半以前の「寄人」と、十一世紀後半以降の「寄人」とでは、前述したように、その実態が明らかに異なり、また、新制には「神人」「供御人」があげられているので、寄人をその内容に含めつつ、このように呼称するのが適当と考える。

＊42――以下、新制については、水戸部正男『公家新制の研究』（創文社、一九六一年）参照。

＊43――黒田俊雄『日本中世の国家と宗教』（岩波書店、一九七五年）第一部Ⅲ「鎌倉時代の国家機構――薪・大住両荘の争乱を中心に」。

＊44――石母田正『中世的世界の形成』（一九四六年、岩波文庫として一九八五年再刊）をはじめ、

河音能平『中世封建制成立史論』（東京大学出版会、一九七一年）第二章、及び『中世封建社会の首都と農村』（東京大学出版会、一九八四年）第一章などにみられる見解。また、黒田日出男も注35前掲書、第三部第二章では、これらとほぼ同じ見解であったが、同書の注35前掲論稿ではその見方を変えている。

＊45——脇田晴子『日本中世都市論』（東京大学出版会、一九八一年）。

＊46——黒田俊雄「中世における地域と国家と国王」（『歴史科学』一〇九号、一九八七年）は、拙論に対してさまざまな角度からきびしい批判を加えている。そこにあげられた多くの論点については、時間を十分にかけて、具体的な仕事を通じて再論してみたいと思っているが、その一つの論点は、私が平民百姓の身分と異なる「職人」身分と位置づけた神人、供御人について、黒田が「中世の勤労民衆の隷属の基本的形態を「百姓」（小百姓および供御人・神人などを含む）と「下人」との二者」と明確に規定し、神人・供御人を「百姓」に含めて考えている点にある。黒田は注43前掲論稿では「神人とは本質的に身分呼称」であるとしつつ、実態については「中世史家がふつう「名主層」と呼ぶ村落住民上層の階級に属する」とし、石母田正の神人に対するとらえ方に対する批判をこめて、その「農民的な性格」を強調しており、また「尾口村の白山信仰——中世加賀馬場の構造」（『石川県尾口村史』第三巻・通史編、一九八一年、『日本中世の社会と宗教』岩波書店、一九九〇年）でも白山神人及び公人にふれ、水引神人が紺搔であり、公人が商工業とも関係深かったと

する一方、「神人身分には、百姓についてみた以上に強靭な人格的支配＝従属関係が貫いていた」とも述べている。これによって明らかなように、黒田は被支配「身分」として神人をとらえつつ「隷属の基本的形態」としては百姓と同質としているのである。たしかに神人・寄人・供御人等が「下人」とは異なる「隷属」の形態の下にあったことは間違いなく、私はその点では「百姓」―平民と同じく「自由民」の中に入れてよいと思うが、しかしそれだけにとどまったのでは、これらの人々が神仏・天皇など「聖なるもの」の「奴婢」―直属民として、「百姓」―平民身分と明確に区別された「隷属形態」の下にあったこと、いいかえれば世俗の主をもたぬ、より意識的な「無主」の人々であったというその身分的特質が全く視野の外に出てしまうことになると思う。別にもふれた通り、こうした「聖なるもの」の「奴婢」―神の「奴隷」は、未開の要素をなお強くもつ諸民族の国家―王権の下にも見出されるのであり、これは従来の奴隷制、農奴制、あるいは隷農等の「隷属形態」に関わる概念では把握し難い関係として、広く世界史的視野からとらえ直してみる必要がある、と私は考える。「非人」等の被差別民のとらえ方についての黒田と拙論との相違も、この点にかかっているのであるが、これについてはまた別の機会にふれてみたいと思う。

＊47――戸田芳実「王朝都市と荘園体制」（『岩波講座　日本歴史』古代4、岩波書店、一九七六年、『初期中世社会史の研究』東京大学出版会、一九九一年、所収）。

＊48——この点については、別稿で詳述する予定である。

＊49——黒田俊雄は注43前掲論稿で、これを農民に引きつけて考えており、もとより農業にも関わりをもっていたことは間違いないが、神人としてはこのような側面でとらえられていたとみなくてはならない。黒田も注意しているように、大住荘は隼人司領であり、かつて隼人の居住していた地とみられる点にも注目しておく必要があろう。相論の中で、藤木久志が注目しているように（『豊臣平和令と戦国社会』東京大学出版会、一九八五年）、斧・鎌を取るという「山方の大法」がみられることも、見落としてはなるまい。

＊50——丹生谷哲一「和泉国における春日社神人」（『忠岡の歴史』三号、一九八三年、『日本中世の身分と社会』塙書房、一九九三年、所収）。

＊51——田中稔「醍醐寺所蔵『諸尊道場観集』紙背文書(下)」（『醍醐寺文化財研究所研究紀要』七号、一九八五年）六二号、建保二年四月廿五日、中原政康解。

＊52——「気比社伝旧記」建暦二年九月日、越前国気比宮政所作田所当米等注進状。

＊53——注7前掲拙著。

＊54——注17前掲拙稿「境界領域と国家」。

＊55——花園大学福智院家文書研究会編。

＊56——「佐々木信綱氏所蔵文書」（『平安遺文』一〇—五〇八〇）。

＊57——「千鳥氏記録」建久九年八月日、春日若宮神人交名（『鎌倉遺文』二—九九七）は、そうし

た交名帳の作成される過程を示すものと思われる。
＊58――注50前掲丹生谷論稿。
＊59――笠松宏至「墓所の法理」（『日本中世法史論』東京大学出版会、一九七九年）。
＊60――『石清水文書之二』田中家文書、一二一四号。
＊61――注38参照。
＊62――『高野山文書之六』又続宝簡集八十一、一四七三号。
＊63――注7前掲拙著。
＊64――注47前掲戸田論稿。
＊65――前掲『福智院家古文書』二六号、寛喜二年十一月廿九日、山城国春日社散在神人等申状、九九号（一三）寛喜二年八月日、春日社神人兼興福寺西金堂寄人左兵衛尉紀高綱陳状案。
＊66――『春日社記録』「中臣祐定記」嘉禎二年正月十五日条所載、大住荘春日神人等申状に「交野右馬允者、宮寺神人之沙汰者也」とある。この「沙汰者」は『明月記』寛喜二年四月十七日条に「御厨子所供御人沙汰者刑部丞と云者」とあるように、神人・供御人の統轄者であった。この交野右馬允は宗成とも貞成ともいわれ、河内の交野に本拠をもち、薪荘神人を統轄していたのであろう。黒田、注43前掲論稿は、これを「示威や乱闘のさいの加勢のために石清水の所司または薪荘神人に伴われてきた」あやしげな人とみているが、その立場はもっと明確であったといわなくてはならない。

＊67――「大音文書」。
＊68――注7前掲拙著に対する戸田芳実の書評（『新しい歴史学のために』一七七号、一九八五年）。
＊69――『北野神社文書』文永七年七月廿七日、後嵯峨上皇院宣（『鎌倉遺文』一四―一〇六五八）。
＊70――『春日社記録』「中臣祐賢記」建治三年三月八日条。
＊71――拙稿「日本中世における「平民」について」（本書第一部、1「平民」について）。
＊72――『禅定寺文書』一三号、年月日未詳、山城国田原郷山司陳状断簡に「奥山田供御人等、為交易雑物、令往反路次之処」とあること、また注7前掲拙著で述べた精進供御人の事例等参照。
＊73――『八坂神社文書』上、一二四六号。
＊74――注7前掲拙著。
＊75――注5丹生谷前掲書。
＊76――後藤紀彦「遊女と朝廷貴族」「立君・辻子君」「遊廓の成立」（週刊朝日百科『日本の歴史』中世Ⅰ③『遊女・傀儡・白拍子』朝日新聞社、一九八六年）。
＊77――牛飼については拙著『異形の王権』（平凡社、一九八六年）、召次、雑色については注7前掲拙著参照。また、本書第二部、4「神人・供御人」(3)「馬借と車借」も参照。
＊78――『円覚寺文書』元亨三年、北条貞時十三年忌供養記に「細工所寄人」とみえるように、こ

うした職能民も「寄人」といわれたものと思われる。

＊79――注54前掲拙稿。

＊80――拙著『増補 無縁・公界・楽』(平凡社、一九八七年)。

＊81――斉藤利男「古代・中世の交通と国家」(前掲『日本の社会史』第2巻)。

＊82――『梁塵秘抄』の「樵夫は恐ろしや……」など。

＊83――関所はそれが公的に認められた場合とみることができる。中世の関がほとんど例外なしに海民などの遍歴民の拠点に設定されているのは、このことをよく物語っているといえよう。なお、関料が「初尾」であった点については、拙稿「中世の負担体系――上分について」(本書第一部、2「百姓の負担」(2)「上分」参照)。

＊84――勝俣鎮夫「売買・質入れと所有観念」(『日本の社会史』第4巻『負担と贈与』岩波書店、一九八七年)。

＊85――注83前掲拙稿。

＊86――注83参照。

＊87――周知のような『峯相記』に記された「悪党」の衣裳が、そのことをよく物語っている。

＊88――和崎春日「アフリカの王権と職人集団」(『歴史と民俗』1、平凡社、一九八六年)。

＊89――ジョン・ハーヴェー、森岡敬一郎訳『中世の職人』I『職人の世界』(原書房、一九八六年)。

＊90——阿部謹也『甦える中世ヨーロッパ』(日本エディタースクール出版部、一九八七年)。
＊91——この点、注54拙稿、及び注77拙著『異形の王権』で若干考えてみた。
補注——拙著『職人歌合』(岩波書店、一九九二年)でもこうした問題に言及した。また『新日本古典文学大系』61『七十一番職人歌合』(岩波書店、一九九三年)は岩崎佳枝の校訂、町田和也、西山克、藤原良章、岩崎、網野など、職人歌合研究会による「職種一覧」を付している。

3　中世遍歴民と芸能

「芸能」と才《ざえ》・道《みち》・職《しき》

「芸能」の意味

「芸」「能」という言葉は、それぞれに奈良時代から用いられているが、おおよそ十一世紀以降、「芸能」という熟語となって社会に定着し、現在まで長く通用する語となっていった。しかし少なくとも十四世紀以前までの「芸能」は、いまわれわれの使っている芸能の語よりも、はるかに広い意味をもっていた。

そのことを示す事例は、『新猿楽記』から『普通唱導集』にいたるまで、数多くあげることができるが、鎌倉時代の末に成立した百科全書『二中歴』の中に収められた「一能歴」に列挙された多くの「芸能」は、最もよくその範囲を示している。この書は平安末期の「掌中歴」「懐中歴」の二書に基づいて編せられており、この「一能歴」も「掌中歴」では「芸能歴」とされているので、ここに掲げられた三十五種も、十世紀から十一世紀までの人々にとっての「芸能」であったとみることができるが、それを分類してみると以下のようになる。

①官人《かんにん》的な職能　管絃《かんげん》、武者《むしゃ》、明経《みょうぎょう》、明法《みょうぼう》、算道《さんどう》、近衛舎人《このえとねり》、楽人《がくにん》、舞人《まいびと》、鷹飼《たかがい》、鞠足《まりあし》
②技術的な職能　絵師《えし》、細工《さいく》、仏師《ぶつし》、木工《こだくみ》
③呪術的・宗教的な職能　陰陽師《おんみょうじ》、医師《くすし》、宿曜師《すくようじ》、禄命師《ろくめいし》、易筮《えきぜい》、相人《そうにん》、夢解《ゆめとき》、巫覡《ふげき》
④遊戯・芸能的な職能　囲碁《いご》、双六《すごろく》、散楽《さんがく》、遊女《ゆうじょ》、傀儡子《くぐつ》、相撲《すまい》、呪師《じゅし》
⑤常人と異質な状況　勢人《せいにん》、徳人《とくにん》、良吏《りょうり》、志癡《しち》、竊盗《せっとう》、私曲《しきょく》

これは一応の常識に沿った分類でしかないが、いまの芸能に当たるのは④のグループと①の管絃、楽人、舞人、鞠足などであり、①の大部分、②・③のグループはもとより、⑤にいたっては、全く現在の通念から外れるようにみえる。

ところが、よく考えてみると、⑤のグループを「芸能」とするような見方は、意外に日本の社会に深く根を下ろしつづけているのではあるまいか。実際、『今昔物語集』や『古今著聞集』のような説話集が、その項目の一つに「偸盗《ちゅうとう》」を立てて説話を分類しているように、竊盗を「芸能」とするのは鎌倉期までは普通だったと思われるが、江戸時代以降も、巧妙をきわめる

盗人やすりを同様にみるとらえ方が社会の中には広くあり、それがいまも鼠小僧次郎吉《ねずみこぞう》の変わらぬ人気として生きつづけているのだといえよう。

勢人・徳人の場合も、富を積むことにはさまざまな説話・伝説が結びついているだけでなく、とくに十三世紀後半以降、富裕なことは「有徳《うとく》」とされ、そうした人々には一般平民とは別に「有徳銭」「徳銭」が賦課《ふか》された。そこには「有徳」であることに、平民とは異なる特別の「能」を認める意識が働いていたものと思われる。

自ら意識して愚かをよそおうのが「志癡」であるならば、これは十分「芸能」といいうるが、およそ「芸能」とは縁のないかにみえる「私曲」ですら、よく考えてみると、それを一つの「芸」「能」とする見方は、現在でも社会の中に明らかに生きているのではあるまいか。

そうしたとらえ方の当否はともかく、ここには竊盗や私曲を明確な犯罪ととらえる立場、あるいはそれが支配的になった時期の常識と異なる、人間の特異なあり方や力に対する評価の仕方があったことは間違いない。それは後述する博打《ばくち》にも通じていることで、こうした力をむしろ人を超えたものに発するとする見方があったのではないかと考えられる。『新猿楽記』が「所能」の中に、貪飯愛酒《たんはんあいしゅ》、糟糠《そうこう》、不調白物《ぶちようしれもの》、嫞《やもめ》などをあげているのも、同様の視点からとらえる必要があろう。

その『新猿楽記』では、②のグループに当たるものとして、ここにあげたものに加えて、鍛《か》冶《じ》、鋳物師《いもじ》、馬借《ばしやく》、車借《しやしやく》、炭焼《すみやき》などが姿をみせているが、こうした商工民の「芸能」はときとともに分化、多様化し、鎌倉後期の『普通唱導集』の「世間芸能」では二十二種を数えるにいたっている。

④のグループも同様で『普通唱導集』には、白拍子《しらびようし》、鼓打《つづみうち》、田楽《でんがく》、品玉《しなだま》から博打までが加わっているが、③のグループの場合は「出世間」の「芸能」として、持経者《じきようしや》、説経《せつきよう》、声明《しようみよう》、山臥《やまぶし》をはじめ、天台・真言から禅・律にいたる仏教の諸宗があげられ、宿曜師、陰陽師、巫女《みこ》などは「世間部」に分類されている。そして⑤のグループは、この書には全くみられない。

この辺に、平安後期と鎌倉後期の差異が、すでにかなり明確に現われていると思われるが、①のグループについては、『新猿楽記』がこれ以外に、侍従宰相《じじゆうのさいしよう》、頭中将《とうのちゆうじよう》、上判官《かみのほうがん》、蔵人少将《くろうどのしようしよう》、左衛門佐《さえもんのすけ》などをあげており、『普通唱導集』にいたっても、文士、明経、紀伝、武士、随身《ずいじん》、管絃、歌人、音曲、能書、算などを「世間」の「芸能」としているように、鎌倉期まで一貫している。明法・明経や管絃・歌人などはともかく、侍従宰相のような官職そのものから、随身や近衛舎人などの地位が、なぜ「芸能」としてとらえられているのか。実は、この点に、日本の社会における「芸能」のあり方の本質に関わる問題があるといわなくてはならないが、これについては次節でふれることとし、ここでは「芸能」と不可分の関係にある語として、同じ時期に広く用いられた、才、道、職について、若干、言及しておきたい。

才・道・職

「芸才」「才能」などの熟語によっても知られるように、「才」は「芸能」と密接に結びついた語であった。

『宇津保物語』の学問について論じた佐藤厚子は、当時の貴族の若人に求められたのが「学問」にも「遊びの道」にも秀でた「身の才」であったと指摘しつつ、一方で、嵯峨院巻や菊の宴巻のいわゆる重複部分にみられる「才名《ざえな》のり」の形式を借りた座興に言及している。それは、人長の役をつとめる正頼が「仲純《なかずみ》、何の才か侍る」とよびかけると、仲純が「渡守《わたしもり》の才なん侍る」と応え、正頼「いで、つかうまつれ」、仲純「風早《かぜはや》のよや」と応答する形式で展開し、宴に集まった貴族たちはそこで、渡守のほかに、山伏、筆結《ふでゆい》、和歌、鍛冶、渡聖《わたりひじり》、樵夫《きこり》、藁盗人《わらぬすびと》の「才」を演じているのである。佐藤はこうした「才」を、『新猿楽記』の「所能」、『普通唱導集』の「芸能」に通ずるものとしているが、まさしくこれは「才」の意義を的確にいい当てたものといえよう。*1

このように、『宇津保物語』のころの「才」は、『二中歴』の「芸能」と同様、「学生《がくしょう》」としての学問、貴族の身につけるべき「遊びの道」から、鍛冶、筆結などの手工業の技術、山伏、渡聖のような遍歴する宗教民、そして藁盗人にまで及んでおり、佐藤の指摘する通り、それは「広く物や事を作り出す」「特殊な能力」を意味する語であった。

平安末期から鎌倉期を通じて、「芸能」の働きそのものをさす語として使われた「外才《げざい》」も、本来の「内財」に対する「外財」が、この「才」と結びつき、「外才」という熟語として定着していったものと思われる。しかし「外才」の場合、「外」に力点が置かれ、「外材細工等の類」[*2]、「凡そ外才の者、僧綱に任ずるの初となす」[*3]のように、「才」の中でも宮廷の「才」と比べて、より低い「才」をさす意味で用いられることが多く、やがて卑賤視される鉱夫などをさす「下財」の語に転化していく一方、音の類似から「芸才」にその意味の一部を吸収され、やがてそれ自体の意義も不明になっていったのであるが、その本義が「才」に基づいていたことは明らかといえよう。[*4]

また、さきにあげた「遊びの道」をはじめ、明法博士《みょうぼうはかせ》について「道の才」[*5]などといわれているように、「道」もまた、「芸」「能」「才」と切り離し難く結びついた語であった。そしてこの場合も、「芸能」「才」と同様、「文道」「兵の道」や明法道、明経道、管絃道などのような貴族・官人的な「芸能」に即した「道」のある一方で、螺鈿《らでん》道、木工道、漆工道などの工人の「道」があり、それらを総称して早くから「道々の細工」の用例がみえ、さらに獅子舞《ししまい》、山伏、そして博打にいたるまでのそれぞれの「道」まで含めて、「諸道」「道々の輩」などとよばれることもしばしばみられたのである。ただ「外才」と同じく「道々の輩」「道々の者」という用法は鎌倉期以降、貴族・官人的な「芸能」からはなれ、工人、芸能民に即して用いられることが多くなっており、そこに時代の推移を読みとることができるとはいえ、「道」が日本の社会における「芸能」のあり方を考えるうえでのキーワードであることは間違いない。

さらにもう一つ、「職」という語がある。これについても、一方に「武職」[*6]のような用法があり、他方には鋳物師について、「その芸能を営む」と「その職に居る」という言葉がほぼ同じ意味に用いられている事実が確認できることなどから、「芸能」「才」と同じ方向で考えていくことができる。鎌倉後期以降、商工民、芸能民を含む語として頻出しはじめる「職人」「諸職」などの「職」がこの流れを汲んでいることはいうまでもなかろう。[*7]

しかし「職」の場合はこうした用法にとどまらず、元慶七年（八八三）十二月二十五日の太政官符[*8]で、郡司について、「件の職を譲る者あり」といわれているのをはじめ、平安後期以降、官司に関わる預職《あずかり》、年預職《ねんよ》、国衙《こくが》在庁《ざいちょう》の税所《さいしょ》職、田所《たどころ》職、荘園の預所《あずかりしょ》職、下司《げし》職、公文《くもん》職、名主《みょうしゅ》職、さらには寺社の別当《べっとう》職、神主職、神人職にいたるまで、広く国制的な意味をもつ用例があり、それは「日本所有権法史上の基本概念」といわれ、しばしば日本中世社会の基本的骨格として「職の体系」と定式化されるほどの意味をもっているのである。実際、鎌倉期以降の「職人」の用例は、さきの用法と並行しつつ、荘園などの名主、荘官《しょうかん》、下司、公文、田所、惣《そう》追捕使《ついぶし》、図師《ずし》などをさす場合がむしろ多いのであり、「職」の意味するところは決して単純ではない。

しかし、こうした「職」の多様なあり方を通じて、逆に、さきの「芸能」「才」「道」の特質に迫ることもできるのではないかと思われるので、次節ではその点に少し立ち入ってみることにしたい。

「芸能」民の特質とその遍歴

律令国家による職能民の組織

「芸能」「才」「道」に端的に現われているような職能民のあり方の特質は、日本列島に出現した最初の国家、律令国家による職能民の組織の仕方にまで遡らなくてはならない。

七世紀後半から八世紀のごく初頭に確立したこの国家は、なお未開で呪術的な色濃い社会に、畿内を中心とした首長層によって受容された高度に文明的で合理的な律令を接合させた、いわば早熟な国家であった。すでに春秋時代から「士農工商」の四民の分業が形成されていた中国大陸の社会とは比べものにならないほど未熟な社会的分業の状況に対処しなくてはならなかったこの国家は、櫛木謙周が具体的に明らかにしたように、職能民を品部《しなべ》、雑戸《ざつこ》、雑供戸《ざつくこ》として官司に組織するとともに、中国の場合とは大きく異なり、例えば染師、挑文師《あやのし》、画師、典革《てんかく》、大宰大工《だざいだいく》等のような職能官人を採用し、職能の育成、伝習を行なわせたのである。しかもそうした職能官人が、しばしば一方で、天皇直属の舎人の称号をもっていたという、櫛木の指摘にも注目しておかなくてはならない。[*9]こうした職能民の中には、歌女《うため》、縫女《ぬいめ》のような女性までが含まれていたのであるが、後年の職能民と天皇との関わりは、ここにその淵源の一つを求めることができよう。

それとともに、本来、神に捧げる初尾《はつお》である贄《にえ》を天皇に貢献する、畿内の網曳《あみひき》、江人《えひと》、鵜飼《うかい》などの雑供戸をはじめ、諸国の贄人の集団があり、また、陵戸、神賤のような神や聖なるものの「奴婢《ぬひ》」があったことも見逃し難い。雑供戸、陵戸などとして、一部、律令制に関わっているとはいえ、基本的には令制の外に置かれていたこれらの人々、とくに世俗の奴婢とはその実態が全く異なる「神の奴隷」ともいうべき人々のあり方については、まだ十分に明らかにされているとはいえない。

しかし、恐らくこれは、「神聖王」ともいうべき、より未開な王権、国家に広く見出される「隷属」の形態の一種であり、この国家、天皇の未開な側面を端的に示すものと思われるが、それがやはり後の職能民のあり方を規定することになっているのである。

官司請負の進展と職能民集団の自立

九世紀から十世紀にかけて、この国家は次第に大きく変質しはじめる。上下の統属関係をもつ官司組織が解体し、各官司を特定の氏《うじ》、家が世襲的に請け負い、その業務を行なうとともに収益を得ることを家業とする官司請負の体制が形成されるとともに、[*10]貴族・官人の官位昇進コースがそれぞれの家に即して定まり、摂関家、名家《めいか》、清華家《せいかけ》、羽林家《うりんけ》等々の家格が固定化し、[*11]十一・十二世紀には前述した「職の体系」に支えられた「王朝国家」の体制が軌道にのっていった。

これは職務に伴う職能の世襲・請負によって成り立つ体制で、算道を家業とする小槻《おづき》氏と主《しゅ》税《ぜい》・主計《しゅけい》寮、明経道《みょうぎょうどう》の中原《なかはら》・清原《きよはら》氏と外記局《げききょく》、陰陽道《おんみょうどう》の安倍《あべ》氏と陰陽寮、医道の丹波《たんば》・和気《わけ》氏と典薬《てんやく》寮などのように、特定の氏がその職能―「芸能」に即して官司を世襲的に運営、掌握したのである。貴族の諸流の場合も、家格に応じて系列化された官職は、それ自体、世襲される家業であり、それを遂行するためには、天皇、摂政、関白から弁官などにいたるまで、それなりの芸能、才を身につけることが必要とされた。侍従宰相、頭中将などが、前述したように「所能」の一つに数えられている理由は、まさしくここにある。

また、順徳天皇の『禁秘抄』に「諸芸能事」として、第一に学問、第二に管絃、そして和歌をあげ、「好色の道、幽玄の儀、棄て置くべからざることか」とし、「雑芸」は「御好あるも難なし、御好なき も難なきことか」とあるのは、天皇の身につけるべき「芸能」の一端であり、この書全体が、天皇の「職」に即した「芸能」「道」を説いているということもできる。そこに「好色の道」があげられているのは、興味深く、注目すべきであるが、貴族・官人の日記はこのようなそれぞれの家の「芸能」を子孫に伝えるものとして重視されたのである。

一方、官司組織の解体に伴い、そこに属していた職能官人や職能民も、十世紀以降、それぞれの職種―「道」に即して自立した職能集団を形成し、官司に対してはその「芸能」「所職」に応じての貢献を請け負う一方、大寺院、神社などにも結びつきつつ、社会の求めに応じて、広範な活動を展開しはじめる。

職種によってそれぞれに個性的であるとはいえ、全体としてみると、惣官・兄部《このこうべ》・長者・長《ちょう》吏《り》等に統轄され、多くの場合、一臈《いちろう》、二臈のような臈次《らっし》の秩序をもち、座的に構成された多様な職能集団が、十一世紀から十二世紀までに、畿内・西国を中心に明確な形をなしてくるが、これこそ「道々の輩」「諸道の細工人」にほかならない。そして十三世紀に入るころには、「諸道の細工人、身の芸能に就きて、色々の私物を売買・交易せしむるは是れ定例なり」といわれたように、「細工」にとどまらず、呪術、遊芸に携わる人々まで含めて、これらの職能集団は、範囲・手法はさまざまであるが、多くは諸国を遍歴・往反して、自らの「芸能」「外才」によってその生業を遂げるようになっていった。「芸能」「道」「才」「職」が、前述したように、天皇・貴族・官人から多様な職能民にいたるまでのあり方を示すキーワードになったのは、このような職能の世襲・請負が広く社会をとらえ、国家の制度にまでなっていったからにほかならない。[*12]

職能民の遍歴の実態

こうした諸種の職能民集団の中で、最も具体的にその活動の実態をたどりうるのは鋳物師の場合で、蔵人所《くろうどどころ》に所属した河内・和泉の鋳物師を中心に諸国の鋳物師を組織した全国的な組織が、十二世紀後半に形成されはじめ、やがて左方、右方および東大寺鋳物師の三集団が姿を現わしてくる。殿上の鉄灯炉の献上を義務づけられたことから、天皇家直属の蔵人所灯炉《とうろ》供御人《くごにん》といわれたこれらの鋳物師たちは、寺社などの注文に応じて自らの「芸能」である銅・鉄の鋳造に従事するとともに、原料鉄および鍋・釜・鋤《すき》・鍬《くわ》などの鉄器物をもって、関渡津泊での関料・津料を免除され、諸国を自由に往反し、市庭《いちば》などで交易に従事した。とくに廻船鋳物師といわれた左方供御人（左方御作手《みつくて》）は、和泉を起点として瀬戸内海を通り、山陰・北陸にまでその足をのばす一方、九州諸国を廻船で遍歴するなど、広域的な活動を展開したのである。[*13]

このように、「道々の輩」の遍歴を支えたのは、十二世紀には確実に西日本で活動していた廻船であったが、それを「芸能」とし、後年「船道者《ふなどう》」といわれた廻船人の集団も、琵琶湖から北陸にかけての日吉大津神人《ひえおおつじにん》、賀茂《かも》・鴨《かも》両社供祭人《ぐさいにん》、瀬戸内海から山陰にかけての石清水八幡宮《いわしみずはちまんぐう》神人、広田社《ひろたしゃ》神人、賀茂・鴨両社供祭人、伊勢から東海道にかけての伊勢神宮神人、紀伊を拠点に太平洋岸や瀬戸内海で活動した熊野神人などのように、その多くは神社と結びつき、「神の奴婢」として神人の称号をもち、往反自由の特権を保証されて動いていた。[*14]

このほか、十四世紀になれば、伊勢の水銀供御人が白粉《おしろい》を売買・交易したと推定され、和泉の近木《こぎ》に本拠を置く櫛造《くしづくり》も御櫛生供御人《みくししょうくごにん》として櫛の交易に従事したのをはじめ、傀儡子も自らの「芸能」を営んだだけでなく、櫛などをもって売り歩き、中国大陸から渡来して列島に根拠をもつようになった「唐人《とうじん》」も、薬・飴、それに櫛などをもって各地を遍歴していたのである。[*15]

こうした諸国の自由な往反の特権は、職能民がそれぞれに、天皇・神・仏などのような人の力をこえた聖なるものの「奴婢」―直属民となり、それ自身、たやすく一般平民の手をふれ難い存在―供御人・神人・寄人《よりうど》となることによって、社会的、制度的に保証されるとともに、少なくとも西日本の交通路支配権を掌握する天皇、およびその承認の下に神社あるいは六波羅探題《ろくはらたんだい》などの発給する過所《かしょ》―関所等の通行許可証を得ることによって、確実なものとされたのであった。[*16]

そして、遊女、白拍子、巫子《みこ》、獅子舞、猿曳《さるひき》、琵琶法師《びわほっし》、さらには後述する博打、また非人などの場合も、十四世紀まではこれと同様の立場に立ち、それぞれに諸国を遍歴し、その「芸能」を営んでいた、と私は考える。

天皇・神仏に直属する「道々の輩」

このように、十一世紀以降、多様な職能民集団は各々の来歴、立場に応じて、天皇や神仏の直属民となり、その中の主だったものは供御人・神人・寄人などの称号を与えられて活動していたのであるが、そこに、「芸能」「才」そして「道々の輩」に対する当時の社会のとらえ方の本質が端的に現われている。

十五世紀以降の、例えば世阿弥の『花伝書《かでんしょ》』などにみられるような「芸能」を身につけるための修業の筋道は、まだここでは示されていない。十四世紀以前の「芸能」「才」は、工人の技術をも含めて、大西広が広い目配りで蒐集したような、それにまつわる伝説でいろどられており、[*17] それ自体、神仏の撰択、援助、示現《じげん》、神仏によって授けられた霊感、霊力によって得られるものととらえられていた。

職能民自身もそのように「自覚」していたのであり、それ故、職能民は多様な意味での、自らの「芸能」の営みの初尾、初穂《はつほ》を、まず神仏に捧げたのである。天皇に対して供御人の奉献した「上分」も、また全く同じ意味をもつものにほかならない。

広義の「芸能」であった交易＝商業や出挙《すいこ》＝金融も、神仏との関わりではじめて行なうことができた。これについてはすでに別に詳述したので、[*18] ここでは立ち入らないが、贈与互酬による人と人、人と物の関係を断ち切る神仏と世俗との境界の場、市庭において、商品交換ははじめて可能だったのであり、金融もまた、神物としての初穂の貸与、出挙に源流をもつ神物・仏物である「上分物《じょうぶんもつ》」の貸付の形をとることによって、社会の承認を得ることができたのである。

さらに職能民の遍歴する山野河海、道路、津泊、浜浦が、市庭と同様の境界領域、私流にいえば、「無縁《むえん》」の場であったことも、その背景に置いて考えなくてはならない。[*19]「道々の輩」、多様な遍歴する職能民を、天皇・神仏などの人の力をこえた存在に仕える「奴婢」、聖別された人々と社会がとらえ、王朝国家が十一世紀後半以降、これを神人・供御人制として制度化した理由は、おおよそこのようなところに求めることができよう。そして、こうした「隷属」の仕方は、贄人・神賤の流れをくむものであり、その限りにおいて、この時期の天皇はなお神聖王としての一面をもっていたといわなければならない。

ただここで限定を付しておかなくてはならないのは、さきにもふれたように、これは日本列島の中で、畿内・西国―沖縄を除く西日本の社会における職能民に対する見方、制度であり、東国―北海道を除く東日本においては、こうした職能民のとらえ方は稀薄のようで、神人・供御人制もほとんど作動しなかったという事実である。職能の請負・世襲についても同様であり、荘園公領制における「職の体系」も、東国では実質的な意味をもっていない。

周知の通り、西日本の社会には律令国家成立以前、すでに職掌の氏による世襲の体制―いわゆる氏姓制度が形成されており、そのうえに律令制の官職制度が受容された結果、これまで述べてきたような独特な官司・職能民の存在形態が生まれてきたとみることができる。しかし、東日本の社会は、あるいは古くからそれとは異なる体質をもっていたとすることも十分に考えうるのではないかと思うので、なによりこの東西の差異が、戦闘の中から生まれた武人の王権、鎌倉幕府の国家としての特質に関わっていることは間違いない。

佐藤進一が的確に解明したように、この国家の「上下統属関係はいわゆる職務階統制にもとづくものではなくして、武家社会にとくに著しい主従制の投影ともいうべき正員＝代官制の上に形成された」のであり、[*20]職能民―「道々の輩」「芸能に依って召し仕わる輩」もまた、将軍を頂点とする世俗的な主従制の下に組織されていた。

この原理は「聖なるもの」に仕える人々にも適用されており、源満仲《みつなか》以後、義家にいたる源氏の祖の廟所であった摂津国の多田院《ただのいん》に仕え、これを守護する人々、王朝国家の原理に立てば、当然、神人・寄人あるいは墓守[*21]と位置づけられるべき人々を、幕府は本所《ほんじょ》・散所《さんじょ》の「御家人《ごけにん》」ととらえているのである。[*22]

こうした東西の相違は、職能民集団自体のあり方、あるいは国家の職能民に対する姿勢にも、必ずや現われてくるものと思われるが、それについては後日を期し、そうした一事例にもなるのではないかと思われる博打について、つぎに多少ふみこんで考えてみたいと思う。

博打の「芸能」

「芸能」としての博打と博奕禁制

博打、双六打が「芸能」「所能」の一つであり、その「道」もあったことについてはさきにふれた通りであるが、他方、双六、四一半《しいちはん》などの博奕《ばくち》が、ときに「諸悪の源」「悪党の根本」とされるほど、王朝・幕府のきびしい禁制の対象となっていることも周知の事実である。*23

とはいえ、嘉禄二年（一二二六）二月十四日、京中の「博奕狂者」が、宰相中将信盛の家の門や築垣の辺りに群をなし、座を儲《もう》けて「双六の芸」にふけり、家の者が制しても一向に承引せず、やむなく家主がこのことを六波羅探題に触れたところ、遣わされてきた武士たちは、公卿の「小舎人冠者」まで含めて、一人のこらず搦《から》めとり、鼻をそぎ、「二指」を斬ったことについて、藤原定家がいささか驚いた様子で、「此事においては、若くは禁ぜらるるか」と『明月記』に記していることに注目しておく必要があろう。この前年、博奕をきびしく禁じた公家新制が定められているにもかかわらず、定家がこのようにいっている点からみて、双六を「芸」

●双六。左側の男は『東北院職人歌合』の「博打」の男と同じく裸体である。
『鳥獣戯画』（模写）。『新編　絵巻物による日本常民生活絵引』（平凡社）より。

とみる見方に対し、武士の処断はまことにきびしいものと受けとられたのではないかと思われる。

実際、十三世紀半ばごろから頻々《ひんぴん》と発せられた幕府の博奕禁制は、悪党禁圧令とも結びついて、きわめて峻厳《しゅんげん》だったことは事実であり、博奕で所領を賭け取られる御家人が多く現われることによって、主従制の動揺するのを恐れる幕府の志向に、王朝のあり方と異質なものを見出すことも、あるいは可能かもしれない。

国衙の双六別当

たしかに、古代の天皇家には博奕好きが少なくないので、後白河上皇にいたっては自ら博奕に打ちこみ、仁安三年（一一六八）五月十一日、「院中博奕の外、他事なし」[*24]といわれるほどであった。また『宇津保物語』の「藤原の君」の巻で、あて宮に懸想《けそう》した上野宮が「陰陽師、覡、博打、京童部《きようわらわべ》、嫗、翁」を召し集めて謀《はか》りごとを行ない、ついに多くの京童部、博打たちを集めて、あて宮を奪い取ろうとしたことからも知られるように、貴族たちと博打、京童部、濫僧《ろうそう》たちとの関係は、近く親しいものがあったのである。

こうした状況からみて、近年の後藤紀彦をはじめとする多くの研究により、十四世紀以前の遊女・白拍子・傀儡子がいずれかの官司、役所に属し、宮廷の行事に出仕していたことが証明されたように、博打もまた同じく朝廷と公的な関係をもっていたのではないか、とする予想は十分に立てることができたのであるが、案の定、ごく最近、その予想を実証するための明確な手がかりがえられた。

戸田芳実[*25]および『加能史料』平安Ⅳなどでその全文が紹介された、文化庁保管『医心方』の巻第二十五の紙背文書《しはいもんじょ》、十二世紀前半と推定される国務《こくむ》雑事《ぞうじ》条々《じょうじょう》事書《ことがき》がそれで、ここには加賀国の国守が国務として執り行なうべき雑事の事書が八十七カ条も列挙され、神社、仏寺からはじまり、「浦々海人事」や「神民等事」「先達等事」「女騎事」等々、興味深い条も多数みられるが、その末尾近くに「雙六《すごろく》別当事」「巫女別当事」が並んで現われるのである。

すでに知られている「遊君別当」「白拍子奉行人」などと同様、双六打や巫女を統轄する公式の役職が、国衙の機関として実在したことが、これによって明確になったので、戸田のいう通り、「双六の賭博にも国衙が何らかのかたちで関与」していたことは確実といってよい。

「我が子は二十に成りぬらん、博打してこそ歩くなれ、国々の博党《ばくとう》に、さすがに子なれば憎《にく》か無《な》し、負《ま》かいたまふな、王子の住吉西の宮」と『梁塵秘抄《りょうじんひしょう》』の今様《いまよう》に現われる「国々の博党」、伊予国の「高名のふるばくち」天竺《てんじく》の冠者《かじゃ》が従えていた八十余人の博打は、それぞれの国において、こうした双六別当などの役職に統轄されていたのであろう。また、この天竺の冠者は、党をなす博打たちを統率する「長者」「兄部」のごとき人であり、恐らく博打もまた、蔦次によって秩序づけられた座的な組織をなしていたことも、まず間違いないのではなかろうか。

　そして、このように国々の博打を統轄する役職が国衙に実在しているとすれば、京中の博打たちを中心に、広く博打を統轄する朝廷の官司、役職があったことも、十分な確度をもって推測することができる。

　その探索は今後の課題であるが、それにしても、双六打の「芸能」は一体、いかなる役割を国衙、あるいは朝廷で果たしていたのであろうか。さきの双六別当が巫女別当と並んでいることは、『東北院職人歌合』五番本において博打と巫女とが番《つが》いにされていることと見事に照応しており、博打・双六打が巫女と同じように、神意を伝えるなんらかの呪術的な役割を担っていたことを予測させるが、さきごろ偶目した次に掲げる史料は、それを考えるうえでの有力な手がかりを提供するものと思われる。

出産と双六

『公衡公記《きんひらこうき》』第三には、乾元二年（一三〇三）の「昭訓門院御産愚記」と、延慶四年（一三一一）の「広義門院御産愚記」とが収められている。昭訓門院は西園寺実兼の娘、公衡の妹に当たり、亀山の后で、その年の五月九日に男子、のちの恒明を出産した。また広義門院は公衡の息女、後伏見の妃であり、延慶四年の二月二十三日に女子を生んでいる。

公衡はこの二回の出産に立ち合い、その状況を詳細に記録しているが、女性にとって生命にも関わる一生の間の重大事ともいうべき出産に当たっては、現在ですらさまざまな呪術の片鱗《へんりん》が結びついており、この十四世紀初頭の女院《にょいん》の出産には、当時考えうる限りの祈禱《きとう》、放生《ほうじょう》をはじめとする多種多様な呪術が動員された。その一つ一つについて、由来、意味を明らかにすることは興味深い課題であるが、ここではそれに深入りすることはさけ、ほぼ同じ手続きで行なわれた二回の出産のさいの状況を、公衡の記述に従って辿ってみると、おおよそつぎのようになる。

出産の当日、妊婦が産気を催してくると、出産のための座が用意される。牛皮二枚を敷き、その上に灰を散じ、御座・畳を敷き加えるが、この灰をまくのは後述するように、「ウブスナ」であろう。この産婦の座のすぐ南には験者《げんざ》の座が設けられている。このときの両度とも僧正道昭が験者であり、道昭が法印実讃（延慶のときはさらに法印実静）を伴って、定められた座につくと、その南の座に物付《ものつき》が参上する。

物付は女性で、乾元のときは一人、延慶のさいは三人であった。いうまでもなく物付は、物《もの》の気《け》、神霊を渡す―のり移らせるために、験者、祈禱師が伴う人で、童子の場合もあったといわれるが、「物つき女」[*26]「御物付女」[*27]のように、多くの場合は女性で、『公衡公記』第四、「後深草院崩御記」嘉元二年（一三〇四）七月二日条の「物付」は「本道の輩に非《あら》ず、ただ聊《いささ》か神気あるの女を求め出し、これを渡す」と割注されており、同九日条の物付は「字《あざな》阿古」といわれる女性であった。ここに「本道の者」とある点からみて、物付は本来、「道」をもつ「芸能」民が携わる役であったことは確実で、後述するように、まず間違いなく巫女だったのではないかと思われる。

さて、乾元の出産に当たって、物付はやはり女性の弟子一人を伴っており、参上して座につくと、替わる替わる「打博」—博《はく》を打っているのである。恐らくこの行為と関係するのであろうが、験者・物付の座の西の障子の外に、北方から屏風を立てまわし、莚《むしろ》を敷いて、「雙六局」を置き、そこは「博所」とされている。延慶のときにもみえるこの「雙六局」がどのように用いられたのかは明らかでないが、物付たちの「打博」は、恐らく双六の賽《さい》そのものを打っているのではなかろうか。ここでは博打・双六打自身は登場していないが、これは出産に当たって、本来、双六打が物付—巫女とともになんらかの役割を果たしていたことを物語っているのではないかと思われる。

これらのことについては、すでに保立道久が的確に指摘している通りで、[*28] 保立は『餓鬼草紙《がきぞうし》』に描かれた半裸の女性を巫女とし、その傍に双六盤の置いてあることに着目し、巫女と博打の密接な関係に言及している。その推定通り、この巫女が物付であり、僧侶は験者、双六盤は博所に当たるが、とすると、こうした習俗は女院のような高貴な女性の出産だけでなく、広く社会で行なわれていたことも間違いないといってよい。

そして出産が近づいてくると、女院の腰を女房、公衡、ついには亀山法皇までが抱いてこれを扶持する。保立のいう通り、これは「後ろ抱き」であるが、一方ではあらかじめ桶に用意された土器《かわらけ》を女房たちが破り、散米している。さきの産の座にまかれた砂が恐らく保立の注目した「ウブスナ」で、やはり悪霊退散のために打撒の散米は行なわれているのである。また、藤原良章は保立に従い、『餓鬼草紙』にみえるカワラケの破片を甑《こしき》のそれとみているが、これはこの土器破りの破片としてよかろう。*29

やがて雷の如き諸僧の加持《かじ》の声の中で、女院は男子を出産する。公衡は産の座から外に出てこれを知らせるが、このときは男女の別をいわないのがならわしだとしている。ついで、「後の御事」――胞衣《えな》の降りる後産のための祈禱が行なわれ、公衡の命によって屋上に昇った庁の召使が寝殿の棟から甑を落とし、これを破る。この古くから行なわれている儀礼についても、保立がその音と関わらせるとともに、甑自体は女性の性器そのものを意味するという興味深い見解を提示している。

まもなく胞衣が降りると、石を焼き、酢をかけたものを妊婦にかがせ、諸僧の加持の声を止めたところで、公衡が新生児の耳に口を寄せ、自らの手に白生絹袋に入れた九十九文の銭をも

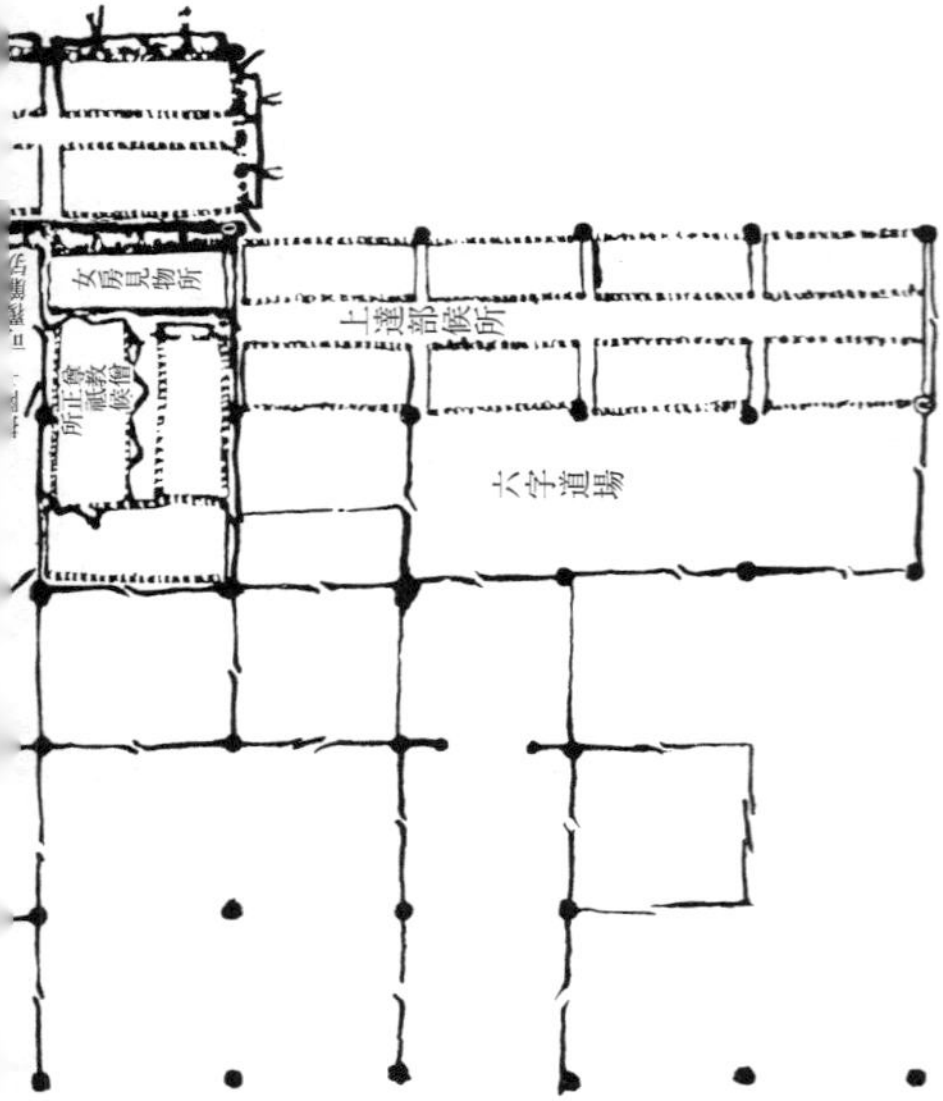
女房見物所
上達部候所
六字道場

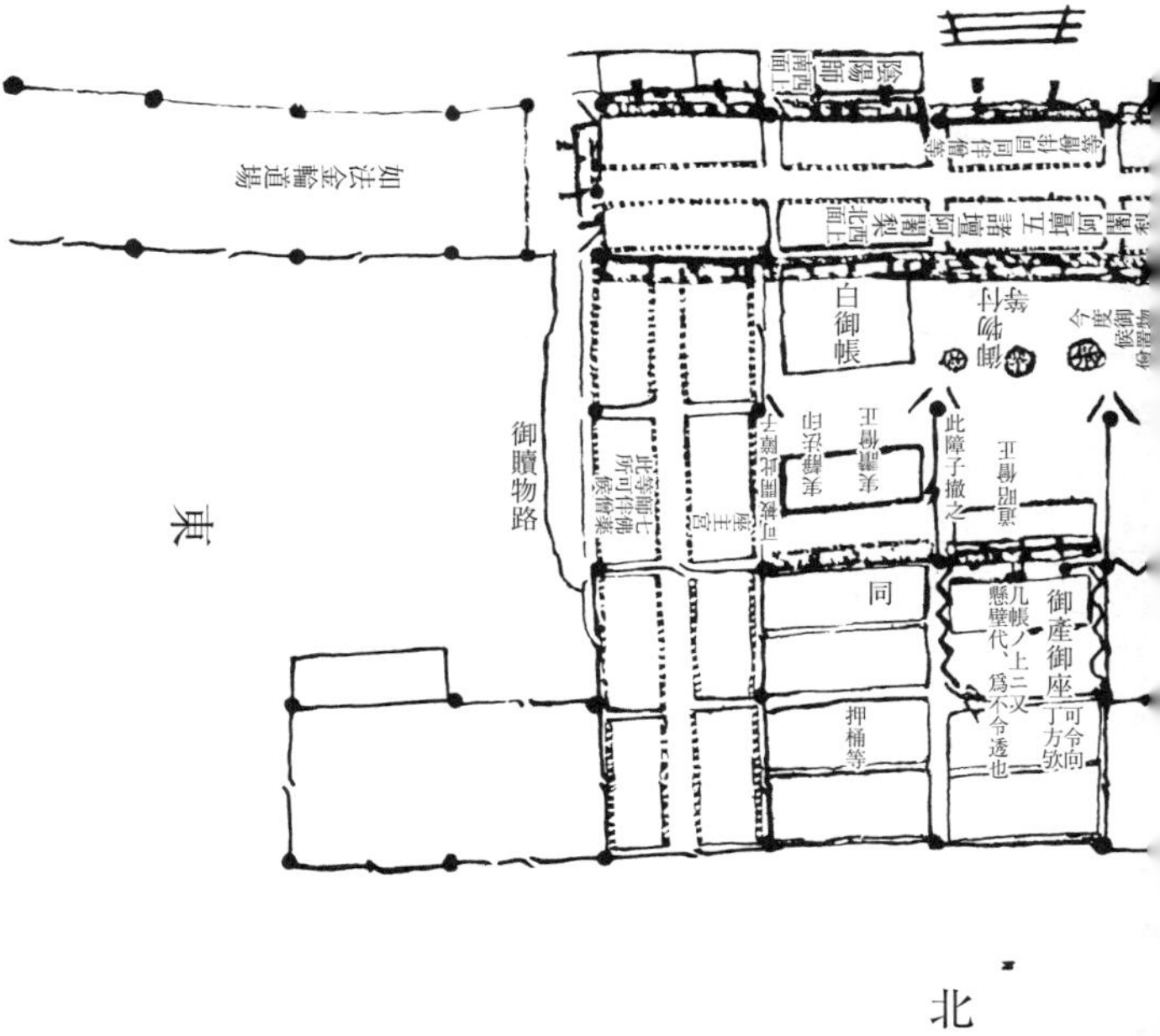

●「広義門院御産愚記」の産室の図。中央下に「御産御座」、その上方に「御物付」「博所」がみえる。楕円形にかかれているものは双六盤だろうか。『史料纂集』公衡公記第三より。

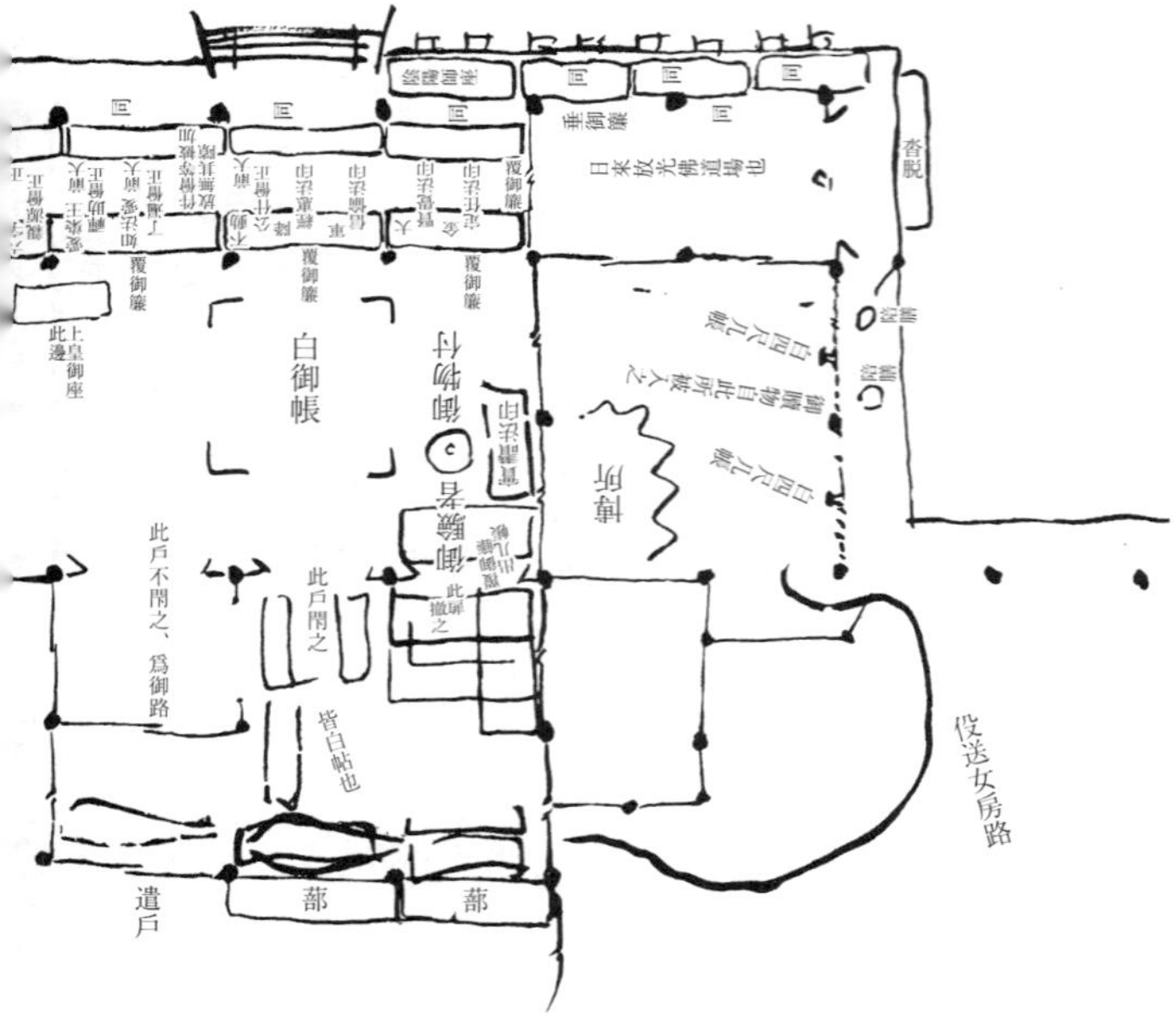
白御帳
上皇御座此邊
此戸不閉之、爲御路
此戸閉之
皆白帖也
遣戸
蔀
蔀
役送女房路

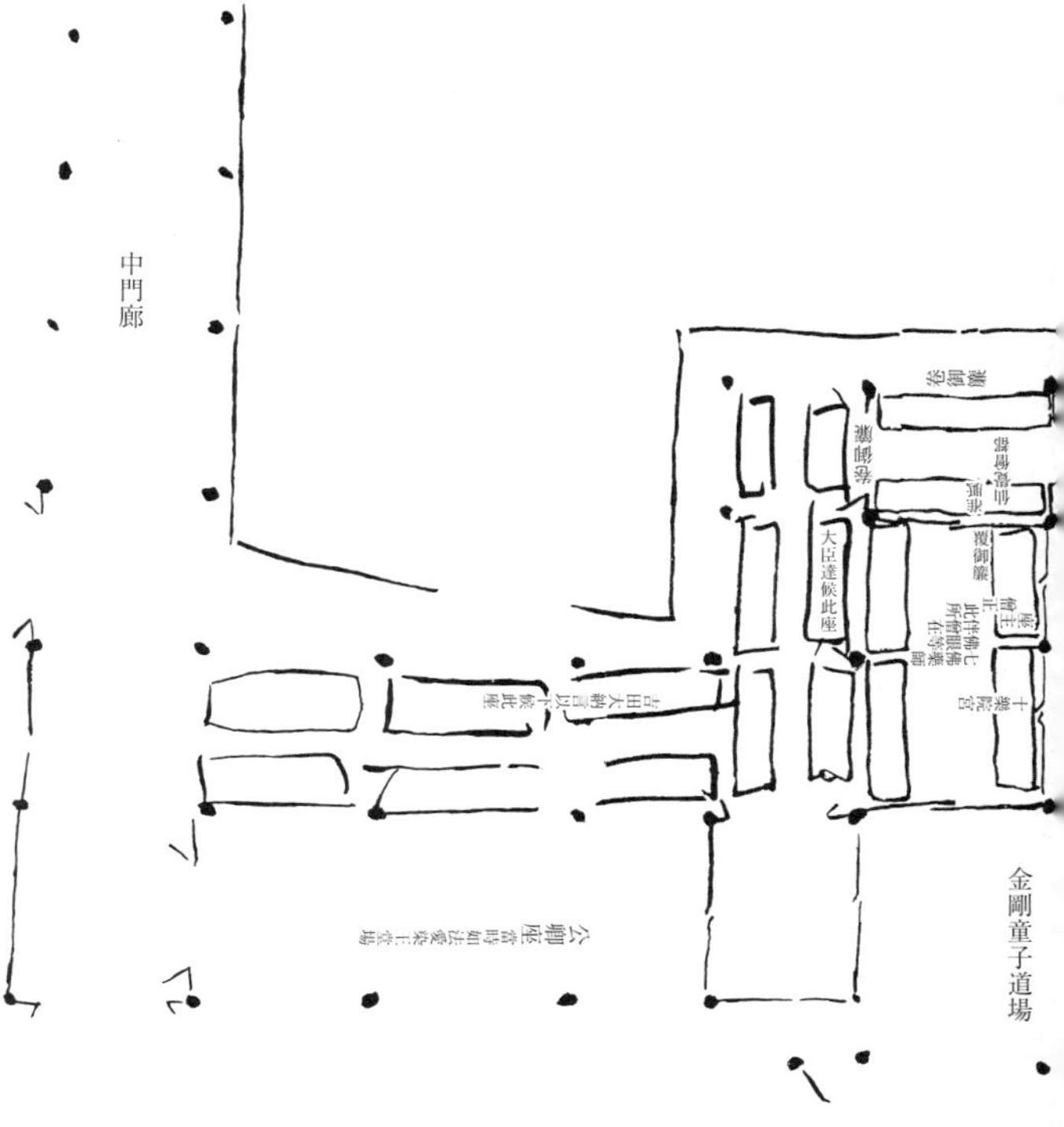

●「昭訓門院御産愚記」の産室の図。中央の「白御帳」の右方に「御物付」「御験者」「博所」がみえる。『史料纂集』公衡公記第三より。

ち、祝詞を三反《べん》となえる。

「天を以て父とし、地を以て母とし、金銭九十九文を領して、児寿せしむ」という祝詞は『山槐記』治承二年（一一七八）十一月十二日条にもみえる古くからの祝詞で、新生児の近親が行なっているが、この間、吉方《えほう》の河竹が持参され、竹刀が作られる。女房は練糸で臍緒《へそのお》を結び、女院は「代々の例に任せて」自らこれを切った。

公衡はまた新生児の左手をひらき、「号ハ善理、寿千歳」と三反となえる。これは「医家の説」と公衡はいっているが、ここで乳《ち》付《つけ》が行なわれ、公衡はさきの銭の袋を新生児の枕頭に置き、出産の儀礼は終了する。

この銭はすでに治承のときにも用いられているが、ここでは「太平通宝」という字をもつ「金銭」であり、[*30] 恐らくこうした儀礼のために鋳造されたものであろう。しかし、本来は銭そのものの呪性につながる問題がここにあることは確実といってよい。

その点を含めて、これらのさまざまな呪術については、なお考えるべき多くの問題があるが、当面、この出産に関わる記事によって、その役割はなお明確ではないとしても、博打、双六打が宮廷と関わっていたことは、ほぼ明らかといってよかろう。『御産部類記』の延長元年（九二三）七月十四日条にみえる「碁手銭五十貫」、同じく寛弘五年（一〇〇八）九月十一日条にみられる「碁手紙」なども注目すべきで、もともと囲碁の勝負に賭けられる銭である碁手銭《ごてぜに》が、

●『餓鬼草紙』に描かれる出産。手前右に双六盤がみえる。東京国立博物館蔵。

なぜ出産のときに用意され、殿上、五位、六位などに配分されたのかについても、あるいはこの博打との関わりで説明できるのかもしれない。

そしてもしもこれらの推定が認められるならば、博打、双六打は宮廷の行事の中で、巫女とともになんらかの役割を果たす「芸能民」「道々の者」として、官司に属し、別当などに統轄されていたことも、事実として承認されることになろう。＊補注

中世遍歴民の立場の変化

しかしこうした博打・双六打の地位は、十四世紀を境に決定的に変わったものと思われる。博打の集団はいわば社会の暗部に押しこめられていくことになったのであるが、それはときとともにきびしさを増した博奕禁制によってだけではなく、遊女の立場の劇的ともいうべき転換をもたらし、非人・河原者に対する卑賤視を固定化させていったのと全く根を同じくする変化とみなくてはならない。

そして、これまで私流に民族史的、あるいは文明史的転換といってきた、この自然と社会の関係の大きな変化とともに、天皇、神仏の権威もまた急速に低下し、それらに直属していた職能民のあり方、「芸能」「才」「道」「職」に対する社会のとらえ方もまた、否応なしに変わっていった。

かつての多様な職能民のうち、商工業者、廻船人、狭義の芸能民の一部は、十五世紀以降、列島各地の津・泊・浦・浜などに成立していった都市に「屋」をもち、都市民としての立場を固めていったのに対し、依然として遍歴をつづける呪術的・宗教的・遊芸的な芸能民の多くは、次第に社会から賤しめられるようになっていったのである。博打をはじめ琵琶法師、勧進聖《かんじんひじり》、巫女等々は、みなそうした人々であった。

しかし、いまもわれわれが僅かに目にすることのできるこうした人々の芸能、中世遍歴民の流れをくむ多様な芸能が、このような社会の賤視と疎外にたえながらここまで継承されてきたこと、またそれが、ここでその一端を述べたように、列島の社会、人々の生活に深く強靭な根をもち、かつては人々に畏敬され、広く喜ばれ親しまれたものであったことを、われわれは十分に認識しておかなくてはならない。

注

＊1――佐藤厚子「うつほ物語の「学問」――藤原季英の人物像を中心に」(『椙山女学園大学短期大学部二十周年記念論集』一九八九年)。
＊2――『玉葉』文治二年十二月廿九日条。
＊3――「初例抄」上。

＊4——拙著『日本中世の非農業民と天皇』（岩波書店、一九八四年）終章、付論5「「外財」について」。
＊5——『今昔物語集』巻第二十九第二十。
＊6——『除目大成抄』建久七年正月廿九日、藤原高久申文。
＊7——注4前掲拙著、終章I「「職人」について」。
＊8——『類聚三代格』。
＊9——櫛木謙周「技術官人論——日中手工業労働力編成比較の一視点」（『富山大学人文学部紀要』第十五号、一九八九年）。
＊10——佐藤進一『日本の中世国家』（岩波書店、一九八三年）。
＊11——玉井力「「院政」支配と貴族官人層」（『日本の社会史』3『権威と支配』岩波書店、一九八七年）。
＊12——黒田俊雄「日本中世社会と「芸能」」（『岩波講座 日本の音楽・アジアの音楽』第3巻『伝播と変容』岩波書店、一九八八年）
＊13——注4前掲拙著、第三部。
＊14——拙稿「北国の社会と日本海」（『海と列島文化』1、日本海と北国文化、小学館、一九九〇年）。
＊15——拙著『日本中世の民衆像』（岩波書店、一九八〇年）。

＊16――注4前掲拙著『日本中世の非農業民と天皇』。
＊17――大西広「日本・中国の芸術家伝説」（エルンスト・クリス、オットー・クルツ『芸術家伝説』ぺりかん社、一九八九年）。
＊18――拙稿「境界領域と国家」（『日本の社会史』2『境界領域と交通』岩波書店、一九八七年）、本書第二部、2「職能民の存在形態」。
＊19――拙著『増補　無縁・公界・楽』（平凡社、一九八七年）。
＊20――注10佐藤前掲書、九二頁。
＊21――本書第二部、4「神人・供御人」(2)「多武峯の墓守」。
＊22――小田雄三「摂津国多田庄と鎌倉北条氏」（『名古屋大学教養部紀要』第三十四輯、一九九〇年）。
＊23――拙稿「博奕」（網野善彦・石井進・笠松宏至・勝俣鎮夫『中世の罪と罰』東京大学出版会、一九八三年）。
＊24――「愚昧記事」。
＊25――戸田芳実「院政期北陸の国司と国衙」（『初期中世社会史の研究』東京大学出版会、一九九一年）。
＊26――『今昔物語集』巻二十七第四十。
＊27――『御産部類記』下、十二、二条院、康治二年六月十九日条。

＊28――保立道久『中世の愛と従属』（平凡社、一九八六年）。

＊29――藤原良章「中世の食器考――〈かわらけ〉ノート」（『列島の文化史』5、日本エディタースクール出版部、一九八八年）。

＊30――『花園天皇日記』文保三年四月廿一日条。

補注――網野房子「韓国一巫女の宗教的世界――全羅南道珍島の調査から」（『民族学研究』六二―三、一九九七年）によると、韓国の珍島では現在でも、巫女が死の儀式を執り行なっているが、そのさい必ず男達が博打に興じていると報告されている。巫女と博打の深い関係を考える場合、この事例はきわめて興味深く、あるいは日本列島でも、古くはそうした関わりが葬儀のさいにあった可能性も十分にあると思われる。

4 神人・供御人

(1) 北陸の日吉神人《ひえじにん》

はじめに

神人についての研究は、戦前以来、おおよそ二つの視点から推進されてきた。一つは神人を商工業の担い手としてとらえる視点であり、戦前の小野晃嗣[*1]、豊田武[*2]、清水三男[*3]等、戦後の脇田晴子[*4]によって、着実な成果があげられてきた。他の一つは、神人を農民支配のための組織とみる観点で、石母田正[*5]の見方に端を発し、河音能平[*6]、黒田日出男[*7]によって、それぞれ批判的に継承されているといってよかろう。

この二つの視点自体が物語っているように、神人を主として非農業的生業に携わる集団とみるか、上層農民あるいは領主的な存在と考えるかについて、見解は分かれており、神社と神人の関係についても、きびしい人身的隷属関係とするか、複数の寺社、権門に兼属しうる自発性の強い支配関係とみるかに関しても、さまざまな色合はあれ、見方は分岐している。そして神人が一般平民の村落から区別された特権的な集団であったことは、大方の認めるところであるとはいえ、その反面、一部に賤視される人々のあったことも注目されているのである。

もとよりこうしたさまざまな問題をここで直ちに解決することはできないが、私はときに自ら「神奴」といって憚るところのなかった神人の「神への隷属」のあり方は、奴隷制、農奴制等々のこれまでの隷属形態に関わる範疇ではとらえきれないものがある、と考えている。「寺奴」といわれた寺院の寄人《よりうど》、天皇の供御人《くごにん》とその本質を同じくするこうした中世の神人のあり方は、古代に遡れば采女《うねめ》、神賤等の問題につながり、降っては近世の被差別民の問題に、少なくともその一部は確実に結びつく。そして、このような神、仏、あるいはそれに准じられる神聖な王への直属民——「神の奴隷」は、世界の諸民族にも恐らくは広範に見出される存在であり、神人の問題も、そうした人類社会に広く見出される隷属形態の一種として、あらためて問い直される必要があるものと、私は考える。[*8]

ただ、こうした根本問題を考えるためには、神人の本格的な個別研究がさらに推進されなくてはなるまい。戦前以来、すでにかなりの蓄積はあり、最近、丹生谷哲一による春日神人、[*9]脇田晴子による八幡宮大山崎神人の研究等、[*10]すぐれた研究がつぎつぎに発表されつつあるが、未開拓な分野はなお広く残されているといわなくてはならないので、ここでは空白のごく一部を埋めるために、日吉社大津神人について、その実態の一端をさぐってみたいと思う。

一　日吉社大津神人

日吉神人について正面からとりあげた研究は、豊田武「延暦寺の山僧と日吉社神人の活動」[*11]のみにとどまるが、そのうち大津神人に関しては、日吉上分米の初見史料とされる保延二年（一一三六）九月日の明法博士連署勘文案[*12]が早くから注目されており[*13]、戸田芳実がこれを詳細に分析し、いくつかの重要な事実を指摘している[*14]。

大津神人に「散位《さんい》」の有位者が多いことに注目した戸田は、その中の一人中原成行が白河院召次勾当《めしつぎこうとう》、愛智郡司、日吉新宮神事勤仕人を兼ねた近江国における「国内名士」であった事実を明らかにした。これは神人の性格を考えるうえできわめて注目すべきことであるが、戸田はさらに大津神人の借上《かしあげ》としての活動が、貸付対象に即してみると、上は公卿から諸国受領《ずりよう》、中央官司の官人、下は田堵から「物売四条女」にいたる広い範囲に及んでおり、地域的にも近江、越前、越中をはじめ筑前の芦屋津にまでわたっていたことを指摘している。大津神人が非農業的な活動に携わり、単純に「上層農民」などとはいい難い広域的な活動を展開していたことは、これによって明白であろう。

すでにこのとき、大津神人は左方、右方に分かれていたが、豊田武[*15]、『新修大津市史』[*16]がそれぞれ言及しているように、天喜二年（一〇五四）には史料にその姿を現わす大津神人が、神人として組織を整えてくる過程で左右に分かれ、それぞれ長者に統轄されるようになるのは、恐らく十一世紀後半のこととみてよかろう。ただ、「唐崎御供《ごくう》」を大津浜の人々が勤仕したのは、さらに古く遡るものと思われ、[*17]これに関連して、大津神人は粟津橋本供御人とも深い関わりをもっていた。[*18]

豊田は日吉神人について「大山崎の神人が灯油を行商し歩いたような隊商的性格は少なかったし、賀茂社の神人のような海商的性格もなかった」と特徴づけている。[*19]たしかに、賀茂・鴨社供祭人《ぐさいにん》のような顕著な海民的性格を日吉神人がもっていなかったことは間違いないとはいえ、こうした点を考えると、この大津神人に関しては、粟津橋本供御人とともに、古代の近江国の贄人にまで遡る海民的な特質をもつ神人と考えるべきであろう。

それは鎌倉期に入り、大津神人が北陸道諸国の海辺に分布している事実によって、さらに明確にすることができる。[*20]以下、その状況を国別に考えてみることとする。

二　北陸道諸国の大津神人

〔越後〕建仁二年（一二〇二）六月日、日吉社大津左右神人等解[*21]は、「在国神人解」に応じ、越後国豊田荘地頭開瀬義盛の神人に対する狼藉を激しく糺弾した。それによると義盛は神人清正を搦《から》め取り、禁誡を加え、科料を行ない、住宅を封納し、所持する神物を追捕《ついぶ》しただけでなく、清正の私宅に嫡男開瀬太郎を居え、そのうえ「山王三聖御正躰」を奪って破損し、泥中に踏み入れ、三十余人の神人等を刃傷、凌轢《りようれき》するという甚だしい濫妨《らんぼう》を行なった。しかも義盛は神人を縄で縛り、「竹綱」を差して鎌倉に連行した、というのである。この濫妨を列挙し、義盛が罪科に処されないならば神事を停めるという姿勢を示しつつ、「日本者神国也、神克護国之故也」と強調したこの解に、左方長者散位藤原有賢をはじめ筑前権介藤原則貞等七人の左方神人、右方長者散位文屋通貞をはじめ前右京進大江貞資等六人の右方神人は連署して本社にこれを進め、座主の政所を経て院に上奏してほしいと訴えた。

この訴訟の結果は不詳であるが、越後国に大津神人の「在国神人」が三十余人いたこと、「北陸道神人」とよばれる大津神人の組織があったこと、この人々がその私宅に「山王三聖御正躰」「神物」を保持していたことなどの興味深い事実を、この解によってよく知ることができる。そして東大寺領であった豊田荘が、東と北を「佐々木河」で限られ、段別五斗の官物米、町別五両の綿を、越前の敦賀津に石別一斗の船賃で送進する荘園であったことからみて[*22]、この「在国」の大津神人が、現在の新潟東港を中心とする海辺の津・泊に根拠をもち、恐らくこうした年貢物の輸送にも携わった廻船人であったことは、前述した大津神人のあり方、後述する若狭の神人のあり方からみて、推定してまず間違いないと思われる。しかし越後の大津神人は決して豊田荘のみにいたのではなかった。

仁治二年（一二四二）六月十日の法橋庄円奉書[*23]——名越朝時書下は、越後府中の神人が神役に随《したが》わぬことを訴えた大津左右方神人長者等の申状をうけて、神人が社役を勤仕すべきこと、万雑公事は先例によるべきことを「越後守護中務大夫[*24]」に充てて命じている。この長者等の申状に「在家注文」が副えられていた点からみて、神人の在家は平民百姓の在家と区別されており、社役も在家単位で賦課されたものと思われる。そしてこのように、直江津を国津とする越後府中にも大津神人の在家があったことは、これを廻船人とするさきの推測をさらに強く支える事実で、大津神人の在国神人は越後各地の津・泊に散在し、廻船に従事していたとみてよかろう。

ただ、こうした神人の社役懈《け》怠《たい》が長者等によって名越氏に訴えられたのは、名越氏が越後の国務、守護を併有していたこと、問題の神人の在家が府中に所在していたこと、神人の社役懈怠の一因に守護による「万雑公事」の賦課があったことなどに理由があるものと思われるが、これは一面で、大津神人の北陸道における組織が、国主、守護の保証を得ることによって成り立っていたことを示すものといわなくてはならない。保元新制以後、神人交名《きょうみょう》を諸国に作成、注進させた公家、それを継承した鎌倉幕府による諸国神人の統制のあり方を、ここにうかがうことができる[*25]。

〔越中〕『本朝世紀』久安五年（一一四九）三月二十日条によって、日吉社が越中国で神人を殺害した者を訴えていることを確認しうる。この事実と、さきの保延の明法博士勘文に、日吉上分米《じょうぶんまい》を借りた「元越中国府官・田堵等」が見出されることとをあわせてみれば、越中において大津神人が活動していたことは間違いないといってよかろう。

〔能登〕建仁元年（一二〇一）七月二十五日、日吉神人が能登国目代の濫行を訴えていること[*26]からみて能登におけるその活動は明らかであるが、貞応三年（一二二四）十月一日の熊来《くまき》荘の立券文に、免在家として熊甲宮十九宇、賀茂宮神主一宇と並んで、日吉社右方神主一宇のあることに注目しておかなくてはならない。[*27]この荘の内に多気志、長前、深浦、志賀浦など、「塩釜」をもつ浦があった点、この免在家が「神主」のそれといわれているとはいえ、「右方」という呼称から考えて大津神人とみられること等に着目すれば、この神主――神人も越後の場合と同じく、廻船に関わりをもつ人と推定してよかろう。また、荘園・公領の公的な文書に神人の在家が「免在家」として現われることも注意すべき事実といえよう。

また、日吉社領に神人がつねにいたとは必ずしもいい難いが、文永十年（一二七三）十一月十四日の関東下知状[*28]に、日吉社領堀松《ほりまつ》荘の地頭が、預所下人が彼岸の日に漁をしたとしてその船を押え取ったといわれており、ここにも漁撈――海と関わりのある神人のいた可能性は十分にあるといってよい。

は可能である。

〔佐渡〕日吉社領として新穂荘《にいぼ》があり、[*29]ここに日吉神人の根拠があったことを推測すること

〔加賀〕『中右記』寛治六年（一〇九二）九月十八日、同二十日条等により、加賀守藤原為房が日吉神人の訴えによって免官されたことを知りうる。これは国守と現地の神人の衝突に端を発した事件とみてよかろう。またこの国の場合も、大桑荘・永富荘・能美荘《のみ》等の日吉社領があって、[*30]日吉神人の活動は当然、予想されるが、中世に入ってからの実態をとらえることはできない。

〔越前〕さきの保延の勘文に、越前国木田荘住人検校が日吉上分米を借用したとあり、大津神人の越前での活動を確認しうるが、建暦三年（一二一三）三月、この国における大津神人の出挙の呵責《かしゃく》について、守護大内惟義の代官重頼が「制符」に基づきこれを停止したのが原因で、神人たちと重頼との訴訟がおこり、ついに五月四日、衆徒たちは「神人解職」を不当とし、客人宮の神輿を中堂に振り上げるにいたった。[*31]この制符が建暦二年三月二十二日に発せられ、諸社神人・諸寺悪僧の濫行停止をその第八条で規定した公家新制であることは間違いないところで、これは越後の場合にみられたように、守護による在国神人の統制の実状を示すものといえよう。

この点は、その後、田中稔によって紹介された建保二年（一二一四）四月二十五日、中原政

康解[32]によって、さらに明らかにすることができる。このとき越前国守護に内裏大番役を催促された政康は、「当郡」（恐らく敦賀郡）に居住し、日吉神人であるとともに「気比《けひ》大菩薩神奴」であった養父の跡をうけつぎ、当郡に居住してからすでに四十年を経ているが、養父の場合も、また自分も大番役を勤めたことはないとし、弓箭も帯びず、「兵」の氏でもなく、専ら神事を営んできた自分は大番役を勤める器量ではないうえに、所労により「行歩叶わず」と述べて、大番役の免除を守護に訴えているのである。

ここでとくに注目すべきは、日吉神人が国御家人に准じて、大番役を賦課されるような人であった点で、これは前述した戸田芳実の指摘[34]をさらに裏づける事実である。しかもそうした人が自らを「神奴」と称しているのも見逃し難いことで、「寺奴」「神奴」等の語から直ちに俗界の奴隷制的な支配を考えることの誤りも、これによって明白といってよかろう。守護はこうした神人と御家人とを、それぞれの交名によって掌握していたのであるが、ここにみられるような両者の混同がなおおこっていることも注意すべきで、承久の乱以前のこの時期には、一旦、西国御家人となった人が、神の権威を募って神人と称し、御家人役を忌避する場合のありえたことを推測することができる[35]。

またこの解によって、越前の日吉神人の中に気比社神人を兼ねる人のあったことを知りうるのも重要である。これは神人が他の神仏の神人・寄人を兼帯した一事例であるが、それだけでなく、若干の「所課米」を負うとともに、和布、蚫丸、鮭等を貢進した能登・越中・越後・佐渡等の気比社神人のあり方[*36]からみて、この兼帯の事実は日吉神人中原政康が海民的性格を色濃く帯びる人であったことを明らかに示している。[*37]

降って正和五年（一三一六）九月二十五日、東塔東谷檀那院集会事書は、坪江郷住人深町式部大夫以下の輩が事を津料に寄せ、十禅師御簾神人を殺害したと糺弾している。[*38]この御簾神人が大津神人であったかどうかは明らかではないが、越前には加恵留保、新通、太田野保等の日吉社領[*39]をはじめ多くの山門領荘園が分布し、山門・日吉社の力が強く及んでおり、大津神人を含む海民的性格をもつ日吉神人の活動も、それを背景に活発だったと思われる。

〔若狭〕若狭に対する山門使、日吉神人拒捍使《きょかんし》の活発な働きかけについては、すでに細かく明らかにされている通りで[*40]、建永二年（一二〇七）、御賀尾《みかお》浦刀禰《うらとね》とみられる加茂安守が、日吉社左方御供所により「四月末日御供神人職」に補任されたのをはじめ[*41]、日吉神宝を立て置き、任符を与えるなどの手段によって、山門使は浦刀禰クラスの人々を日吉神人に組織しようとしている。実際、志穂浦刀禰安倍氏をはじめとするこの浦の人々は、青蓮院《しょうれんいん》によってその活動を保証された廻船人であり、恐らくは日吉神人を兼ねていたであろう。山門領となった海辺の菅浜浦をはじめとする織田《おた》荘内の三箇浦や小河浦、食見等にも日吉神人となった浦の海民のいたことは、十分に考えられる。

こうした神人たちが大津神人であったかどうかを明確に確認することはできないが、前述した状況からみて、これらの人々の中に廻船に携わる北陸道大津神人のいたことは間違いなかろう。

以上により、越後・能登・越前では確実に、越中・加賀・若狭でもほぼ間違いなく大津神人の存在を確認することができるが、佐渡を含むこれらの諸国には日吉社領が分布しており、「北陸道神人」という呼称のあった点からみて、北陸道のすべての国々に大津神人がいたと推定して、さして不自然ではあるまい。

もとより北陸道以外にも、保延の勘文にみられるように、大津神人の活動は京都を中心として広範囲にわたっており、摂津にも大津神人を称する人のいたことを確認しうるが、[*42]これら他の地域での神人の活動の解明は今後の研究に俟つこととし、ひとまず北陸道の神人に即してその特質をまとめてみることとする。

三　北陸道神人の特質

すでに前述した通り、北陸道の大津神人の多くは海辺の津・泊、浦・浜に分布しており、全体として海民的な性格がきわめて強いことは疑いないといってよかろう。もとより、越前の場合のように、北陸道の大津神人も日吉上分物の「出挙《すいこ》」を行なっていたが、若狭志積《しつみ》浦の安倍氏が廻船人であったことからみて、この人々は北陸道の海上交通を担う廻船人として、一つの神人集団に組織されていたものと私は考える。当然これらの神人は漁撈・製塩等にも従事していたが、山門・日吉社が期待したのはその面ではなく、琵琶湖と北陸を結ぶ水の交通路に対する支配であり、北陸道神人が大津神人とされた理由もそこにあったものと思われる。こうして平安末期から鎌倉前期にかけて、賀茂社、新日吉《いまひえ》社などと競合しつつも、山門・日吉社はこの方面の海上交通に強力な影響を及ぼすにいたったのである。

ここで神人となったのは、能登の神人が「神主」といわれ、若狭の浦刀禰クラスの人が神人となり、越前国日吉神人が大番役を賦課されたことからも知られるように、平民上層―名主クラスから侍クラスの人々であった。神人を在地領主・上層農民とする見方のでてくる根拠はここにあり、西国御家人と供御人・神人のあり方の酷似はこの点からみても明らかであるが、神人を世俗の領主・上層農民と等置することは、やはり明白な誤りといわなくてはならない。実際ひとたび神人職に補任されると、これらの人々は「聖なるもの」に直属する聖別された存在として、その在家は「免在家」として平民の在家と区別されて、在家役を免除され、神人交名にのせられたのである。そして「神宝」「御正躰」「任符」等を保持し、恐らく平民と異なる衣服を着け、視覚的にも聖別されたものであることを明らかにした神人たちに対しては[*43]、俗人はたやすく手をかけることを許されなかった。こうして神の権威の下に、神人たちは保証された職能上の特権――大津神人の場合は廻船人としての自由通行権、「神物」である日吉上分物を「出挙」するなどの特権を行使し、職能民としての諸活動を展開したのである。

大津神人は大津に根拠を置く神人と、北陸道諸国に在国する神人とに分かれていたが、在国神人を含めて左方、右方に分かれ、それぞれ前述したように長者に統轄されていた。そしてさきの越後の場合のように、在国神人の訴訟は大津の左右方神人、長者を通じて座主にもちこまれ、越前の大津神人の問題が衆徒による神輿の振り上げに発展したことの示す通り、神輿に象徴される神人の特権は、単に神の権威のみならず山門全体の巨大な力によって擁護され、貫徹された。それはこの越前の事件をはじめ、大津神人利正に偽って禁制の銭貨を使用させ、それを理由に利正を禁獄、その所持物を奪い取った使庁官人能宗が、衆徒の訴訟によって遠流に処せられ、検非違使《けびいし》別当公継までが解官された正治二年（一二〇〇）の事件[*44]、さらに大津神人ではないが近江国高島郡の散在駕輿丁《かよちょう》神人と衝突した田中郷地頭佐々木高信と代官遠政が遠流に処された文暦二年（一二三五）の事件[*45]等々、鎌倉時代を通じて枚挙に遑ないほど頻々とおこった神人をめぐる事件がよく物語っている。

たださきにも述べた通り、北陸道に在国する神人たちに対する大津左方、右方長者の統制は、必ずしも全面的に及んでいたわけではなく、越後、能登、越前等の事例の示すように、公家、武家の制符に基づく国主―国守、守護による規制が加わっていた点に注意しておかなくてはならない。蔵人所によって組織された鋳物師—灯炉供御人に対する守護の規制、干渉が、鎌倉後期以降、次第に強まっていったの[*46]と同様に、こうした規制は時代の降るとともに、在国する大津神人に対しても強化されていったものと思われる。そしてその中で、山門・日吉社の北陸道の海上交通に対する影響力も、徐々に失われていくこととなったのである。

むすび

以上、大津神人に即して述べてきた、神人のあり方について、これを支配階級ないしその手先とみることもできないわけではない。出挙米をきびしく呵責する神人の姿に、石母田が伊賀国黒田荘に即して指摘した「堕落した執達吏」を見出すことも可能である。また、神人と御家人との実態の類似に着目し、これを「領主」ととらえる見方も成り立ちうるであろう。

しかし、このような立場に立っていたのでは、職能—「芸能」を通じて神に「従属」する聖別された存在としての神人の本質、供御人・神人・寄人などの天皇、神仏の直属民が、中世、とくに非農業的な世界において示した多様な活動をとらえることは決してできない、と私は考える。また、これらの人々の一部が、かつて「聖別」された存在であったが故に、後年、平民によって「賤視」されるという、日本の社会を考えるさいに目をそむけることを許されない重大な事実も、この見方からは抜け落ちてしまうと思われる。とはいえ、この問題を全面的に論ずるためには、なお個別的な研究が積み重ねられる必要があり、後日を期するほかない。

大津神人は室町期には粟津供御人と合体しつつ、戦国期まで近江を中心に活発な活動をつづけているが[*47]、その北陸道における活動は、南北朝期以降、いまのところ管見に入っていない。この点、今後の追究の余地が残っているので軽々に断定し難いが、いま述べた通り、山門・日吉社の北陸道に対する影響力が、守護の力の増大とともに退潮していったことはやはり間違いない事実といわなくてはなるまい。

実際、北陸道諸国の守護は、越前を除き、佐渡は大仏氏、越後・越中・能登・加賀は名越氏、若狭は得宗と、すべて北条氏一門であった[*48]。北条氏が海上交通の掌握にきわめて積極的であったことは、すでに指摘されている通りであり、この海域についても、北条時宗が若狭国多烏《たがらす》浦の船徳勝に与えた周知の過所旗章[*49]によって、そうした姿勢をよく知ることができる。

正和五年（一三一六）に確認しうる「関東御免津軽船二十艘[*50]」がその延長上にあることも、あらためていうまでもないことで、越中国大袋荘東放生津住人本阿の大船をはじめ、こうした大船をもつ廻船人は北陸道から津軽にいたる津・泊に散在していたものと思われる[*51]。恐らく北陸道における大津神人の活動は、守護の職権を背景とした北条氏に組織されるこれらの廻船人によって、圧倒されていったのではなかろうか[*52]。

もとよりそこに、南北朝動乱を境とする天皇、神仏の権威の著しい低下が、神人という地位そのものの魅力を急速に失わせていったという根本的な要因も働いていたと思われるが、[*53]その経緯を中世後期の北陸の海上交通、廻船人に即して考える課題も今後に残し、このささやかな事例紹介を終わりたいと思う。

注

＊1――小野晃嗣『日本中世商業史の研究』（法政大学出版局、一九八八年）。
＊2――豊田武著作集第三巻『中世の商人と交通』（吉川弘文館、一九八三年）所収の諸論稿。
＊3――『日本中世の村落』（日本評論社、一九四二年）。
＊4――『日本中世商業発達史の研究』（御茶の水書房、一九六九年）、『日本中世都市論』（東京大学出版会、一九八一年）。
＊5――『中世的世界の形成』（伊藤書店、一九四六年、岩波文庫、一九八五年再刊）第四章、三。
＊6――『中世封建制成立史論』（東京大学出版会、一九七一年）第二章、『中世封建社会の首都と農村』（東京大学出版会、一九八四年）第一章。
＊7――『日本中世開発史の研究』（校倉書房、一九八四年）第三部第二章。ただ黒田は同書第二部第四章の「中世的河川交通の展開と神人・寄人」においては、この見方を大きく変え、寄人を木守、筏師ととらえている。
＊8――拙稿「日本論の視座」（『日本民俗文化大系』1、小学館、一九八六年、『日本論の視座』

小学館、一九九〇年）及び「中世前期における職能民の存在形態」（永原慶二、佐々木潤之介編『日本中世史研究の軌跡』東京大学出版会、一九八八年）参照。

＊9――丹生谷哲一「和泉国における春日社神人」（『忠岡の歴史』三号、『日本中世の身分と社会』塙書房、一九九三年、所収）。

＊10――注4前掲『日本中世都市論』。

＊11――注2前掲『中世の商人と交通』所収。

＊12――『壬生家文書』六、一五七一号。

＊13――阿部猛『中世日本荘園史の研究』（新生社、一九六七年）第四章三「荘園制と出挙」。

＊14――戸田芳実「王朝都市と荘園体制」（『岩波講座　日本歴史』古代4、岩波書店、一九七六年、『初期中世社会史の研究』東京大学出版会、一九九一年、所収）。

＊15――注11論稿。

＊16――『新修大津市史』2、中世（一九七九年）第一章第四節、第三章第三節。

＊17――この点については豊田も前掲論稿で言及しているが、山本ひろ子「〈物語〉のトポスと交通」（『物語・差別・天皇制』五月社、一九八五年）は大津神人の祖と伝えられる田中恒世、粟津供御人との関係、湖上神事と粟津の御供本、さらに大津神人と大津の四宮との関係などについて、興味深い議論を展開している。

＊18――前注参照。後述するように『山科家礼記』第五、延徳三年十一月十七日条に「近江国粟津

橋本・大津東西浦供御人」とあり、室町期には両者が合体することからみても、この関係の深さは明らかである。

＊19――注11論稿。

＊20――拙稿「古代・中世・近世初期の漁撈と海産物の流通」（『講座・日本技術の社会史』第二巻『塩業・漁業』日本評論社、一九八五年）。

＊21――「江藤文書」（『鎌倉遺文』三―一三〇九）。

＊22――『東大寺続要録』建保二年五月日、東大寺領諸荘田数所当等注進状（『鎌倉遺文』四―二一〇七）。「中条家文書」仁治元年九月廿七日、越後国奥山荘預所藤原尚成和与状によって「大津問」が地頭と預所の争点になっていることを知りうるが、『新潟県史』（通史編2、中世）の指摘する通り、奥山荘の年貢は大津の問により運送・管理されたとみてよかろう。それを担ったのはやはり大津神人であったと思われる。

＊23――「古案記録草案」三（『新潟県史』資料編4、中世二）二二一一号。もとより、この文書は写であるが、袖に「遠江入道殿御下知、有□之御判」とある。この遠江入道が、佐藤進一『増訂鎌倉幕府守護制度の研究』（東京大学出版会、一九七一年）の越後の項で考証されているように、「ある時期から越後の守護職と国務を併有したと考えられる」名越朝時とみて間違いなかろう。朝時は嘉禎二年（一二三六）三月までは越後守であり、九月以降は遠江守であった。この文書からみて、この時点、朝時は知行国主として国務を掌握して

いたのであろう。仁治二年には朝時は俗体で、その出家は翌寛元元年であるが、これは後年の書き入れであり、「遠江入道」とあっても不自然ではなかろう。

＊24――この中務大夫は名越一族とみられるが、その実名を確定しえない。『吾妻鏡』暦仁元年（一二三八）二月廿八日条の将軍頼経の中納言拝賀のさいの前駈に、中務権少輔時長が北条氏一族と肩を並べているが、朝時の子時長は同じころ遠江三郎といわれており、これにあてることはできない。最も蓋然性の高い光時はこのころ周防左馬助といわれており、該当しない。

＊25――『続々群書類従』第十六、雑部、弘安八年十二月日、但馬国大田文には牧田郷、東河郷、石禾上郷、高生郷、日置郷、高田郷、気多郷、狭治郷、八代郷、小坂郷、下里郷等に八幡神人の免田のあったことを記載している。神人の免田、免在家はこのような形で国衙、守護所によって掌握されていたものと思われる。

＊26――『三長記』同日条。

＊27――「久麻加夫都阿良加志比古神社文書」（『鎌倉遺文』五―三二九二）。

＊28――『高野山文書之八』又続宝簡集百四、一七五六号。

＊29――西岡虎之助「中世荘園における本家・領家の支配組織」（『荘園史の研究』下巻一、岩波書店、一九五六年、所収）。

＊30――同右。

＊31――『天台座主記』権僧正公円記。
＊32――田中稔「醍醐寺所蔵『諸尊道場観集』紙背文書(下)」（醍醐寺文化財研究所『研究紀要』七号、六二号文書）。
＊33――同右、六一号文書、（建保二年）六月卅日、遠江守大江親広書状は、七月一日より越前国御家人が内裏大番を勤仕するという守護大内惟義の報告に対する返書である。
＊34――注14前掲戸田論稿。
＊35――もとより逆の場合もありえたので、この解をそのように解することもできる。
＊36――「気比社伝旧記」建暦二年九月日、越前国気比宮政所作田所当米等注進状。これによって見ると、越前には敦賀郡の気比社領に根拠をもったとみられる本社神人のほか、丹生郡蒲生浦にも神人がいたと記されているが、これはすでに逃亡しており、政康は本社神人だったとみられる。
＊37――後年、敦賀の川舟座によって知られる道川氏が、気比社に貢納物を進める気比社神人と推定される点も参照してよかろう。
＊38――「大乗院文書」雑々引付（『小浜・敦賀・三国湊史料』所収）。
＊39――注29前掲西岡論稿。
＊40――河音能平『中世封建制成立史論』（注6前掲）、拙稿「海民の社会と歴史(三)―若狭(上)」（『社会史研究』5、日本エディタースクール出版部、一九八四年）等参照。

＊41――「大音文書」（『若狭漁村史料』所収）。

＊42――注14前掲戸田論稿。なお「神田孝平氏所蔵文書」正嘉元年六月十二日、法眼某奉書に、「彼浦普光寺事」について大津左方神人守氏が訴えていることを知りうる。この「彼浦」は恐らく大津浦であろうが、普光寺についてはなおその所在を確認していない。

＊43――春日社神人が黄衣を着け、とくに和泉の海民的な神人が供菜桶をその身分標識としたことは、丹生谷哲一が指摘する通りであり（注9論稿）、日吉神人の場合も同様であったろう。

＊44――『天台座主記』僧正法印弁雅記。

＊45――『吾妻鏡』嘉禎元年七月廿七日条、同廿九日条。

＊46――拙著『日本中世の非農業民と天皇』（岩波書店、一九八四年）第三部第二章。

＊47――注18前掲『山科家礼記』。

＊48――佐藤進一『増訂鎌倉幕府守護制度の研究』（注23前掲）。

＊49――「秦文書」（『若狭漁村史料』所収）。

＊50――「大乗院文書」雑々引付、正和五年三月日、越中国大袋庄東放生津住人沙弥本阿代則房重申状。

＊51――「大音文書」正和五年十一月日、忠国陳状案にみられる常神浦刀禰蓮昇が息女乙王女に譲った「大船一艘名フクマサリ」や、多烏浦の徳勝も、こうした廻船人の船であったとみてよかろう。

＊52——井上寛司「中世山陰における水運と都市の発達」（有光有学編『戦国期権力と地域社会』吉川弘文館、一九八六年）が追究する山陰の水運の究明も今後の課題である。山陰にも山門・日吉社領が少なからず分布しており、北条氏一門も鎌倉後期、その要津を押えていた（拙著『蒙古襲来』小学館、一九七四年）。

＊53——この問題も注8拙稿で多少ふれたが、詳論は後日を期したいと思う。

(2)　多武峯《とうのみね》の墓守

はじめに

中世において、人と人との間で結ばれる従属、隷属の関係については、これまで俗人・僧侶等の間の主従関係、あるいは主による下人の所有—奴隷的または農奴的な従属関係を中心に議論が行なわれてきた。そして、供御人《くごにん》、神人《じにん》などの人々についても、こうした俗人の間に結ばれる従属関係と同様に考え、「神奴」などの言葉から、これを強い隷属関係の下に置かれた人々とする見方が有力であった。

しかし、別の機会にやや詳しく言及したように、[*1] 供御人、神人、さらに十一世紀後半以降の寄人《よりうど》のあり方は、このようなとらえ方では到底理解し難いものがあり、これらの人々の特質は、天皇、神仏などの「聖なるもの」、世俗の人の世界をこえた存在に対する従属という、従来、ほとんど追究されることのなかった「従属」関係のあり方を考えることによって、はじめて明らかにしうる、と私は考えている。王朝国家は十二世紀から十三世紀前半にかけて、これらの人々を「神人・供御人制」ともいうべき制度の下に置き、こうした「従属」関係、供御人・神人・寄人など、「聖なるもの」の「奴婢《ぬひ》」を制度的に位置づけた、とみることができるのである。

ここでは、このような視点に立ち、「多武峯御墓守」とよばれ、平安末期から鎌倉期にかけて活発な動きをみせた、多武峯の藤原鎌足の廟の墓守について、管見に入った限りの史料に基づいて、若干、考察することによって、中世前期における「聖なるもの」の直属民について、さらにそのあり方をさぐってみたいと思う。

これまで、この多武峯の墓守について、正面から取り上げた研究のあることを私は知らないが、墓守一般については、瀧川政次郎がその論文「陵戸考」[*2]において、陵戸《りょうこ》の起源は首長の墳墓を守衛するハカモリベにあり、大化以後、天皇家の陵をまもるものが陵戸として令制に定められ、陵守と墓守とが区別されたこと、『延喜式』に現われる守戸《しゅこ》は仮陵戸であることなどを指摘している。そして瀧川は陵戸が賤に位置づけられたのは死穢に対する忌避によるとし、守戸を後年の夙、尸倶などとよばれた被差別部落に結びつけているのである。

しかし陵戸が賤とされた理由について、神野清一はこの瀧川説に疑問を呈し、古代においては墓地を「穢れ」た地としてみるよりも、むしろ「聖地」である墓地に対して穢の及ぶことの忌避の意識の方が強かったことを指摘、瀧川説が直ちには成り立たないことを主張している。[*3]そして、陵戸は罪穢とも直接の関わりがないとしつつ、神野は結局、陵戸を賤としたのは、浜口重国が指摘するように唐制に倣った結果である、とする。

ただ、周知の「鹿島神賤」のような「聖なる」神に「隷属」する人々が「賤」とよばれたこと、聖地である陵墓を守る陵戸が「賤」に位置づけられたこととは恐らく無関係ではあるまい。とすれば、古代の「賤」の規定についても、単に唐制の模倣というだけでない、日本の社会独自の問題を考える余地が残されているのではないか、ともいえると思うが、いま、こうした古代史の問題に立ち入るだけの力を私はもたないので、その性格を基本的には陵戸と同じくすると思われる、高位の貴族の墓の墓守の一事例として、多武峯の墓守の古代から中世にかけてのあり方の推移を辿ることによって、墓地を「聖地」とみて瀧川説を批判した神野の的確な主張を、検証、補足することにつとめてみたい。

とくに、瀧川が被差別部落の源流の一つを、さきにふれたように陵戸、守戸に求め、また実際、そうした伝承が被差別部落自体に伝わっているだけに、事実を正確に追究しておく必要がある、と私は考える。本稿はその課題にできるだけ接近するための、一つの試みにほかならない。

一　墓守の設置

天皇家の陵だけでなく、后妃、その外戚に当たる藤原氏の人々の墓に、それらを守衛する墓戸、守戸が設定されたことは、すでによく知られている。

そうした墓には荷前《のさき》の幣が捧げられており、『日本三代実録』天安二年（八五八）十二月九日条に、詔して十陵四墓を定め、外戚としては大和国十市《とおち》郡の藤原鎌足の多武峯墓、山城国宇治郡の同冬嗣の宇治墓等に幣が捧げられたという記事がみえるのをはじめ、国史にしばしばその記事を見出しうる。また、同上仁和元年（八八五）十月八日条に、山城国愛宕《おたぎ》郡の藤原総継、同数子の墓に各一戸の「守家」を置いたとあるように、これらの墓にはそれぞれ守戸、墓戸などの墓守が置かれたのである。

『延喜式』諸陵寮式には天皇家の陵とともに、これら外戚の墓が列挙され、それぞれ一烟あるいは二烟の墓戸、守戸が置かれていたことを知りうるが、「淡海公」藤原不比等の墓[*4]としてあげられている多武峯墓には、守戸が設置されていない。しかし、式においては守戸一烟が置かれたのみとされている藤原武智麻呂の大和国宇智郡後阿陀墓について、寛弘六年（一〇〇九）十二月二十八日の太政官符[*5]は武智麻呂が天平九年（七三七）七月二十五日に死んだのち、宇智郡加美郷前山に墓が点定され、守戸六烟・徭丁《ようてい》十二人を給わり、永く墳墓を守らしめた、としており、『延喜式』よりも数多い守戸・徭丁をあげているので、多武峯についても、この式のみで、直ちに全く墓守が置かれていなかったといい切ることはできないのである。

事実、『多武峯略記』[*6]（以下『略記』と略称する）巻下、第八徭丁の項には、多武峯の墓守徭丁は貞観七年（八六五）の官宣旨で定数十八人と定められたが[*7]、同十年正月十六日に大和守となった藤原本雄がこれを九人に減定したとあり、『延喜式』にみえない墓守徭丁が置かれていた、とされている。

『略記』によると、その後、寛平三年（八九一）正月に国守となった藤原継蔭のとき、座主延安が十市郡百姓別地上貞丸の戸田を「徭丁《ようてい》之代」とすることを請い、その地子《じし》を「沙弥等巡検食料、香灯修理等料」とした。しかし徭丁の員数は、依然として郡司の制約によって九人にとどまったので、実性が検校のとき、承平二年（九三二）に国守に補任された源清平に訴えて三人を加え、さらに天暦二年（九四八）、国守藤原忠幹のとき六人を加え、ようやく本数十八人に達した、と『略記』は記している。

その口代として、田四町二畝百七十歩を充てたとも、畠各三段を充てたともいわれ、また忠幹は講堂不断香料の五人を含む徭丁十人と山陵巡検守護料供田三段を寄付したとする記録もあるとされているが、いずれにせよ十世紀半ばにいたって、墓守徭丁とそれを支える田畠が国守によって確定されたことは間違いない。

前述した武智麻呂の阿陀墓の守戸・徭丁[*8]についても、田五町六段を割き、その功稲百八十束を充て行なうこととされていたが、郡司が功稲を弁ぜず、また料田も坪付が定まらないという不安定な状況にあったのを、栄山寺の解に応じたさきの寛弘六年の官符によって、坪を定め、不輸租田として、その功稲を守丁――墓守徭丁の資粮《しろう》とすることにしている。恐らく多武峯の徭丁の場合も、十一世紀以降には同様の動きが進んでいたものと思われる。

それは康保元年（九六四）十二月十三日の醍醐寺牒[*9]により、山階山陵の陵戸五烟の戸田が確定されて寺領となり、永久元年（一一一三）十二月日の玄蕃寮牒案[*10]により、諸陵の陵戸田が同寮領として定められたのと、基本的には同じ動向とみることができるので、陵戸、守戸、墓戸、徭丁等、それぞれに淵源を異にするとはいえ、十一、十二世紀、陵墓を守衛する墓守は、寮領、寺領となった田畠によって、その資粮を支えられる、いわば中世的な荘園公領制下の墓守の形態をとるようになっていったのである。

『兵範記』仁安二年（一一六七）正月二十三日条や同七月二十七日条に現われる、宇治浄妙寺の藤原氏の墓所を守る国正丸などの少なくとも六人以上の「御墓守」も、もとより同様の人々であろうが[*11]、これらの陵墓の墓守のうち、多武峯の墓守は十一世紀後半以降、とくに顕著な活動をみせるようになってくる。

二　墓守の増加とその活動

『略記』によると、多武峯墓守の数は十一世紀後半、藤原頼通の時代に、「東西諸郡御墓守員数百八十人」と、一躍、十倍に増加し、近衛基通が摂政であった十二世紀末には、「御墓守七百余人」とさらに激増、その増加はついに政治問題になるにいたっている。

このような墓守の急増が、十世紀後半から、例えば『小右記』永観二年（九八四）十一月八日条や『御堂関白記』寛弘元年（一〇〇四）九月二十五日条などのように、記録等に頻出するようになる多武峯の墓山の鳴動、怪異、それに対する藤原氏の人々の畏敬、尊重を背景にしていることはいうまでもない。[*12] こうした怪異が注進されると、藤原氏の貴族たちが物忌を行なっているのも、よく知られたことである。

それとともに、九世紀半ば、嘉祥元年（八四八）に峯にのぼり、貞観五年（八六三）の官符による「伐木・飼畜・埋屍」の厳制、同六年の四至確定、同七年の「供料田戸」の設定を経て検校となり、寛平六年（八九四）の詔で「師資相伝、可検校御墓守」とされた延安、そのあとをうけて、十世紀前半の天暦年間、仁王会、法華会、大師講などの法会を創始し、多武峯を延暦寺の末寺とした実性、さらに講堂をはじめ法華三昧堂等の堂塔を整えた増賀などの寄与により、多武峯が山門に結びついた強力な寺院として形をなしていったことも、墓守の増加に拍車をかけたとみてよかろう。[*13] それは十一世紀後半ごろから、畿内を中心に進行する供御人、神人、寄人の急増と全く軌を一にする動向にほかならない。そしてこのようにその数を増した墓守の活動は、このころから頻発しはじめる興福寺と多武峯の衝突の中で、にわかに顕著なものになってきたのである。

そうした動きを史料のうえではっきりと確認しうるのは、承暦五年（一〇八一）におこった両寺の衝突のときで、そのきっかけをつくったのは、ほかならぬ多武峯墓守であった。『水左記』同年三月九日条によると、この事件は同月三日、多武峯の僧が興福寺領喜殿《きどの》荘を通過するさい、荘内の放馬を射たのに対し、興福寺の知事法師が制止を加えたことに端を発している。馬を射た僧を搦《から》めとろうとして逃げられた知事法師が、その従者一人を捕えたところ「陵守出来」、この従者を奪いとり、逆に知事法師を搦めて濫妨《らんぼう》をした。これに怒った興福寺大衆は大挙して多武峯を攻め、住人の宅を焼き払い、累の及ぶことを恐れた多武峯所司が「大織冠御影」を取り出すという事態にまで立ちいたった。*14

この報が京に届いたのが三月九日であるが、『師記』によると、その後も「御影」はもとに帰らず、多武峯からはさかんに「墓鳴」「御影像面破給」(同月十九日条)、「聖霊御影御面、又破裂給」(同月二十三日)という怪異が報ぜられ、ついに二十五日にいたって「多武峯僧競興入洛」という状況にまで発展した。この中に「御墓守」のいたことは、同記の三月二十六日条の記事によって明らかであるが、結局、多武峯使、推問使が発遣され、二十八日に大織冠像は本座に復し、一応、事は収まったのである。多武峯僧の嗷訴《ごうそ》のさい、墓守たちが重要な役割を果たしたことは、この経過をみれば間違いないところで、神輿を担ぐ神人と同じく、墓守たちは大織冠像を持したのではなかろうか。

ついで天仁元年(一一〇八)九月十一日、興福寺大衆は多武峯を襲い、食堂・経蔵等の堂塔を焼いた。[*15] これは平等院経蔵に施入された高田荘近辺の所領田畠をめぐる相論に端を発し、当事者の一方が多武峯、他方が興福寺に頼ったことからおこった騒動で、墓守の関与は明らかでないが、承安二年（一一七二）から翌年にかけておこった、興福寺による多武峯の三度目の焼亡のさいには、墓守たちがまさしくその主役として活動している。[*16]

この事のおこりは、承安二年、南淵坂田寺が多武峯の末寺と確定したさい、十人の十禅師たちが山王権現を多武峯に勧請したことにはじまる。八月四日、首尾よく長者宣を与えられた十禅師たちは、かねての立願の通り、同月十日、椋橋郷の采女石の辺に山王の宝殿を造り、九月六日、山王祭を行なった。

しかし、延暦寺の力がこのような形で大和に及ぶことをきらう興福寺大衆は、大和国中の多武峯墓守、日吉神人が興福寺を忽諸《こつしよ》しようとしているとし、中綱・仕丁を国中に下し遣わし、山王祭に供奉した輩を責勘し、住宅を焼き、山王自体を停止しようとした。

その結果、十二月二十四日、千代市において細川郷の墓守延俊が西宮荘司是貞の聟行包に凌《りよう》轢《れき》され、怒った墓守たちが是貞の住宅を焼失すべく、興福寺領西宮荘に乱入、興福寺側は国中に下知して、多武峯の僧の往還を停止するという挙に出て、これに報復するにいたったのである。

多武峯側もこれに対抗し、翌承安三年四月、延暦寺に訴えたため、山門の大衆は騒動して、北国の興福寺領諸荘を悉く押妨《おうぼう》、四月二十六日、興福寺の大衆も蜂起し、多武峯を焼失すべしと僉議《せんぎ》の末、東西に関を居《す》えて、往還を止めた。そして六月八日、多武峯側は椋橋に居えられた関を打ち破り、これを契機として二十日、ついに合戦が行なわれ、激闘の末、二十五日、興福寺勢は多武峯の講堂、金堂をはじめ、主要な堂塔のすべてを焼き払った。

以上は『略記』の記すところであるが、『玉葉』によると、[*17] 多武峯側が、興福寺は峯領の六カ荘を押取り、墓守を打ったと非難するのに対し、寺側は、すでに墓守を打った犯人は搦め進めたのに、峯側が墓守を召進しないといい、また峯側は、大衆が関を固めているために進められないのだというのに対し、寺側は峯には叡山の凶徒がたてこもり、南都七大寺を焼こうとしているとして、ついに峯を焼き払うにいたったと記している。

事は南都と北嶺の正面からの対立として、さらに大きくなっていったが、それはともかく、ここではこの大事件が、墓守に対する凌轢が直接の契機となっている事実に注目しておかなくてはならない。

実際、『略記』下が、「御墓守権威」としてあげている事例は、多武峯墓守の権威がいかに絶大であったかを、よく物語っている。その一つは、寿永元年（一一八二）十二月十九日、平重衡の家人、前武者所当麻倫康の住宅に墓守たちが押寄せ、墓守二人が殺害され、多数が疵を負うという事件がおこったとき、多武峯のきびしい訴えによって、重衡もついに倫康をかばい切れず、これを検非違使に渡し、倫康の住宅は荒廃の地となった、という事例で、いまをときめく当時の平氏の権勢も、墓守の権威の前には、ついに敗退を余儀なくされたのである。

また他の事例は、建久七年（一一九六）十月一日、磯野郷住人義弁法師が、地頭仲教入道の家人にして興福寺東金堂寄人という権威を背景に、墓守の長紀助親を殺したのに対し、墓守の訴えによって、翌年六月晦日、使庁の使が磯野郷に入り、義弁等は逃げ隠れ、その住宅は倫康の場合と同様、荒廃したという事件で、鎌倉幕府、興福寺の力も、また墓守の権威には通じなかった、とされている。

もとよりこれらは多武峯側の記録であり、多少の割引も必要であろうが、しかしさきの承安の事件は、この記事が決して単なる誇張でないことを、よく物語っているといえよう。

墓守はこれとは別に、この前後、興福寺、主水司とも訴訟をおこしており、七百余人にまでふくれ上がった墓守の員数を減らすことが、摂政九条兼実のときに問題化し、多武峯側の訴えもあって、結局、建久四年（一一九三）九月三日、定数を三百六十人と定めた長者宣が下っている。[*18]これが、建久元年の新制に伴う神人交名注進によるその定数確定の一環であることは明らかで、王朝側は多武峯墓守を神人・供御人制の枠内に統御しようとしているのであるが、さきの事例によっても知られるように、墓守たちはたやすくそれに従おうとしていないのである。

そして嘉禄三年（一二二七）にいたって、墓守は興福寺及び幕府と、またしても正面から衝突するにいたった。

興福寺との問題は、七月五日、多武峯寺が国民当四郎清国が郷内を焼き払ったと訴えたのにはじまる。[*19] ついで八月、多武峯衆徒は清国をはじめ、中綱・仕丁等数百人が国中に乱れ下り、墓守たちの住宅三百余宇を焼失、資財物を運び取り、峯領を没収したとして、朝廷に対し、興福寺を糺弾した。[*20]

興福寺衆徒も逆に、多武峯衆徒が寺領の神人を殺害したといって蜂起し、「大明神」を移殿に渡して入洛の勢いを示し、山門衆徒もまた訴状を朝廷に進め、事態は承安の騒動と同様の方向に動きはじめた。そしてその契機をつくったのも、そのときと同様に多武峯墓守だったのである。

多武峯側は張本三名の召進を要求、十月二十四日、もしそれが実現しなければ恒例仏神事を延引するとし、十二月には多少とも鎮静化の萌しがみえたが、[*21] 翌安貞二年（一二二八）に入ると、事態は最悪になり、四月五日、多武峯近辺で合戦がおこり、三日には「南都悪徒」が発向、二十七日、峯の堂舎僧房を焼き払った。[*22]

これに対抗して、山門もまた近江の興福寺領を没収、清水寺を焼くという風聞もあり、怒った興福寺衆徒は五月二十八日、興福寺・春日社の門戸を閉じて離散するにいたった。

この事件については、幕府も使を京都に遣わしているが、じつはこれと並行して、多武峯墓守は関東の地頭とも、また別の衝突事件をおこしていたのである。嘉禄三年八月の大和国豊国荘地頭長布施四郎重康申状[*23]がその事情を伝えているが、ことは承久の乱に遡る。

重康は、この荘の前下司刑部丞行季が京方となった科で所領を没官された跡を勲功賞として与えられ、地頭となったのであるが、行季は承服せず「多武峯御墓守」と号して訴訟をおこし、敗訴するや「預所長忠五師幷御墓守神人」を語らい、前年（嘉禄二年）七月、「御墓守神人等」が地頭代宿所に乱入、数宇の舎屋を破損し、冑以下の物具を池の中に取り入れ、収納早米や資財を追捕して、地頭代を安堵させず、荘を押領しようとした、と重康はいう。

重康の訴えに応じ、関東・六波羅が動き、摂関家から長者宣が下ったが、行季は参上せず、加えて預所幸尼が荘内の興田村を春日社に寄進、神領には地頭あるべからずといい、十月にはまたもや数十人の神人と号する「凶徒」が代官の許に乱入、狼藉を行ない、十一月にはついに荘家政所を焼き払うにいたった。

この興田村には墓守もいたようで、嘉禄三年閏三月十三日の関東御教書は「興田郷御墓守狼藉事」としており、このときの神人もやはり墓守とみてよいと思われる。そしてこの御教書に応じた長者宣、寺家下知を所持する六波羅の使と寺家使は、地頭代を伴って四月十九日、荘に入部したが、百姓たちは代官を迎えたのに対し、「狼藉人」は一人も姿をみせない。ともあれ代官は如法堂に寄宿し、使たちが引き揚げるや、たちまち「悪党三百人許」が代官の宿所を囲み、火をかけて数字を焼き払い、代官が逃げこんだ如法堂の蔀《しとみ》造戸を切り破るにいたり、代官は命からがら荘から逃げるほかはなかった、と重康はさきの申状で縷々《るる》述べている。

あたかも嘉禄元年（一二二五）の新制は、諸社神人の濫行の禁遏《きんあつ》を命じており、重康はそれを背景に行季や長忠を罪科に処せられたいと訴えたのであるが、逆に、地頭を禁獄せよとの「衆儀」まで表面化するにいたり、幕府も地頭職の根本に関わる問題として、さきの二人の関東への召進を六波羅に命じ、[*24]六波羅も御教書の形式で、これを強硬に朝廷に申し入れている。[*25]

この問題がどのようにして収拾されたかは明らかでないが、これらの事件を通して、多武峯墓守が「御墓守神人」とよばれ、三百余宇といわれるほどの数の人々がいたこと、その中には荘園の下司となるほどの人もおり、地頭代を追放するだけの強力な組織的武力として、幕府、地頭から「悪党」と糺弾されたことなど、重要な事実を知ることができる。これによって、墓守が神人・寄人と全く同様の集団であったことは疑いないといってよかろう。

多武峯は寛喜元年（一二二九）にも春日神人との闘乱をおこし、興福寺の発向を招こうとしているが、[*26]この前後、摂関家は再び墓守の人数を交名《きようみよう》によって定むべしと長者宣を下しており、[*27]王朝は神人・供御人制の下にこれを統制しようと、「苦闘」をつづけている。その効果が多少とも現われたのか、以後しばらく墓守の動きは史料のうえにみられなくなる。

その活動が再び顕著になってくるのは、社会全体が大きな転換期にさしかかる十三世紀後半で、建治二年（一二七六）四月、檜前《ひのくま》の地主である多武峯寺僧と墓守が、この地に対する興福寺権別当光明院法印の濫妨を訴えている。[*28] この訴訟の推移は辿れないが、墓守が檜前の地の地主として現われてくる点に注目しておく必要があろう。

さらに弘安二年（一二七九）に入ると、多武峯墓守が各方面とさまざまな衝突をおこしているのを知ることができる。

その一つは山田寺との争いで、[*29] 墓守の一人とみられる大和男が、山田寺の関係者宗覚に殺害され、その殺害された地に墓守たちが死骸を埋め、神木を立てたのに対し、山田寺雑掌は、すでに宗覚を処罰し、寺内を追却したにもかかわらず、墓守たちが神木を抜かせず、田畠を押領、作稲まで苅り取るのは無道の所行として「居飼《いがい》」を申し下し、神木を抜くべしと主張、ついに大和男の死骸を掘り起こし、神木の抜却を強行した。当然、墓守たちは激怒したものと思われ、訴訟を思うように進めぬ多武峯衆徒たちに抗議、その義務とされていた「巡検役」を拒否するにいたり、衆徒たちもこの墓守の愁吟、鬱念をはらしてほしいと、佐保殿における前例などをあげつつ、再三にわたって強硬に摂関家に訴えている。

この事件の結果も明らかでないが、墓守たちの主張が、笠松宏至の指摘する通り、[*30]「墓所の法理」に基づくものであったことはいうまでもない。ただとくに注目すべきは、笠松のいう「現場型墓所」の法理が、被殺害者の死骸をその殺害された地に埋め、その周囲に神木を立てるという形で貫徹されている点で、墓守の死骸の埋められた墓所は、まさしく「聖地」そのものとされたのである。たしかに「墓所の法理」には死穢の問題も関わりあるかにみえるが、少なくともここでは「聖別」された存在である墓守の埋葬地が、それ自体「聖別」された地になったものとみなくてはならない。

それとともに、その神木を抜いたのが、摂関家の居飼であった点も見逃し難い事実で、これは居飼が、摂関家にとって、いわば「神人」と同様の役割を果たしていたことを物語るものといえよう。[*31]

それはともかく、六月から七月にかけてのこの事件にひきつづき、八月に入ると、磯野村住人が多武峯墓守の権威を募り、平田荘に乱入、牛馬数十疋を放ち入れ、作麦を食わせ、散々の狼藉をした、と荘官・名主等から訴えられている。[*32]これに対し、多武峯十禅師・墓守等は逆に、平田荘内疋田郷執行政行が、墓守を搦め捕り、着鈦《ちゃくだ》したとして摂関家に訴え、結局、摂関家はこれに応じて政行を罪科することを定め、加賀に流したのである。[*33]

墓守の権威はなおかくの如く絶大なものがあったのであるが、翌弘安三年（一二八〇）五月四日にも、墓守たちは摂関家に群参しながら、暇もいわずに逃げ下ると『勘仲記』にあり、その「張本」を召すことが問題になっていることからみて、この年にも墓守はなんらかの衝突事件をおこしていることは間違いなかろう。

さらにこのころ、墓守等は御厨子所番衆からもその濫妨を訴えられている。[*34] この訴訟はこれまであげてきた問題と異なり、墓守の非農業民的側面を明示している点でとくに注目すべきで、ここで御厨子所は墓守や辰市住人が苟若（蒟蒻《こんにゃく》）などを交易しながら供御を備進しないとし、嘉禎（一二三五〜三八）のころ墓守と号して違乱をした供御人の例、文永年中（一二六四〜七五）に日吉神人と称して御厨子所に従わなかった菓子供御人が非法とされ、神人職を解却された傍例[*35]などをあげ、墓守の濫妨停止を訴えているのである。すでに嘉禎年間には、多武峯墓守が蒟蒻等の交易を行なっていたことを、これによって知りうるので、墓守の中には供御人を兼帯していた人もいたものと思われる。[*36]

そして弘安四年（一二八一）、多武峯はまたもや、興福寺と衝突した。ことのおこりは、興福寺が峯領弘福寺に土打役を賦課したことにあり、「事外御墓守不承引」といわれているように、墓守はこれを拒否、閏七月二十五日、興福寺堂衆は弘福寺に発向し、多武峯側と「喧嘩」という事態になった。[*37] 朝廷は武家に申し入れ、武家の使者が制止のために下っているが、衝突はおさまらず、多武峯側も興福寺領竜蓋寺の在家を焼き、興福寺も峯領を点定、翌年十一月一日、多武峯は寺領百姓が南都の威を恐れて峯の所勘に従わぬと訴える一方、しきりに「聖霊体破裂」「鳴動光明」をいいたて、摂関家を脅かしている。[*38]

この争いは弘安六年（一二八三）に入ってもなお解決せず、土打役を勤めぬかわりに、竜蓋寺の在家を多武峯に営作させるという摂関家の「折中之計」も効果なく[*39]、翌弘安七年になると、五月十三日、多武峯が山門衆徒を語らい、北国、近江の興福寺領を点定するという承安・嘉禄と同じパターンになり、ついに八月二十八日、興福寺衆徒は多武峯に発向、「四ヶ郷内浅古・萩田等」を焼き払い、合戦がつづくにいたった[*41]。この騒動の中で、事件の契機をつくった墓守たちは、とくに姿を現わしていないが、多武峯の武力として活動したことは間違いなかろう。

さらに正応三年（一二九〇）五月二十三日、多武峯は玉殿の造営についての摂関家の処置に不満を述べ、十禅師・墓守が神宝を奉じて、烈参群参する、と申状で脅しており[*42]、実際、永仁五年（一二九七）六月十九日、一乗院領の地に地頭を置くことに反対する多武峯神人、墓守等四百余人が神宝を奉じて入洛、二十六日、二十八日、七月五日と再三にわたり、関白鷹司兼忠第の門前に群参、訴えているのである[*43]。

まさしくこれは、南都北嶺の衆徒、神人の嗷訴と全く同じといわなくてはならない。そして当時の人々も、墓守を多武峯の「神人」とみて怪しまなかったのである[*44]。

ただこれ以後、南北朝動乱期を通じて、多武峯墓守の動きをいまのところ知りえていない。このこと自体、注目すべきであるが、ともあれ、ここまで述べてきた墓守の動きを通じて、その特質をまとめておくこととしたい。

三　墓守の特質

十一世紀後半、急増して以後の墓守は、多武峯の境内、門前郷とでもいうべき「多武峯坂下四郷」[*45]—細川郷、治道《はるみち》郷、椋橋《くらはし》郷、高家郷を中心に磯野郷（村）、檜前（高市郡）、興田郷（十市郡）、豊国荘（北葛城郡）等に広く分散していた。

その実態は明らかにしえないが、十世紀の「口代」「供田」にとどまらず、このころの墓守は給免田畠を保証されていたと思われ、それはこれらの荘、郷に散在していたであろう。前述した嘉禄の豊国荘や弘安の平田荘における墓守と荘園側との関係、衝突は、よく知られている摂津国長洲御厨における鴨社供祭人と東大寺の場合のように、人の支配と土地の支配との衝突とみてよかろう。

そしてこのように特権を保証された墓守は、建久七年（一一九六）の事件に姿をみせる紀助親[*46]のような「長」に率いられ、峯側の検校の統轄下に置かれ「山陵巡検守護」などといわれた墓山の巡検役に従うことを義務づけられていた。その定員は建久四年に三百六十人と定められているが、鎌倉中期以降の他の神人・供御人の動向からみて、恐らくは新加の墓守が加わり、さらに増加していたに相違ない。

さきの紀助親をはじめ、刑部丞行季、大和男などのように、墓守としてその名を知られる人々は、当面、俗体の人で、法体、僧形の人はみられない。[*47]しかし、「沙弥等巡検食料」といわれたこともあり、[*48] かつては「巡検」に従った僧形の人のいたことは確実なので、墓守のすべてを俗体といい切ることはいい過ぎになろう。とはいえ、十二世紀に姿をみせる多武峯の十人の十禅師と、墓守とは、しばしばその行動をともにしながら、明確に区別されており、また墓守は前述したように神宝を奉じ、神木を立て、神人ともよばれていることからみると、全体としては俗体の人を主体としていたと推測して、大きな誤りはないと思われる。

そして、その中に、助親のように姓を名のり、行季のように官途につき、荘の下司となる人のいた反面、大和男のように、平民クラスとみられる人の現われることにも注意すべきであろう。他の神人、供御人と墓守とは、この点でも共通しており、[*49] 恐らく鎌倉期には「本墓守」と「新墓守」のような墓守集団内部の階層があったとみてよかろう。

そしてなにより注目すべきは、さきにも述べた通り、すでに鎌倉前期、墓守が交易に携わっていたことを知りうる点で、鎌倉後期には供御人を兼帯し、御厨子所がこれに統制を加えなくてはならなかったほどに、その交易活動は活発になっていたのである。墓守の根拠地の分布状況からみて、その扱った品物は、蒟蒻のような山の幸が中心であったと思われる。

多武峯と対立した興福寺が、しばしば関を居え、多武峯の人の往反をさえぎり停めているのは、もとより京、山門との連絡を断つのが大きな狙いであったのであろうが、あるいはそこに、こうした墓守の交易のための往反を妨げる意味も含まれていたのではあるまいか。それはいずれにせよ、神人、供御人と同じく、墓守が「聖地」墓山を守衛・巡検する義務—神仏に仕える義務をもつとともに、職能民としての特質をもっていたことは確実、と私は考える。とすれば、墓守が俗人に対して賦課される課役、交通税を免除されていたことも間違いなかろう。

文治三年（一一八七）十二月二十四日の「大和国諸郡司幷御墓守等」に充てて「金堂幷御春日詣等人夫」を賦課した勧学院政所下文、[*50]翌年正月七日の添上《そえかみ》郡刀禰司等に充てた興福寺公文所下文[*51]にみられるように、墓守たちにもこうした一国平均役が賦課されることもあったが、「御墓守幷彼峯領」は「不随其催」とすでにいわれており、前述した弘安の事件によっても知られるように、墓守たちは土打役を結局は拒否し抜いているのである。墓守が一般の平民身分と明確に区別されていたことは、この点によっても明らかといってよい。

すでに再三にわたって指摘してきたように、多武峯墓守が、神仏、天皇など「聖なるもの」に奉仕「従属」する神人、寄人、供御人とその本質を全く同じくし、「大織冠」の「聖像」に象徴される聖地「墓山」を守る「聖別」された集団であったことは、以上によっても疑いない事実としなくてはならない。それ故にこそ、墓守が殺害されたときには、神人と同様、「墓所の法理」が主張されたのであり、また墓守に対する傷害は「聖なる」墓山に対する侵害として「聖像破裂」「墓山鳴動」などのような「怪異」をよびおこし、多武峯を背景に十禅師、墓守等の嗷訴によって、その要求が貫徹されたのである。

そして、こうした墓守の特質を事実として確認することが許されるならば、最初にふれた瀧川政次郎の見解―陵戸、守戸が賤とされた理由を死穢に対する忌避に求め、これを近世の被差別部落の起源の一つとみる見解が誤りであることは明白、といってよかろう。多武峯の「墓山」「廟」は「死穢」の満ちた場所とは全く逆に、「伐木・飼畜・埋屍」をきびしく禁じられた「聖地」そのものであり、[*52]墓守はこの「厳制」の実現を保証すべく、それを守衛、巡検する「聖別」された集団であった。

他の陵墓―天皇家及びその外戚の墓について、こうした墓守のあり方を中世において細かく辿ることはできないが、多武峯墓守ほどの大きな権威はなかったとしても、その本質は恐らく同じであったろう。それ故、神野清一の古代の陵戸についての指摘は正当であり、それは少なくとも鎌倉期まではそのままにあてはまるといって差支えない、と私は考える。

しかし、中世の墓守が後世の被差別部落と全く無関係といい難いことも事実である。例えば『師守記』貞和二年（一三四六）二月六日条にみえる、中原師茂、師守等が「霊山殿」に墓参したさい、鳥目百文を与えた「墓守法師」については、なお検討の余地は残るとはいえ、むしろ三昧聖、廟聖など、非人に近い人とみるべきであろう。こうした問題を含めて、その関わり方を正確に辿ることは重要な課題であるが、いまは鎌倉期の多武峯墓守を含む墓守たちを、直線的に被差別部落に結びつける見方の誤りであることを指摘するにとどめて、今後の研究を俟ちたいと思う。

むすび

さきにもふれたように、鎌倉末、南北朝期を通じて、多武峯墓守の動きをいまのところ、私はほとんど知りえていない。史料の検索が全く不十分なので、軽々にはいい難いが、南北朝期、多武峯自体についてもその動きがほとんど目立たなくなっているのは事実と思われ、そのこと自体、動乱の中での多武峯の政治的、社会的位置づけについて、考えてみなくてはならない問題が数多く残されていることを示している。[*53] とくに室町期、多武峯が渡唐船を発遣していることからも明らかなように、その繁栄を維持し、[*54] また多武峯猿楽によってよく知られている通り、[*55] 芸能民との関わりでも重要な位置づけをもっている点からみて、興味深い問題がそこに潜んでいると思われるが、いまはすべて今後に残さざるをえない。

またその間、墓守の地位にどのような変動があったのかについても、全く明らかにしえていないが、『大乗院寺社雑事記』文明十二年（一四八〇）三月二日条に「法貴寺一党ハ卅八人、加御墓守了」と多武峯から報じられ、同上、同十三年八月十六日条に「法貴寺発向、六方少々下向、放火云々、一党之内少々《十一人云々》住屋放火云々、多武峯御墓守ニ成衆本張《(張本)》之輩也云々」とある点からみて、十五世紀後半の墓守は、なお鎌倉期の面影を多少とも残しているように思われる。このような点を含め、多武峯墓守自体の立場の推移、さらにそれとも関連して、一般的に墓守という立場が、鎌倉期からこの時期にいたる間にどのように変動したかなどの問題についても、今後、私なりになお追究をつづけてみたいと思っているが、当面、鎌倉期までの多武峯墓守について、ここで述べたような見方が成り立つかどうか、大方の御批判を仰いでおきたいと思う。

注

＊1――拙稿「境界領域と国家」（『日本の社会史』第2巻『境界領域と交通』岩波書店、一九八七年）、「中世前期における職能民の存在形態」（『日本中世史研究の軌跡』東京大学出版会、一九八八年、本書第二部、2「職能民の存在形態」）。

＊2――瀧川政次郎『律令諸制及び令外官の研究』（法制史論叢第四冊、角川書店、一九六七年、所収）。

＊3――神野清一『律令国家と賤民』（吉川弘文館、一九八六年）。

＊4――これは誤記とされているが、当時、多武峯の墓をこのようにみる見方のあったことは、注目しておかなくてはならない。

＊5――「色川本栄山寺文書」（『平安遺文』二―四五二）。

＊6――『群書類従』第二十四輯、釈家部。

＊7――後述するように、貞観五年、翌六年と多武峯墓についてはその四至を定めるなど、急速に整備が進められており、これもその一環であることは明らかである。

＊8――注5官符。

＊9――「三宝院文書」(『平安遺文』一―一二八三)。

＊10――「柳原家記録」一五九(『平安遺文』五―一八〇一)。

＊11――正月廿三日条には、「以御墓守国正丸為指南者、本願以下代々御在所検知了」とあり、七月廿七日条にも「御墓守男」とあるので、この墓守は俗体であったと思われる。

＊12――『多武峯縁起』及び『略記』下、怪異の項。そこで、墓山の鳴動は「大織冠聖霊降神当嶺以来」とされているが、「尊像破裂」については、永承元年(一〇四六)正月廿四日が一つの契機とされている。そのさいには寺家の言上に応じて、使が発遣され、告文を読むのが例とされている。

＊13――『略記』上、住侶、仏事、同上下、塔婆、堂舎等の項参照。

＊14――『略記』上、炎上三箇度の項によると、古木荘の内検のために検校円寿が弟子玄智を遣わし、その帰途、玄智が酒に酔って豊浦河原で犬を射たさい、傍らにいた牛が驚いたのを、興福寺知事円快が牛を射たと称して玄智を馬から引き落としたのに端を発したとされている。そして円快をとらえた円寿が「西烏居戸」で拷問したところ、円快は以後、峯のため

忽諸すべからずと「高声」に叫んだので、免じたところ、円快が興福寺に帰り、衆会所で訴えたため、大衆が発向することとなったと『略記』は記している。

＊15――『略記』上、炎上三箇度。
＊16――同右。
＊17――『玉葉』承安二年十二月十二日条、同三年六月廿三日条、同七月七日条等。
＊18――『略記』下、御墓守権威。
＊19――『春日大社文書』第二巻、四九五号、嘉禄三年七月五日、多武峯寺愁状。
＊20――同右、第二巻、三三四号、嘉禄三年八月八日、多武峯寺愁状。
＊21――『民経記』安貞元年九月三日、十月廿四日、十二月廿一日条等（『大日本史料』第五編之四参照）。
＊22――『百練抄』『吾妻鏡』『民経記』等（『大日本史料』第五編之四、安貞二年四月廿三日条参照）。
＊23――『春日大社文書』第二巻、四二九号。
＊24――同右、第一巻、二一五号、嘉禄三年九月七日、関東御教書。
＊25――同右、二一三号（嘉禄三年）十月二日、六波羅探題御教書。
＊26――同右、第二巻、三三〇号、寛喜元年九月七日、多武峯寺愁状案。
＊27――同右、第一巻、三九号、七月十一日、長者宣案。この長者宣を奉じた藤原忠高は、元仁二

年末から寛喜二年初めまで勧解由次官であった。

＊28――「兼仲卿記建治二年十一月・十二月巻紙背文書」建治二年四月日、多武峯寺僧・墓守等申状。

＊29――「兼仲卿記弘安七年十月・十一月巻紙背文書」弘安二年七月廿九日、多武峯寺衆徒等重申状、「同記弘安六年夏巻紙背文書」年月日未詳、大和国山田寺雑掌申状、「同記弘安七年十月・十一月巻紙背文書」年月日未詳、多武峯寺衆徒等重申状、「同記弘安七年四月、閏四月巻紙背文書」年月日未詳、某書状、「同記弘安六年冬巻紙背文書」弘安二年六月十六日、多武峯寺重申状、「同記弘安七年三月巻紙背文書」年月日未詳、大和国山田寺雑掌重申状など、参照。

＊30――笠松宏至「墓所の法理」（『日本中世法史論』東京大学出版会、一九七九年）。

＊31――居飼、御厩舎人の実態、その役割については、なお十分明らかにされているとはいい難いが、今後の重要な研究課題である（本書第二部、4「神人・供御人」(3)「馬借と車借」）。

＊32――「兼仲卿記弘安六年春巻紙背文書」弘安二年八月日、大和国平田荘荘官・名主等申状、「同記弘安六年冬巻紙背文書」（弘安二年）九月二日、六波羅御教書。

＊33――『勘仲記』弘安二年八月十八日条、同月廿三日条、同月廿八日条。「兼仲卿記弘安六年春巻紙背文書」弘安二年八月廿日、多武峯寺申状。

＊34――「兼仲卿記弘安六年春巻紙背文書」年月日未詳、御厨子所番衆等申状。なお、この文書は、

日本歴史学会編『演習古文書選』荘園編上（吉川弘文館、一九八〇年）に、注32所載文書とともに、五四号、五五号として掲げ、注解してある。

＊35——この点については、拙著『日本中世の非農業民と天皇』（岩波書店、一九八四年）第一部第一章で若干、言及した。

＊36——注34文書中に、「且□□供御人者御墓守等也」とある。この部分、二字読解できず、確言し難いが、このことは墓守が供御人を兼帯していたことを、一応、示すものとみてよかろう。

＊37——「兼仲卿記弘安七年二月巻紙背文書」（弘安四年）七月六日、某書状、『勘仲記』弘安四年閏七月三日条、同月十八日条、同月廿五日条、同月廿六日条、同月廿八日条。「兼仲卿記弘安五年冬巻紙背文書」年未詳八月廿九日、興福寺在京三綱等書状もこれに関わる文書であろう。

＊38——『勘仲記』弘安五年十一月一日条。「聖霊体破裂」は同年二月廿三日条、「鳴動光明」は同年十一月十日条にみえる。

＊39——『勘仲記』弘安六年三月廿一日条、同月廿二日条、同年十月三日条。

＊40——『勘仲記』弘安七年五月十三日条。

＊41——『勘仲記』弘安七年七月廿二日条、同年八月十九日条、同月廿八日条、同年十月六日条、同月十日条、同月十六日条。

＊42――「兼仲卿記正応四年正月巻紙背文書」正応三年五月廿三日、多武峯寺申状。
＊43――『続史愚抄』前篇、永仁五年六月十九日条、同月廿六日条、同月廿八日条、七月五日条。
＊44――前注の『続史愚抄』の記事で、多武峯神人といわれている人々と、「御墓守」とよばれている人々とは同じとみてよかろう。注23所掲申状でも、すでに「御墓守神人」とよばれている。
＊45――『玉葉』承安三年六月廿三日条に、「遂以焼多武峯坂下四郷」とある。なお、『日本歴史地名大系』30『奈良県の地名』（平凡社、一九八一年）の多武峯、多武峯寺の項参照。
＊46――『略記』下、御墓守権威の項。
＊47――承安二年の事件のさい、細川郷の墓守延俊という人が現われるが、これも俗体の人とみてまず間違いなかろう。
＊48――『略記』下、傜丁の項。
＊49――注1前掲拙稿でこの点については若干言及した。
＊50――「東大寺文書」。
＊51――同右。
＊52――『略記』上、住持の項。
＊53――多武峯と南朝との関係については、なおほとんど追究されていないと思われるが、今後、考えてみる必要のある問題である。

＊54——『鹿苑日録』明応八年八月六日条など。
＊55——『大乗院寺社雑事記』にはこれに関する記事が数多く見出される。

(3)　馬借《ばしゃく》と車借《しゃしゃく》

はじめに

畿内周辺地域における陸上交通を担った職能民として、中世から近世にかけて、馬借・車借が大きな役割を果たしたことは、あらためていうまでもない。とくに馬借については、その機動力により、室町期の土一揆の先頭に立って活発に動いたこともよく知られている。

しかし、こうした土一揆をめぐる馬借の活躍に関しては、克明に辿られているが、その実態についてみると、史料の博捜ではたやすく余人の追随を許さぬ豊田武の丹念な追究や戸田芳実の鋭い指摘*1があるにもかかわらず、意外なほどに不鮮明であり、車借についても状況はほぼ同様といわざるをえないのである。

もとより、馬借・車借が平安末期、『新猿楽記』の「七の御許」貪飯愛酒《たんはんあいしゅ》の女の夫、「字は越《おち》方部《かたべの》津五郎、名は津守持行」として早くも姿を現わし、「東は大津・三津を馳せ、西は淀渡・山崎を走」り、片時も休むことなく牛馬を酷使し、「足は藁履《わらうず》を脱ぐ時なく、手には楉鞭《しもとむち》を捨つるの日なし。踵《きびす》の皹《あかがり》は山城茄子の霜に相《あ》へるがごとし、脛の瘃《ひび》は大和瓜の日に向へるがごとし」という、酷薄で貪欲な男として描かれていることは、すでに周知の通りである。

また車借は『今昔物語集』にも、淀川を遡って賀茂河尻にまで引かれてきた荷物を車借に運ばせた話（巻第二十六第十三）、「六角よりは北□よりは□」の辺の蔵の近辺に「車借と云ふ者あまたあり」といわれている話（巻第二十九第三）などに現われ、豊田も長治元年（一一〇四）の「泉木津車借廿六人」（「東南院文書」）などに言及している。

一方、『醍醐雑事記』巻第九の「執行職雑事」の項に「馬借・車借、召馬、召牛、召車、賢円之時者無召之、慶寛執行之時者時々有之歟」とあり、賢円は大治二年（一一二七）ころ、慶寛は保元元年（一一五六）に執行なので、この記事は平安末期の事実を示すものといえよう。これは同書巻第三の久寿二年（一一五五）三月二日の醍醐寺在家取帳に、「御厩舎人三人、牛飼四人」「車役廿人、召馬役廿二人」とあることとともに注目すべきであるが（後述）、さらに馬借については文永七年（一二七〇）の敦賀から海津にいたる七里半街道での活動が知られており（「勧学講条々」）、『庭訓往来』の「大津・坂本の馬借、鳥羽・白河の車借」も周知の事実である。ただ、これら以外の馬借・車借に関する史料は、ほとんどが十五世紀以降の文献になってしまう。

このように、中世前期―十二世紀から十四世紀は、いわば馬借・車借関係史料の「空白の世紀」であり、前述した断片的史料や『一遍聖絵』『石山寺縁起』などの絵画資料によって、その活動が活発であったことは明らかであるにもかかわらず、実態をとらえることがきわめて困難とされてきたのである。

　たしかに、馬借・車借それ自体に関しては、新史料の発見ももちろんありうるとはいえ、この状況は恐らく今後もさほど変わることはないであろう。しかしこのころの西日本の職能民の多くが、天皇家・神仏等に直属する供御人《くごにん》・神人《じにん》・寄人《よりうど》となっており、鋳物師《いもじ》が灯炉供御人、魚貝売が祇園社の大宮駕輿丁、廻船人・塩商人が石清水八幡宮綱引神人といわれているように、必ずしも職能そのものを表に出さない場合がしばしばあることを考えると、馬借・車借も別の形で、実際には史料に姿を現わしていることは、十分にありうるといえよう。

　すでに別稿で、天皇家、摂関家等の厩に属した牛飼が車借、舎人《とねり》・居飼《いがい》が馬借だったのではないかと推測してみたが[*2]、ここであらためて両者をあわせとりあげて、厩《うまや》との関係を中心に考えてみたいと思う。

一　院・摂関家の厩

　令制の官司である馬寮の厩をはじめ、院、摂関家、将軍家等の厩、さらに神社や諸国の国衙《こくが》の厩、そして地頭などの館に付属する厩が、それぞれのレベルに応じた重要な意味を、中世の社会、国制の中でもっていたことはいうまでもなかろう。そして少なくとも国司以上の諸家の場合、厩は牛馬を飼育する牧をその基盤としており、両者をあわせて、儀礼、軍事、農耕、運輪などのあらゆる面から総合的に追究される必要がある。

しかし、令制以降の牧については、戦前の西岡虎之助の研究[*3]を継承しつつ、緻密な追究を行なった山口英男の論稿[*4]があり、厩に関しても、平忠盛をはじめとする平氏一門が院の御厩別当となっている事実に着目し、院の厩と牧との関係に論及した高橋昌明の著書[*5]や、摂関家の私的制裁として、宮中における「給馬部・吉上」、犯人の馬寮への拘禁に比せられる「厩下給」がみられる点に注目、十一、十二世紀において、厩が罪人拘禁の場であり、厩舎人は罪人に対する制裁の実行や追捕を行なっていたという、きわめて重要な事実を明らかにした元木泰雄の労作[*6]があるが、その全面的な解明は、なお今後を俟たなくてはならない。それ故ここでは、当面の主題に即して必要な限り、院・摂関家等の厩、牧などについて、先学の研究に依拠しつつふれるにとどめておきたい。

院・摂関家の厩は、別当を頂点に、案主《あんじゅ》、舎人、居飼、さらに牛飼、車副《くるまぞい》などの職員によって構成されていた。このうち院の厩については『皇室制度史料』太上天皇二[*7]に、適切な史料があげられており、別当はすでに宇多院のときにみられるが、高橋昌明はとくに白河・鳥羽院政期の別当在職者を細かく追究し、平忠盛の役割を浮き彫りにしている[*8]。また鎌倉期に入ると、西園寺公経以後、西園寺家がこの地位を世襲するようになり、鎌倉後期には左馬寮をその知行官司とし、伊予国の知行世襲と相俟って、同家は淀川から瀬戸内海の海上交通に強い支配力を及ぼしたとみられる。この点については別稿でふれたので[*9]、ここでは立ち入らないが、院の厩別当の地位が、平安末・鎌倉期、政治的にきわめて重要な意味をもっていたことについては、今後さらに追究の余地が残されている。

一方、摂関家の厩の場合も、建仁三年（一二〇三）四月日の河内国楠葉御牧南条司に充てた摂関家御厩下文[*10]の奥上に、別当右衛門権佐藤原光親が署判を加えていることから知られるように、やはり別当によって統轄されていた。

また、院の厩の案主については、『葉黄記』寛元四年（一二四六）正月二十九日条に前石見守友景、『石清水臨幸記』文応元年（一二六〇）八月七日条に、範景がみえるが[*11]、降って享徳二年（一四五三）二月日の御厩案主基景申状もみられる[*12]。軽々には断じ難いが案主は「景」を通字とする一族が世襲していたのではあるまいか。

案主についてはなお史料の捜索が不十分なので、今後を俟たなくてはならないが、居飼とともに、院や摂関・関白などの外出に当たっての行列に供奉する御厩舎人に関しては、『中右記』長治元年（一一〇四）五月二十四日条に、院御厩舎人則松が春日神人と闘乱し、舎人職を追却されたという記事がみえるのをはじめ、その動きを多少はとらえることができる。ここで舎人則松は祇園神人と称したといわれているが、『祇園社記』第一[*13]、保元二年（一一五七）六月一日条には、祇園御霊会に当たって、洛中富家を捜し、馬上役を差定《さじょう》したさい、御厩舎人六郎先生光吉がこれを勤仕したとある。舎人がこのように祇園社と関わりのある富裕な人だったこと、さらに神人を兼ねるような存在だった点に、まず注意しておく必要がある。

しかし反面、元木が指摘している通り、[14]御厩舎人は『殿暦』康和四年（一一〇二）十一月十六日条の記事にみられるように、「高声」で料物について放言し、厩に下された木仏師を預り、同記、長治二年（一一〇五）正月三日条でも「行幸料馬副」を辞退した侍二人を付されたといわれるなど、罪人を預り、その制裁を実行している。また『兵範記』仁平三年（一一五三）六月四日条に、左大臣頼長が石清水八幡宮宿院に逃げ籠った犯人に対して厩舎人を派遣し、闘諍の末、これをその場で斬首、舎人一人も殺されたとある通り、厩の舎人は武力を行使し、追捕にも携わっていたのである。

これらはいずれも摂関家の厩舎人の事例であるが、院御厩舎人も同様であった。高橋もすでに注目しているように、[15]保元四年（一一五九）正月二十四日、円成院領河内国星田荘解によると、院御厩領福地牧沙汰人は御厩舎人貞次を具し、六十余人の部類を引率して星田荘の荘民二十余人の住宅を追捕、資財調度を捜し取ったとされている。[16]また、建保四年（一二一六）十月二十四日の按察使《あぜち》藤原光親家政所下文は、[17]紀伊国神野《かみの》・真国《まくに》荘の荘官に対し、「御使御厩舎人近重とともに、鞆淵荘の新儀押領を停止、その使を追却することを命じているが、これも同様の事例とみてよかろう。さらに、『明月記』承元元年（一二〇七）十一月二十六日条に、近江国吉富荘における杲云《ごううん》の使者の狼藉について、参議藤原長房が御厩舎人を下し遣わし、杲云の使を追却しようとしたとあるのも、同じ一例として加えることができる。

このように、院・摂関家の御厩舎人は、寺社の神人・公人とも比べることのできる執達吏、刑吏としての役割を果たすとともに、その職能を通じて富裕にもなりうる存在だったのであるが、その組織の実態は必ずしも鮮明でない。「伏見院御幸始記」[*18]永仁六年（一二九八）八月五日条に、御厩舎人として宗沢、有貞、重次、有武、久廉、利廉の六人があげられ、「以上十二人内上臈等也」とあることによって、十二名という定数のあることが推測され、「西園寺記録」[*19]の「公永記」に、文保二年（一三一八）十月二十七日の「按察入道殿記」を引いて、「左舎人長原武房」とある点から、あるいは左右に分かれていたのではないか、とも考えられる。

居飼については、舎人以上に実像をとらえるのが難しいが、同記に「左方居飼亀清」があげられているので、この場合は確実に左方、右方に分かれていたとみてよかろう。さきの「伏見院御幸始記」には、亀光、亀家、兼次、亀貞、兼夏などの居飼の名前があげられており、「亀」「兼」を通字とする人の多かったことも判明するが、『明月記』建久九年（一一九八）正月二十五日条に、番長依継と狼藉・騒動をおこした居飼の記事がみえるなど、なお史料の探索の余地は広く残っているとはいえ、当面は後述する職能民としての活動以外には、ふれるべきことがない。

牛飼については別に詳述したので[20]、ここでは省略するが、これらの人々に関しては、永万二年（一一六六）、平重衡が後白河院に寄進した備後国大田荘の年貢「六丈白布佰端」が「御馬・御牛之衣幷御厩舎人・牛飼等之衣服料」に充てられて[21]、御厩舎人に下行され[22]、弘安元年（一二七八）ごろ、摂関家の居飼装束が丹波国宮田荘役といわれ[23]、永仁六年（一二九八）の「御幸」に当たっての御厩舎人・居飼装束を西園寺公衡が「御厩奉行」に就き、「入催牧家」して調進しているように[24]、その行列供奉に当たっての装束は、主として厩別当の責任において保証されている。また、牛飼に即して確認しうるように、舎人・居飼も給免田畠を与えられることがあったと推測してよかろう。

そして、院の厩は鳥羽殿などにあって[25]、高橋がふれている通り[26]、河内国会賀《えが》牧、福地牧、さらに左馬寮領美豆《みず》牧を厩の所領としており、摂関家の場合も渡領河内国楠葉《くすは》牧をはじめ、近衛家領として同国坂門《さかと》牧、摂津国垂水《たるみ》牧、仲牧、長門国牛牧等がみられるのをはじめ、古く『御堂関白記』寛弘二年（一〇〇五）十一月二日条に近江の「田上《たなかみ》厩舎」があるほか、近衛家領に山城国小泉院厩、近江国大津御厩を見出すことができる。

これらの牧・厩は、すでに鎌倉期には田畠を中心とする所領として把握されているが、牧・厩としての本来の機能も保っており、後述するように、舎人、居飼、あるいは牛飼がそこになんらかの根拠をもっていた蓋然性は非常に大きいといってよかろう。

高橋のさきの研究をはじめ、従来、こうした牧・厩は主として武士の軍事力との関わりで追究されてきた。もとよりそのことも十分に考慮に入れる必要があるとはいえ、とくに畿内・近国の牧・厩の場合、交通・運輸上の役割についても重視する必要があると、私は考える。そしてそれは、さきにふれたように、舎人・居飼と馬借、牛飼と車借との重なりを想定することによって解明しうると思うので、以下その点について述べてみたい。

二　牛飼と車借、舎人・居飼と馬借

近江国田上に摂関家の「厩舎」のあったことはいまふれた通りであり、それは『御堂関白記』長和元年（一〇一二）十月二十四日条に藤原頼通等が訪れたという「田上家」に付属した厩だったと思われる。

田上には古くから牧があり、修理職に属する杣《そま》もある一方、瀬田川には「田上御網代」が設けられるなど、多様な非農業民の活動が知られているが、注目すべきは、ここに摂関家に属する「輪工」が集住していた点である。承久二年（一二二〇）十二月十五日の修理大夫某請文[*27]に現われる「輪工」も恐らくこの人々で、建長五年（一二五三）十月二十一日、近衛家所領目録[*28]の「庄務本所進退所々」の一所として、「田上輪工」があげられている。「輪工」は後年、車作といわれた車輪を作る木工であり、杣とも関わりつつ車を作っていたと考えられるが、この輪工と摂関家の厩に属した牛飼とを結びつけることは、決して無理な想定ではなかろう。そしてさきにもあげた『醍醐雑事記』の記事は、この推測をさらに牛飼と車借との不可分の関係にまで拡げることを可能にする。

前に掲げた久寿二年（一一五五）の醍醐寺在家取帳は、まず「七百五十余家」の在家から、堂・塔・鐘楼・経蔵・神殿・高庫・御倉町・湯屋、「僧房百八十三宇　御所三箇所　帳衆八十六房」等を除いた「在家五百余家内」として、「職掌十人　小寺主十一人　堂童子三人　小舎人所十一人　政所卅人　御厩舎人三人　牛飼四人　番匠四人　鍛冶四人　山作四人」の「重役輩九十四人」をあげている。御厩舎人、牛飼がこのように、職掌、小寺主や政所・小舎人所、さらに鍛冶、番匠と同じく「重役」を負う「職人」として扱われている点に注意しておく必要があろう。

さらに在家帳は、このほかに「車役廿人　召馬役廿二人　在家役卅人」があり、「在家人幷従名等百廿八人　不中用在家人十人」があったとしており、牛飼の車、厩舎人の馬を負担する在家のいたことを示している。

この厩舎人・牛飼が同書巻第十一、久安五年（一一四九）の「座主房雑事日記」の五月五日条の粽《ちまき》各一把を支配された「舎人・牛飼」であったことは明らかで、[*29]座主に属したこれらの人々は院・摂関家の舎人・牛飼を兼ねていたこともありうると思われる。一方、前述したように平安末期の執行は「馬借・車借」から馬、牛、車を召すこともあった。ここには「清目」が「障泥《あおり》」「裏无《うらなし》」を進めたことも、あわせ記されているが[*30]、この「馬借・車借」が、さきに「召馬役」「車役」を負担した在家と重なる蓋然性は大きく、厩舎人・牛飼とも緊密に結びついていたとみてよかろう。

さらに、同上書巻第十一、治承二年（一一七八）八月日、寺家雑役車力紀法にも注目すべきであろう。この「紀法」は第一条に「車力両別率法事」として、岡野屋よりは七升五合、京よりは一斗、大津よりは一斗五升、真言院よりは一斗五升と、車借の両別運賃を規定し、第二条の「材木運上両別数事」には、車力に積むべき方尺木は一支、八九寸木は二支等々、小榑は百五十寸にいたるまで、各種材木の両別の量を細かくあげ、さらに第三条で、瓦土を諸山より運ぶ車力には、両別米二升を下すとしている。

そして第四条の「引沙事」では、「元三弁桜会料」は車力に下さず、「車公事」とすると規定、但し臨時に諸山より引かせるときは両別一升を下し、葉山辺より運ぶときには、四、五度ばかり引いたのちに「牛粥手三升[*31]」を下すと定めているのである。

ここで「車力」と区別された「車公事」を平民の在家役とみるか、さきにふれた「車役」そのものとみるかによって、車力のとらえ方も異なってくるので、前者と解すれば、車力は「車役」を負担する在家そのものであり、この在家はそれ自体、車力＝車借の在家となる。しかし後者であったとすれば、車力はそれ自身が牛飼ということになろう。

私は前述したように前者に傾くが、それはいずれにせよ、この「紀法」によって、われわれは「牛粥」によって飼養される牛を使い、車を引かせた職能民としての車力＝車借の運賃を細かく知ることができるのであり、厩に属して牛車を扱う牛飼と車力＝車借、さらに「車役」を負う在家とが密接不可分の関係にあったことは、疑う余地なしといってよかろう。

こうした車借は清水坂にもいたが（『山槐記』治承三年五月十四日条）、その集住地が鳥羽・白河だったことはさきにもふれた通りである。また、戸田芳実が「法勝寺クルマカシ」（『殿暦』康和五年十二月六日条）や「鳥羽殿車借」（『中右記』永久二年六月二十四日条）についてふれ、私も別に言及したように[*32]、鳥羽の車借は鳥羽殿の厩―院の厩に属する牛飼と直結しており、恐らく、白河殿にも厩があり、その牛飼が「法勝寺クルマカシ」、のちの白河の車借とつながっていたのではないかと思われる。さらに鎌倉時代の牛童が、錦小路白川や六角白川の住人だったことも、この推定を支えている（『八坂神社文書』康永二年三月日、某注進状）。

そして鳥羽の車借が鎌倉前期には、瀬戸内海から淀川を遡り、淀に着岸する船の積載した年貢物や商品を京都に運送する安定した職能集団になっていたことも確実で、正元元年（一二五九）十月十八日の伊予国弓削島《ゆげのしま》荘から東寺に送られた年貢塩の送文[*33]には、塩十俵につき一俵を下行される車力がみえ、以後、年貢塩が銭納化されるまで、この比率で年貢塩の運送に当たって、車力への下行が行なわれている。その後の車借についても、すでに注意されているように、応永元年（一三九四）九月の足利義満の日吉社参にさいして、富崎・比叡辻の馬借・車借を点定し、馬二百足・車二十両を召し、これを使役して社頭の用意を整えたといわれており、馬借とともに山門の支配下に置かれた車借のあったことが知られている。[*34] また「二十一口方評定引付」[*35] 永享三年（一四三二）十一月二十三日条に、東寺南大門前に盗人があると鳥羽車借が寺家に逃げ入って訴えたので、寺家からも出合って、引剝を二人、当座に打ち留めたという記事があり、鳥羽の車借は東寺の前を往来していた。

さらに別稿で言及したように、[*36] 北野社の支配下にある西京には、大座神人といわれた牛飼と密接な関係にある車借、車屋、車作がいたのである。多少それと重複するが、車借に即して補足を加えると、西京下司職となった伊勢貞国の主張に反論した正長二年（一四二九）八月二十五日の北野社社務の申状に、[*37] 西京には「下地」に「段別二両」の比率で賦課される「車公事」があり、社務の計いで一旦はこれを「料足《りょうそく》にてめされ候」―銭で徴収し、「点役」として車を召していたが、「神人一同」の訴えによって、再び「段別の車」を召し使うことにしたといわれている。本来は在家役だったとみられる「車公事」が、この時期、「段別」で賦課・徴収されていることに注目すべきであるが、その実態は「北野目代盛増日記」[*38] 長享二年（一四八八）四月十一日条に記された、応仁元年（一四六七）十二月二十八日の大権記玄執公文得分注進状にみられる「西京車二十輪」、同上、延徳二年（一四九〇）六月二十四日条にみえる六月十八日付の幕府奉行人連署書状の「北野幷西京公事車」などによってうかがうことができる。

また、永享八年（一四三六）二月二十一日から二十九日にかけて、松梅院の庭の召木を足利義教に進上したさい、梅三本のうち二本は、河原者が車を借りて引き、他の一本と石橋はそれぞれ「西京車」が引き進めたが、牛六疋・人夫四、五十人で大石を引いた嵯峨材木問屋の車は壊れ、西京などから動員された人夫二百人の引く京の材木屋の車も片輪が破壊したので、河原者が片輪を一日一貫文で借りて、ようやく引くことができたといわれ、つづいて一両別三十文充の飼料を給された「境内西京車」も引き進めの作業を行なっている。[*39]

これらの史料によって、西京に、かつての輪工の流れをくみ、『七十一番職人歌合』にも姿を現わす車作がいたと推定して、まず間違いあるまい。また、これらの車が人夫とともに、「飼料」を給された牛によって引かれたことも明らかであるが、一方、西京には「車屋」も居住していたのである。「目代盛増日記」明応八年（一四九九）十月十四日条、同二十一日条には、「こうや」とともに住宅を破却された「中保車屋」がみられる。この「車屋」を車作の屋と考えることもできるが、「徳政賦引付」[*40]天文十六年（一五四七）七月六日条にあげられた同年六月日の車借等申状には、上京孫二郎、弥太郎、太郎次郎、孫九郎、与二郎などの借主を列挙した「車屋中借銭目録」が付されており、「車借」が「車屋」ともいわれたことは確実である。とすると、西京中保の「車屋」も車借とするのが自然であろう。そして、さきの「西京車」を引いた人々の中に、牛を使うこうした車借がいたことも、まず間違いないと思われる。

そして、竹内秀雄が明らかにしているように、[*41]西京にも根拠をもっていた大座神人が、「大座の牛童」といわれ、院宮に属した牛飼童であり、少なくとも室町期以降、八月の北野祭に神供を進めるために、七月一日から京の諸口を通る商人・旅人に短冊を賦り、「上分」として関所料を徴収していたことから、別稿で、牛飼が京を中心とした交通に関わりをもち、それは車借の活動そのものではないかと推測してみたが、[*42]この推測が成り立つとすれば、牛飼と車借、車作、車公事との不可分の関係を、ここでも立証しえたとすることができよう。

こうした牛飼と車借との関わり方は、厩の舎人・居飼と馬借との関係にも、おおよそあてはまるとみてよかろう。前に掲げた『醍醐雑事記』の記事によって、厩舎人、馬借、召馬役を負担する在家との間に不可分の関係があったことは明らかであるが、こうした厩舎人や居飼等は十三世紀には厩寄人ともいわれ、遅くとも十四世紀以降には、自ら商売・交易に携わるとともに、関料・商売課役を賦課・徴収していたのである。これについては別にふれる機会があった[*43]が、ここで多少の補足を加え、あらためて考えてみたい。

『経俊卿記』正嘉元年（一二五七）五月十日、平高輔奏事目録に「右大臣申　内膳司訴事御厩寄人陳状」という事書がある。この陳状を挙達した右大臣は院御厩別当であった西園寺公相であり、これが院の厩の寄人であったことが判明する。院の「仰」は「可下内膳司」であったが、同年五月二十二日、藤原高俊奏事目録の「蔵人知嗣申、内膳司申、河内国甲可保[44]百姓保貞不済供御用途事」、同年六月九日、同奏事目録の「内膳司与御牧住人問注事」、同年八月三日、同奏事目録の「内膳司申、御牧住人保貞供御米難済事」も、恐らく御厩寄人の問題に連続する一連の奏事ではないかと思われる。

院の厩に属する河内国の牧としては会賀牧、福地牧があり、この御牧はそのいずれかであろう[45]。また内膳司領の甲可保は大江御厨の田畠につながるとも考えられるが、この保《ほう》の田畠を牧の住人保貞が請作しながら、「御厩寄人」と号して、「供御米」を「難済」したことから訴訟がおこったのであろう。この推定が成り立つならば、牧の住人が厩寄人となったことを確認しえたことになろう[46]。

ここでは厩寄人が交易に携わっていたことは判明しないが、この点に関連して注目すべきは、すでに相田二郎が詳述している暦応三年（一三四〇）から貞和三年（一三四七）にかけておこった関白家居飼と鞍馬坂本商人との艮口《うしとらぐち》率分《そつぶん》をめぐる相論である[47]。暦応三年二月十三日の検非違使別当宣[48]によって、近年、停止された艮口率分に関わる「殿下居飼」の「自由之濫吹《らんすい》」が停止され、貞和三年十二月十二日にも、鞍馬坂本商人の訴えにより、「関白家居飼」の艮口率分が別当宣[49]で停止されているのであるが、この居飼が摂関家の厩の「御厩司」に属していたことは、相田が指摘する通りで、摂関家の「御厩寄人」として、居飼は京都七口の一、良口において関所料率分を徴収していた。

一方、応永十二年（一四〇五）八月日の院御厩公文所の発した下文とみられる文書[*50]は、御厩寄人の諸売買に対する諸方課役を免除した貞治五年（一三六六）五月十二日の綸旨に任せて、甲乙人の違乱を停止しており、院の厩寄人は課役を免除されて、自ら売買に携わっていた。

また応永七年（一四〇〇）十月日、居飼等目安申状[*51]は「御厩方寄人」として居飼等がそれまで一円知行してきた縄・莚課役について、内蔵寮代官がはじめて「新儀」を立てたことを「以外の濫吹」として訴えている。ここで居飼たちは「近年御恩無足」のため、こうした課役によって奉公しているのに、こうした新儀を許すならば「於公方細々北山殿御馬引等参役、更不可叶」といい、もしもこの訴訟が落居しなければ、来月から出仕を止めるとまでいっているのである。この「御厩方」が院の厩であることは間違いないところで、その寄人として、居飼たちはこのような特定の商品について、課役を賦課する権利を与えられていた。

これらの事実を前提に置いてみれば、応安七年（一三七四）十月十九日の後円融天皇綸旨[*52]が、洛中苧《からむし》駄別課役についての「御厩方」の違乱に関わる三条公時の訴えに対し、その妨を停止すべしと西園寺公永に命じている一方で、康暦元年（一三七九）二月三日の同天皇綸旨[*53]が同じく公永に充てて「七口万雑公事」を免除し、他の妨なく領知を全うすべしとしているのは、いずれも院御厩別当として「御厩方」を管掌する公永の立場を示すとともに、その下で商売課役を賦課し、交易に携わっていた厩寄人の活動に関連して発せられたものであることは確実といってよい。

さらに文明三年（一四七一）十二月六日の室町幕府奉行人連署奉書[54]が西園寺前内大臣実遠家雑掌に充てて「禁裏御厩御料所合物課役」の当知行を認め、「於便宜在所、如先々被相懸之、可令領知給」と安堵しているのも全く同様である。天皇家の御厩寄人も左馬寮を知行官司とする西園寺家[55]の管掌下にあって、合物課役の賦課をこのような形で行なっていたのである。

さきにもあげた享徳二年（一四五三）二月日の御厩案主基景申状[56]は、こうした御厩寄人の商業活動の一端を物語ってくれる。基景はここで、すでに数百年に及んで他の妨げのなかった「御厩之寄人」の巨勢・幡原・上吉「三箇村」の「炭薪以下諸商売」に対し、小野・細川の地下人が路頭で商売物を奪い取ったうえ、「御厩寄人」を「甲乙人」と号したとして、その狼藉を退け、知行を全うしたいと訴えているのである。「数百年」にはもとより誇張が入っているのであろうが、「御厩寄人」たちの商売が、少なくとも鎌倉期に遡ることを、この申状は示しているといってよかろう。

また、天文十二年（一五四三）から同十四年ころの文書とみられる西園寺大納言公朝に充てた三月二十九日付の後奈良天皇綸旨[57]が、「御厩寄人幷百姓等諸業事」について、たびたびの勅裁に任せ、「諸方公事課役」を免除する旨、案主豊景に下知すべしとしているのも、御厩寄人の商業、交易に関わることは、いうまでもなかろう。

以上によって、少なくとも十四世紀以降、「御牧住人」ともいわれ、天皇家・院・摂関家等の厩に属した居飼を含む厩寄人が、一方で関所料及び縄・莚・合物などの商品の交易に関して、駄別課役を徴収するとともに、他方では京の七口などの関所料や諸方課役を免除され、さきの商品や炭・薪などの商売、交易に携わり、さらに商売課役の賦課を苧にまで及ぼそうとしていたことを知りえたのであるが、これは馬借の活動そのものといって間違いないのではなかろうか。たとえ、厩舎人・居飼と馬借とが完全に重ならないとしても、その間に不可分の関係があったことは確実である。

実際、『節用集』が「馬借」を、駄賃をとる「商人」としていることや、康暦元年(一三七九)六月十三日から十四日にかけて、「日野殿・円明坊関所」のことを「訴訟題目」とした「馬借悪党人等千余人」が、坂本から祇園社に打ち入って濫妨したといわれ[*58]、室町期の禁裏料所東口率分についての年月日未詳の女房書状[*59]に「馬しやくともかすめ申」とあることなど、豊田武がすでに史料を博捜して指摘している通り[*60]、馬借の訴訟に関所が深く関わっている事実も、この推測を支えるに十分といってよかろう。

そして牛飼と車借、舎人・居飼と馬借の結びつきについての、本節で述べてきたことが承認されるならば、今後、これまでよりもさらに広い視野の下で、車借・馬借の問題を検討することが可能になってくる。そのような視点に立って取り上げるべき問題は多々あると思うが、当面は車借・馬借の社会的地位の変化をめぐって、思いつく問題を次節で多少ふれるにとどめておきたい。

三　馬借・車借の社会的地位

中世後期の馬借の社会的地位については、土一揆と関連して見解が分かれており、永原慶二は馬借を「たんに運輸労働者というだけでなく、交通路・宿駅に蝟集した賤民・散所民の系譜をひくもの」とする見解に従い、「中世社会特有のカースト的賤視を受けた」存在とみるのに[*61]対し、豊田武はそうした存在があったとしても、馬借の中には「馬を所有する問屋・地主クラスのものも」あり「馬借＝商人といわれる程の身分である」ことを強調している。[*62]この見解がそれぞれ馬借の一面をとらえていることは事実であるが、前述のような視点に立ってあらためて見直してみると、検討すべき余地は、なお広く残されているといわなくてはならない。

中世前期、車借・馬借と不可分の関わりをもつ牛飼や厩舎人・居飼が、衣服・装束を給付され、車借・馬借も、車役・召馬役を負担する在家として、平民百姓の在家と区別されていたことはさきに述べた通りであり、「御厩寄人」とよばれるようになった点からみても、これらの人々が、神人や供御人と同様の「職人」身分であったことは認められてよいであろう。実際、『駿牛絵詞』[*63]に「御牛童十王丸」が「牛道」をきわめたものといわれ、「堤大納言殿」が「牛馬の道すぐれたる人」とされているように、牛の優劣をみわけて、これを扱うのも「芸」であり、それには「道」があったのである。とすれば、牛飼・舎人・居飼は天皇家・摂関家などに奉仕するものとしての称号、車借・馬借は職能民としての呼称で、両者はほぼ重なり合う職能集団の表と裏のよび方ということもできよう。

名だたる駿牛を扱い「名をえたる御牛飼」などは別として、牛飼の平均的な生活の実態を知りうるのは、いまのところ弘長元年（一二六一）三月十七日の牛飼力王丸田畠家財譲状[*64]の一例のみである。仁和寺の牛飼とみられる力王丸は、田一反・畠二反を保持し、車借としての活動に用いたのではないかと思われる「わるき牛一疋」をはじめ、臼、鉄鍋、釜、瓶子等々、かなりの家財をもっており[*65]、これは村落の平民百姓の家財に比べると、多彩で豊かといってよかろう。ただ、別に詳述したように[*66]、牛飼が「丸」をつけた童名を一生用いつづけ、本鳥《もとどり》を結わず、束髪の童形であったことは、注目すべきである。車借も同様で『扇面古写経』の俵を積んだ牛車に乗って牛を追う童[*67]、『一遍聖絵』の関寺前で、やはり俵を積む牛車の傍で牛を扱う人[*68]は童形であった。

馬借の場合も「馬借丸」とよばれ（「勧学講条々」）、同じ『一遍聖絵』の絵で、車借の後を行の背に米俵を背負わせた馬を追う男、『石山寺縁起』の綾藺笠《あやいがさ》を被って馬を追う男たち[69]、馬の背の俵から米を抜きとる男など[70]、みな本鳥を結っているようにはみえない。こうした馬借の姿がどこまで一般化しうるか、居飼や舎人がどのような髪形をしていたのかなど、この問題は今後にゆだねざるをえないが、牛馬を扱う人々に、童及び童形の人が多いことは事実としてよかろう。

別稿でも述べたように[71]、その背景には童や牛馬そのものを、人の力をこえた世界とのつながりでとらえた当時の社会の見方があったのではないか、と私は考える。『日本霊異記』の牛に生まれかわった人の話、『今昔物語集』巻第二十一第二十六の人の霊のために借りられた牛、巻第二十九第三十八の狼を突き殺した牛、さらに巻第十六第二十八の観音の力で仮に死に、生き返った馬の話など、当時の説話には、牛馬をめぐる不思議が少なからず見出され、大分降って、「外記日記」文永元年（一二六四）七月二十七日条に、院御牛飼鷹法師丸の預り飼っていた牛が「有言語」―「モノイフコト」あり、とあることなどにも、このころの牛馬に対する社会のとらえ方の一端が現われている。笠松宏至の注目した「牛馬の尾を切る」という「武政軌範」の検断条目[72]も、牛馬に対するそうした見方が根底にあるといえよう。

童、童形もまた、人ならぬ呪的な力をもつと考えられており[73]、牛飼・車借、そして馬借にも見出される童形は、そのことと深く関連していると思われる。とすれば、少なくとも中世前期までの馬借・車借は、たしかに平民とは区別されているとはいえ、決して社会から卑賤視された「賤民・散所民」とはいい難い、といわなくてはならない。

しかし、十四世紀も後半に入ると、少なくとも馬借については、そうした見方を支える事実が現われるようになってくる。さきに、馬借が「悪党人」と並称された事例をあげたが、これも別の機会に言及したように[*74]、前にもふれた応永元年（一三九四）九月の足利義満の日吉社参詣に当たり、馬借は今路の路作、掃除を命ぜられている。これは河原者、散所法師に近い仕事といえよう。また、正長元年（一四二八）八月二十七日、山門西塔院釈迦堂に閉籠した山徒たちは、北野社を糺断する衆議事書[*75]を書き、もしもこれに従わないならば、犬神人《いぬじにん》と馬借を遣わして住房を破却すると威嚇している。北野社西京神人の閉籠に発展したこの事件の処理の過程で、犬神人と馬借が同じ年預上林房の下にあったことが判明するが、このように、山門寄人となった馬借は、まさしく犬神人―「非人」と同じ刑吏として住宅破却に携わっていた。

さらに『天台座主記』宝徳元年（一四四九）十二月一日条にも、山門公人・犬神人とともに馬借が万寿寺に発向、一塔頭を打ち毀ったとあり、寛正三年（一四六二）のころの文書とみられる五月一日の宝泉坊源俊書状[*76]は、祇園社執行に対し、山門が衆議により、「公人・馬借」をもって信濃別当の在所及び執行房に発向することになったと伝えている。とすると、永享六年（一四三四）十一月から十二月にかけて、坂本に打ち入った美濃の土岐氏の軍勢に対し、同心して戦った「馬借・下僧」は、恐らく馬借と犬神人《いぬじにん》の連合だったのではなかろうか[*77]。

そしてこのように考えると、明応五年（一四九六）十二月、美濃の斎藤妙純の軍勢を打ち破った馬借、郷民の一揆[*78]が「柿帷《かきかたびら》衆《しゅう》」といわれた理由も、より一層、明確になってくる。柿帷は犬神人―「非人」と同じ立場に立つ馬借の衣装だったのであり、勝俣鎮夫がいうように[*79]、郷民もまた自らそれと同じ柿帷を身につけて一揆したのであろう。もしそうであるならば、これは馬借が「賤民」なるが故に土一揆とは結びつき難いとみてきたこれまでの見方とは全く逆に、意識的に自ら「非人姿」をした郷民と、すでに「非人」とみなされつつあった馬借との連帯―一揆を物語る事実といわなくてはならない。

とはいえ、さきにあげた諸事例が示すように、山門寄人となった馬借が、日常的には犬神人と同じ扱いをうけるようになっていたことも間違いない。もとよりそれは、一方で御厩寄人として商業に携わり、「商人」ともいわれた馬借の姿となんら矛盾するものではないが、十四世紀以前の厩舎人・居飼と結びついた馬借の社会的地位は、ここに大きく変化したのである。

このように馬借が刑吏として住宅破却に当たっているのは、平安末期の厩が牢獄であり、そこに属した厩舎人自身が追捕、処刑に携わっていたという先述した事実と、必ずや深い関わりがあろう。そして、そうした刑吏の業を穢れと結びつける見方が社会に深く浸透するようになってきたことが、馬借に対する賤視の一つの契機であることは疑いない。

しかしそれだけでなく、馬借の社会的地位の転換は、恐らく牛馬そのものに対する社会のとらえ方の変化を、その背景にもっていたのではなかろうか。かつては人ならぬ世界ともつながる動物ととらえられ、これを酷使することは神仏の罰を招くとされていた牛馬が、専ら人に使役される穢れた獣─「四つ足」「畜生」とされるにいたったことと、馬借の卑賤視とは決して無関係ではあるまい。とすると、車借もまた賤視されたのではないかという推測も可能になるが、いまのところそれを示す確実な事例は見出していない。[*80]

しかしこうした社会の賤視をうけるようになっても、馬借・車借にとって馬や牛はもとより大切な動物であった。さきに、牛飼─車借が北野社の大座神人だったことにふれたが、それが天神と牛との不可分の結びつき、[*81]牛がいわば北野社の聖獣であったことによるとみるのは、決して荒唐無稽の臆測ではあるまい。実際、北野社の末社老松社は「当社御在世ノ牛飼ニテ御座ス」といわれているのである。[*82]

そして、近江の馬借たちが室町期以降、専ら山門寄人としてその姿を現わすようになるのは、日吉社の神使である猿と馬、厩との関係によるのではないか、と私は考えてみたい。猿が守神として厩につながれている図像が、絵巻物に多く見出されるのは周知の通りであり、馬借たちは自らの生業の支えである馬の守神猿を使令とした日吉社、山門に属することによって、その立場を保とうとしたのであろう。こうした動向の中に、卑賤視にさらされながら、なお牛馬に神とのつながりを見出そうとする車借・馬借たちの心の動きをはっきりとみることができるのではないか、と私は考える。

むすび

馬借・車借、さらには厩・牧と牛馬について、残された問題はきわめて多い。

鳥羽の車借と鳥羽殿の厩との関係をさきにふれたが、摂関家領の近江国大津御厩と大津の馬借、左馬寮領で院御厩領でもあった山城国美豆牧と泉木津の車借・馬借との結びつきも、まず間違いないところであろう。また左馬寮領越前国阿須波牧[*83]も、あるいは越前の馬借集団と関わりがあるかもしれない。

『駿牛絵詞』『国牛十図』にみられる越前牛はこの牧から貢進されたのであろうが、西園寺公経が「丁子染」という越前牛を仙洞へ進め、西園寺家領であった肥前国宇野御厨[*84]からの御厨牛を同実氏が同じく院に進上しているのは、同家が院御厩別当を世襲、左馬寮を知行していたからにほかならない。こうした牧、厩における牛馬の飼育、飼養と、その各方面への供給がどのように行なわれていたかについても、解明されなくてはならない問題は非常に多いのである。

また、馬借・車借とよばれる職能集団が、元亨三年（一三二三）の北条貞時十三年忌供養記（「円覚寺文書」）によって、寺方二人、公文所方二人の車借のいたことを知りうるのを除くと、いまのところ、畿内とその近国の海・湖・川を結びつける陸上交通路にのみ見出されるという事実も見逃し難い。これは中世から近世にかけて、海・湖・川の交通路がいかに重要であったかをよく示しているが、同時に、牧の牛馬と海上・水上交通とが、きわめて緊密に結びついていたことを明瞭に物語っている。[*85] そして、三浦圭一はすでに最も早く、このことを指摘していた。

私が三浦とはじめて出合ったのは三十年近く前に遡る。そのとき三浦が熱心に私に語ってくれたのが、一九六五年に発表された渡辺惣官職を素材とした論稿「中世における畿内の位置」[*86]の内容であった。海の武士団ともいうべき渡辺党・松浦党と牧との不可分の関係に着目したこの論文が、三浦の史家としての面目、躍如たる個性的な傑作であることは、誰しも異論をさしはさむまい。

不敏にも私は、いまにしてこの三浦の鋭い指摘がいかに正鵠を射たものであったかを思い知ったのであり、その驥尾に付してようやくまとめたのがこの拙稿である。あまりにも学恩に応えることが遅きに失し、もはや永久に三浦の温かくきびしい批判を得ることができなくなってしまったのは、まことに痛恨のきわみであるが、この貧しい稿を三浦に捧げ、冥福を心から祈りたいと思う。

注

＊1――豊田武著作集第三巻『中世の商人と交通』（吉川弘文館、一九八三年）四一〜四六頁、戸田芳実「東西交通」（有斐閣新書『日本史(2)中世Ⅰ』有斐閣、一九七八年）など。
＊2――拙稿「遊女と非人・河原者」（『大系・仏教と日本人』8『性と身分』春秋社、一九八九年、『中世の非人と遊女』明石書店、一九九四年、所収）、「中世前期の瀬戸内海交通」（『海と列島文化』9『瀬戸内の海人文化』小学館、一九九一年、『日本社会再考』小学館、一九九三年、所収）、「西の京と北野社について」（比較都市史研究会編『都市と共同体』上、名著出版、一九九一年）。
＊3――西岡虎之助「武士階級形成の一要因としての「牧」の発展」（『荘園史の研究』上巻、岩波書店、一九五三年）。
＊4――山口英男「八・九世紀の牧について」（『史学雑誌』九五―一、一九八六年）。
＊5――高橋昌明『清盛以前――伊勢平氏の興隆』（平凡社、一九八四年）。
＊6――元木泰雄「摂関家における私的制裁について――十一・二世紀を中心に」（『日本史研究』二五五号、一九八三年）。
＊7――宮内庁書陵部編集、吉川弘文館。
＊8――注5高橋前掲書、第五章三、院御厩別当の項。
＊9――注2前掲拙稿「中世前期の瀬戸内海交通」。

＊10――「春日若宮社家古文書」（『鎌倉遺文』三―一三五六）。『鎌倉遺文』の編者はこれを院御厩下文案としているが、建仁三年七月日の下文案（同上三―一三六九）とともに、摂関家御厩下文案とすべきであろう。
＊11――前掲『皇室制度史料』太上天皇二。
＊12――「京都御所東山御文庫記録」甲七十。
＊13――増補続史料大成『八坂神社記録三』。
＊14――注6前掲元木論稿。
＊15――注5高橋前掲書。
＊16――「興福寺別当次第裏文書」（『平安遺文』六―二九六七）。
＊17――『高野山文書之二』宝簡集二十二。
＊18――『公衡公記』第二。
＊19――東京大学史料編纂所架蔵写真本。
＊20――注2前掲拙稿「西の京と北野社について」、及び拙著『異形の王権』（平凡社、一九八六年）。
＊21――「丹生神社文書」（『平安遺文』七―三二七五）。
＊22――『高野山文書之二』宝簡集九、一三〇〜一三三号、『高野山文書之八』又続宝簡集百四十二、一九七一号等（『平安遺文』九―四八六四〜四八六八）。

＊23——「兼仲卿記弘安三年春巻紙背文書」（弘安元年）十二月十三日、某請文、同上、（弘安元年）十二月十八日、沙弥現寂請文。
＊24——『公衡公記』第二。
＊25——注2前掲拙稿「中世前期の瀬戸内海交通」でこの点についてふれた。
＊26——注5高橋前掲書。
＊27——「民経記寛喜三年九月巻紙背文書」。
＊28——「近衛家文書」。なお、田上輪工は「兼仲卿記弘安二年秋巻紙背文書」年未詳、按察使某書状にもみられる。恐らく輪工は修理職にも属していたのではなかろうか。
＊29——この日記にはこのほかにも、正月の餅を各二枚、元日、二日に瓶子を給された舎人・牛飼がみえる。
＊30——この点については、丹生谷哲一『検非違使——中世のけがれと権力』（平凡社、一九八六年）参照。
＊31——この「手」は塩手米、人手銭などと同じ用法で、粥手米であろう。
＊32——注1前掲戸田論稿及び注2前掲拙稿「中世前期の瀬戸内海交通」。
＊33——「東寺百合文書」リ函五号。
＊34——「日吉社室町殿御社参記」。
＊35——『大日本古文書家わけ第九　東寺文書之三』ち八号。

＊36――注2前掲拙稿「西の京と北野社について」。
＊37――『北野天満宮史料』古記録、「目安等諸記録書状」。
＊38――『北野天満宮史料』目代日記。以下同じ。
＊39――『北野天満宮史料』古記録、「諸祠官記録」。
＊40――桑山浩然校訂『室町幕府引付史料集成』下巻（近藤出版社、一九八六年）。
＊41――竹内秀雄『天満宮』（吉川弘文館、一九六八年）。
＊42――注2前掲拙稿「西の京と北野社について」。
＊43――注2前掲拙稿「中世前期の瀬戸内海交通」。
＊44――図書寮叢刊『経俊卿記』はこれを「甲所保」とするが、「甲可保」とみるのがよいのではなかろうか。
＊45――福地牧については、これまでその所在地が確認されていない。会賀牧は甲可の地とは離れているので、福地牧なのではあるまいか。
＊46――山城国美豆牧にも内膳司の供御人がいた。このような牧と御厨の密接な関係には、注意しておく必要があろう。
＊47――相田二郎「京都七口の関所」（『中世の関所』畝傍書房、一九四三年、吉川弘文館、一九八三年再刊）。
＊48――「京都大学所蔵鞍馬寺文書」。

＊49——同右。

＊50——「京都御所東山御文庫記録」甲七十。

＊51——「山科家古文書」。

＊52——「柳原家記録」七十七、勅裁口宣、仲光卿記。

＊53——宮内庁書陵部所蔵「西園寺家古文書」。

＊54——東北大学図書館蔵「西園寺文書」。

＊55——注2前掲拙稿。

＊56——「京都御所東山御文庫記録」甲七十。

＊57——同右、甲七十一。

＊58——増補史料大成『八坂神社記録』三、「祇園社記」第六。「惣党人」は「悪党人」、「開所」は「関所」の誤りであろう。

＊59——「山科家古文書」。

＊60——注1豊田前掲書。

＊61——永原慶二『大名領国制』（『体系・日本歴史』日本評論社、一九六七年）。

＊62——注1豊田前掲書。

＊63——『群書類従』第二十八輯。

＊64——「京都大学所蔵文書」。

＊65――拙著『中世再考』（日本エディタースクール出版部、一九八六年）「中世民衆生活の様相」で、この家財の中にみられる「御牛はたくる刀」を牛を叩く刀としたが、これは「刷《はだ》く」―なであげる、かきなでるとみるべきであり、ここに訂正する（阿部猛氏の御指摘による。心より同氏に謝意を表する）。
＊66――拙著『異形の王権』（平凡社、一九八六年）。
＊67――『新版絵巻物による日本常民生活絵引』（平凡社、一九八四年）第一巻、14図。
＊68――同右、第二巻、244図。
＊69――同右、第三巻、471図。
＊70――同右、479図。
＊71――注2前掲拙稿「遊女と非人・河原者」。
＊72――石井進・笠松宏至・勝俣鎮夫・網野善彦『中世の罪と罰』（東京大学出版会、一九八三年）討論「中世の罪と罰」一八二～一九〇頁の笠松の発言。
＊73――注66前掲拙著。
＊74――注71前掲拙稿。
＊75――「北野神社文書」一、社家条々抜書。
＊76――『八坂神社文書』上、一〇八三号。
＊77――『満済准后日記』永享三年十一月廿五日条、同年十一月十三日条。

＊78――『岐阜市史』史料編古代・中世。
＊79――勝俣鎮夫『一揆』（岩波書店、一九八二年）。
＊80――本稿第二節でふれたように、河原者が車を引いていることは、この点にあるいは関係するかもしれない。
＊81――注41前掲、竹内秀雄『天満宮』。
＊82――「北野神社文書」四六、諸神縁起章。
＊83――『経俊卿記』文応元年九月十五日条。これを問題にした人が「右府」―洞院実雄であることにも注目しておく必要がある。
＊84――「雨森善四郎氏所蔵文書」元亨二年八月十六日、西園寺実兼譲状。
＊85――注2前掲拙稿「中世前期の瀬戸内海交通」。
＊86――三浦圭一『中世民衆生活史の研究』（思文閣出版、一九八一年）。

5　職人の図像

一

米沢嘉圃の紹介により、町田和也・後藤紀彦と私が、「職人歌合研究会」のメンバーとして宗信筆の『職人尽屏風』の調査をすることのできたのは、一九八六年十月二十日のことであった。「職人歌合研究会」はこの三人に、岩崎佳枝、藤原良章、西山克を加えた有志六人の研究会で、保科孝夫の協力を得て、この年から現在まで活動をつづけているが、たまたま同じ年、「前近代の日本における職能民の社会と歴史――『職人歌合絵巻』『職人尽絵』『洛中洛外図』等の資料学的研究を通じて」というテーマで、トヨタ財団から研究助成を得ていた。[*1] それ故、この屏風の調査、撮影等についても『國華』編集部の協力を得つつ、この助成金を運用して行なうことができたのである。

調査後、屏風自体については、前記三人のうち、とくに町田が中心となって研究を進め、二年間に及んだその研究の成果は、一九八八年十月二十二日の「職人歌合研究会」の席上で報告された。『國華』一一二六号に「宗信筆『職人尽屏風』」としてまとめられたのがそれで、絵師宗信、屏風の景観、「職人」の種類、記入された文字の意味、さらにこの屏風の「職人」の図像と『東北院歌合絵巻』『建保職人歌合絵巻』等の「職人」図像との関係などについては、そこで詳細に追究されている。

いまこれになにかを加えうる余地はほとんどないのであるが、中世の「職人歌合絵巻」、近世初頭の「洛中洛外図」「職人尽絵」等の「職人」図像の変化と「職人」の社会的なあり方の推移を考え、この『職人尽屏風』についても若干、気づいたことを述べて、私自身の責を果たしておきたいと思う。

二

中世、「道々の者」「道々の輩」といわれた広義の「職人」に焦点を合わせ、時代を追って「職人歌合絵巻」「洛中洛外図屏風」「職人尽絵」の図像を通観してみると、ときとともにおこるいくつかの特徴的な変化をそこに見出すことができる。

まず中世の「職人歌合絵巻」は五作品が知られているだけであるが、図像、「職人」の種類等からみて、中世前期―おそくとも南北朝期以前に成立した『東北院歌合』五番本、十二番本

（『建保職人歌合』）、『鶴岡放生会歌合』と、室町後期―中世後期の『三十二番歌合』『七十一番歌合』との間には、質的といってもよいほどの差異がある、と私は考える。

序文に即してみると、前者が東北院の念仏会、鶴岡八幡宮の放生会のような法会を契機に「道々の者」が集まって歌を詠むという形をとっているのに対し、後者は神仏との関わりなしに歌合を行なわせ、とくに『三十二番歌合』が「いやしき身しなおなしきものから」という点に「卅余人」の共通性を求めており、両者の差異は顕著といえよう。

ここに、職能民、「職人」が神仏あるいは天皇などの人の力をこえた「聖なるもの」に直属する人々として、神人《じにん》、寄人《よりうど》、供御人《くごにん》などの地位を保証されていた中世前期と、それらの権威の低落とともに、職能自体がすでに世俗の行為となり、「職人」の一部に賤視される人々が現われるようになった中世後期との差異の一端を読み取ることは可能であろう。[*2] 職能民のあり方としては、中世後期はすでに近世につながる特質をもちはじめている。

職種についても、前二者のそれは、ほぼ『倭名類聚抄』『新猿楽記』『梁塵秘抄』『普通唱導集』等に現われる職種の中におさまるのに対し、後二者のうち『三十二番歌合』はその大半がそこからはみ出し、『七十一番歌合』も、さきの諸書に『庭訓往来』の職種まで加えてみても、その半数をこえる七十六種の職種はそれらと重複しないのである。これらの事実は町田和也の作成した表[*3]によって明らかになるのであるが、それによってみると、こうしたはみ出した職種

●『職人尽屛風』右隻、狩野宗信筆、『國華』より転載。

は、近世の『人倫訓蒙図彙』『職人尽狂歌合』等と共通するものが多く、「洛中洛外図屛風」や「職人尽絵」のそれにも通じている。

これは、中世後期の社会に入ると、中世前期までの枠をはるかにこえて、職種の分化が著しく進展し、職種が多様化していく事実を明瞭に反映しており、それがやはり近世に連続する動きであることを、よく物語っているといってよかろう。

さらに「職人」の図像についてみると、『東北院歌合』の五番本のうち、曼殊院本の場合は、巫女《みこ》及び僧形の経師《きょうじ》を除くと、裸にされた博打《ばくち》まで含めて、すべての「職人」が烏帽子をつけており、高松宮家本の場合も、巫女・経師、助手の役割を果たす人、それに海人《あま》以外のすべての人が烏帽子を被っている。十二番本―『建保職人歌合』もほぼ同様で、僧形の仏師・経師・盲目、巫女・桂女・大原人《おはら》・紺搔《こうかき》などの女性と、助手の童を除き、みな烏帽子姿である。

さらに『鶴岡放生会歌合』の場合は、遊女、白拍子、楽人《がくにん》、舞人《まいびと》、田楽のような芸能の装束を着けた人々は別として、烏帽子を被らないのは相撲人《すまい》、持者《じしゃ》、漁父《むらきみ》のみで、やはり大多数の「職人」は烏帽子をつけている。[*4]

ところが『三十二番歌合』になると、逆に千秋万歳《せんずまんざい》法師の鼓打、絵解、大鋸引、算置《さんおき》、石切を除き、他のすべての「職人」は烏帽子をつけていない。その二十八人の中には、頭上に桶をいただく菜売、被物をした桂女、鬘捻《かずらひねり》、はり殿などの女性、僧形の高野聖、かね敲《たたき》、へうほう

●『七十一番歌合』石川県立歴史博物館蔵。上段左：烏帽子姿の榑挽と笠を被る筏師の番。右：露頭・元結姿の「かはかはう」。下段左：扇売。「扇は候。みな一ぽん扇にて候」の売り声。右：豆売と米売の番（いずれも女性）。「なを米は候。けさの市にはあひ候べく候」（米売）、「われらが豆も、いまだ商いをそく候ぞ」（豆売）。

ゑ師、勧進聖がおり、笠を被った獅子舞、胸たたき、火鉢うり、地黄煎うり、しきみ売がみえるが、その他の人々は、月代《さかやき》を剃っている人々も含め、元結で後頭をくくった露頭である。

ここに社会全体の風俗の変化の現われをみることも可能であるが[*5]、細かく服装、被物、髪形等を描き分けた『七十一番歌合』を考慮すると、この図像にたやすく一般化しえぬ意味がこめられていることは間違いないと思われる。

男性百八種、女性三十四種、計百四十二種の「職人」を描いた『七十一番歌合』において烏帽子姿の男性は四十六人で、全体の三分の一を占める。これに対し、男性の中で僧形は二十九人であるが、笠・被物をする人は山伏を含めて八人、露頭で元結によって髪をくくるのみの人が十六人、笠を被る覆面の人が六人、芸能姿の人が五人となっており、とくに覆面姿の弦売、饅頭売、草履作、硫磺箒売、煎じ物売、いたかなどの人々が卑賤視されたことは間違いない[*6]。そして笠・被物をつけた筏師、金ほり、汞掘《みずかねほり》などや、露頭の「むまかはう」「かはかはう」「穢多」「鉢叩」などが卑賤の「職人」とみられていたことも確実である。とすれば『三十二番歌合』の「職人」の図像は、詞書にいう通り「いやしき身しな」の「職人」を表現していたとみなくてはならない。

さらに『七十一番歌合』は女性の「職人」の図像についても、被物の有無、作眉の有無などによって、その職種の特色を描き分けており、後藤紀彦はこうした髪形、被物、眉などによって、三十四種の女性の「職人」を、芸能・宗教に携わる人々、女性特有の高級品を扱う商人、食物を製造、販売する女性、食物以外の品物の販売に携わる女性に分類している。*7

このような服装、髪形、被物等による「職人」図像の細かい描き分け、さらにそこに明らかに卑賤視されるようになった人々が意識的に図像化されはじめている点は、中世前期の「職人歌合絵巻」と大きく異なっており、そこに「職人」自体のあり方の、さきにふれたような変化がはっきりと影を落としているといわなくてはならない。*8そして、こうした中世後期の「職人」の図像もまた、近世に通ずるものが多いのである。

中世前期と後期の図像の差異は、それだけでなく「職人」の姿態にも明瞭に見出すことができる。すでに石田尚豊が指摘しているように、*9『東北院歌合』五番本の曼殊院本において、図像はすべて坐像で、傍に置かれた道具や持物がその職種を示すにとどまっており、高松宮家本になると作業する姿態が描かれるようになってはいるが、賈人《あきびと》の場合もなお休憩する坐像が描かれている。

十二番本では、桂女、大原人、商人が遍歴、行商を示す姿になっており、仕事場で作業する「職人」との区別が一応現われてくるとはいえ、『鶴岡放生会歌合』を含めて、こうした「職人」の図像の描き分けは、必ずしも意識的とはいえない。

これに対し『三十二番歌合』になると、大鋸引、石切、へうほうゑ師、はり殿、結桶師などが作業しており、絵解、算置のように座って業を営んでいる人もみえるが、圧倒的多数の「職人」は振売、行商、遍歴する姿に描かれている。さらに『七十一番歌合』の場合、仕事場での作業姿、朸《おうご》で商品を担い、あるいは座って商品を売る姿、遍歴しつつ道を歩む姿など、「職人」の特徴が和歌及び絵に付された「職人」自身の言葉（「画中詞」）とともに描かれ、職種に即した姿態が具体的、意識的に描き分けられているのである。*10

なお「屋」をもつことなく、市から市へと遍歴し、注文主の作業場で仕事をしていた中世前期の「職人」が、中世後期に入り、仕事場、売場を含む住居としての「屋」をもつ「職人」、特定の市座で商品を売る「職人」、依然として遍歴を日常とする「職人」等に分化していった経緯を、こうした図像の変化を通して読み取ることができる。*11

もとより、これらの「職人」の図像については、絵画史自体の立場からの独自な追究が必要であり、たやすく文献上の所見をあてはめることは、慎重でなくてはならないが、以上に述べてきたようなおおまかな変化から、「職人」の社会的な存在形態の推移をとらえることは許されるであろう。

三

これらの「職人歌合絵巻」は、『七十一番歌合』に、「傾城屋《けいせいや》」—「傾城局」といわれた

「屋」の一部とともに「辻子君」[*12]が描かれているのを唯一の例外として、ほとんどすべてが単独で働く「職人」に、ときに一、二の助手を加えて描いているのみで、「職人」の活動する場そのものは絵画化されていない。石田尚豊の指摘する通り、これは歌合の様式による制約であろう。

しかし、戦国期から近世初頭にかけてさかんに制作された「洛中洛外図屏風」「社寺参詣曼荼羅」「職人尽絵」等になると、これらの「職人歌合」の「職人」たちは「歌仙絵」の制約から解放され、さらに多種多様な「職人」の図像を加えつつ、立体的な都市や寺社の風景の中に生き生きと描きこまれるようになる。

石田は『三十二番歌合』『七十一番歌合』の「職人」と、町田本『洛中洛外図屏風』の中に描き入れられた「職人」とを比較し、職種についても、図像に即しても、両者の間に多くの共通性があり、上杉本まで視野に入れると、それはさらに顕著になることを明らかにしている。[*13]また西山克も「社寺参詣曼荼羅」に現われる巡礼、山伏、高野聖、琵琶法師等々の多数の「職人」と、「職人歌合」「洛中洛外図」の「職人」の図像との共通性に注目し、「近世初期風俗画の工房において、事実上「儀軌」化され、いわば客観的な集合表象として存在した図像体系」があったのではないかと述べており、[*14]町田も『國華』で紹介した『職人尽屏風』に即し、その「職人」の図像と『建保職人歌合』との一致に着目しているのである。

このように、中世後期から近世初頭にかけて出現するさまざまな様式の絵画の中における「職人」の図像については、さらに絵画そのものに即して、広い視野から精細に資料の蒐集・調査・比較検討を進めなくてはならないので、軽々にこれを実態と結びつけて論ずることはできないが、これまで述べてきた「職人」のあり方の変化の文脈に沿ってみると、これらの新たな様式の発展によって、「職人」の活動し、生業を営む「場」そのものが、ここで絵画化された点が重要と考えられる。

さきにもふれたように、仕事場でもあり、店棚—売場でもある住居—「屋」をもち、そこで立ち働く「職人」、道や橋で商品を売り、そこを売場とする「職人」、専ら道路を遍歴し、町屋の門々に立ってその業を営む「職人」が「職人歌合」の図像を継承しつつも、これらの絵画ではさまざまな「場」と結びつけられて図像化されているのであり、そこから、中世後期から近世初期にかけての「職人」の実態の一端をうかがうことは、現段階でも可能としてよかろう。

実際、このような「場」については、絵画の制作者—絵師自身、かなり意識して描いていると思われる。瀬田勝哉は「洛中洛外図屏風」のうち、町田本が町屋のウラの世界に目を注ぎ、井戸や厠を細かく描き出しているのに対し、上杉本ではウラは金雲によってかくされ、オモテの町屋の前面に専ら目が注がれていること、また町田本では人物の多くが戸外に配置されているのに、上杉本はオモテから町屋内部の仕事場をのぞきこむようにとらえている点などに着目しているが、[15] これは絵師の「場」に対する視点を見事にとらえた見解といってよかろう。こうした上杉本の視点はそれ以後の「洛中洛外図」等にうけつがれていくと瀬田は指摘しているが、斃牛馬の皮の処理、加工が行なわれている場面を描いたことでよく知られている高津本[16] の『洛中洛外図屏風』は、町田本以上に、町屋にはほとんど全く人物を描かず、専ら道、橋、寺社の境内—庭などの開かれた空間で活動する多数の人々の姿を、執拗に追いかけているのである。高津本の絵師が、近世に入って、社会的な賤視をうける立場に固定されるようになった「職人」に、その視点を置いていることは、こうした点から推測して誤りないのではなかろうか。

それはいずれにしても、都市や寺社のさまざまな「場」に対して向けられる絵師の視線は、「職人」の図像の描き方とともに見逃してはならない重要な問題を含んでおり、「社寺参詣曼荼羅」の解読をめぐって、黒田日出男と西山との間で行なわれている論争[17] も、こうした場の読み方と深く関わっていることはいうまでもなかろう。

ここにはなお解決すべき問題が多く残されているのであるが、個々の「職人」の図像についても同様である。例えば、『七十一番歌合』に見出された覆面姿の卑賤視された「職人」が「洛中洛外図屏風」になると、節季候《せきぞう》、春駒等の一部の遍歴芸能民を除くと、ほとんど見出せなくなること、同じく『七十一番歌合』には数多く見出された女性の「職人」が、近世に入ると著しく減少してくる点など今後追究さるべき問題は少なくない。

しかしこれらは当面、すべて後日を期し、ここでは宗信筆『職人尽屏風』に即して、一、二の気づいた問題にふれるにとどめておきたいと思う。

四

構図が単純なだけに、この屏風では、「屋」の内部で作業する「職人」、道路で仕事をする「職人」、道を歩き、遍歴する「職人」との区別が、きわめて明確に描かれている。そして、このように「職人」とその業を営む「場」とが固定化して図像とされるようになった点に、このころの「職人」の社会的地位の分化、その固定化をうかがうことができよう。

また、この屏風においては、第一の型の「職人」は、女性の紺掻と本屋、髪結床《かみゆいどこ》を除き、みな烏帽子をつけ、第三の型の人々は傀儡師、事触が烏帽子姿であるが、他はすべて露頭か被物、笠を被っている。「洛中洛外図屏風」をはじめ『洛中洛外図巻』（東京国立博物館蔵）、『職人尽図巻』（国立歴史民俗博物館蔵）などにおいては、[*18]被物によるこれらの「職人」の区別はいくつかの特定の職種を除くと、さほど鮮明ではない。これらと比べて、この屏風の図像の描き方は『七十一番歌合』の図像のそれに通ずるものがあり、町田が事例をあげて『建保職人歌合』との一致を指摘しているように、かなり伝統的、保守的な一面をもっている。

しかし反面、町田も指摘する通り、この屏風は特異な「職人」を描き、女性の「職人」については仲媒女、大原人、歌比丘尼などの第三の型の人々はみられるが、第一の型の「屋」で仕事をする「職人」では紺掻のみである。扇屋（扇売）は中世後期以来、文献によってみても女性の「職人」であり、[*19]『七十一番歌合』をはじめ、町田本、上杉本、舟木本の『洛中洛外図屏風』、喜多院本の『職人尽絵』等、図像のうえでもみな女性であるのに対し、この屏風は男性を主とし、女性を従に描いている。その点からも知られるように、この屏風は全体として女性の比率の小さい点が注目される。これを直ちに実態と結びつけることはできないとしても、ここに近世に入ってからの社会の動向の一端が現われているとみることはできよう。

また、振売《ふりうり》を一応別として、路上で仕事をしている「職人」は、鏡磨、桶結師、算置であるが、このうち後二者は「いやしき身しな」といわれた『三十二番歌合』に登場する。算置は狂言「居杭《いぐい》」でも遍歴しているが、「洛中洛外図屏風」では「屋」をもつ占師もみえる。しかし桶結師は上杉本に遍歴姿で現われ、路上で作業をしており、恐らくこのような仕事を求めて遍歴する「職人」は、「屋」をもつ「職人」に比べて賤しめられたのであろう。

博戯―博打がこうした絵画に描かれることはめずらしいが、この屏風にみえる博戯が、河辺―河原をその場としていることも注目すべきであろう。[*20]「洛中洛外図屏風」に描かれた相撲人も、河原をその場としており、都市が成立してからも、河原はやはり特異な場であった。

こうした都市の中の特異な場として、橋と橋詰をあげることができよう。この屏風でも右隻に描かれた橋の上には、盲目と巡礼が配され、橋に足をかけようとする豆売が描かれている。もとより各種の絵画で、橋の上に描かれる「職人」はさまざまであるが、遍歴性の強い人々が多いことは間違いない。

この屛風の橋のたもとには煎じ物売がいるが、右隻の堀割―川に当たる部分に描かれた左隻の辻、桜・松の大樹の下には算置が店をひろげ、油売が休息し、藁茅屋根の髪結床と莨屋《たばこや》がみえる。このうち、髪結は舟木本の『洛中洛外図屛風』では、五条大橋の橋詰、堀川にかかる橋のたもと、高津本及び吉川家本の『洛中洛外図屛風』でも五条橋の橋詰、奈良県立美術館の『洛中洛外図屛風』でも橋のたもとに描かれている。

こうした橋詰と髪結の関係は「信徳十百韻《しんとくとっぴゃくいん》」に「冬の月橋の南北明そめて　髪ゆひの床あらし吹也」とあるように切り離し難いものがあり、吉田伸之も指摘するように、[*22] 明暦二年（一六五六）八月の町年寄申渡には、髪結床の所在場所として、橋詰、辻々、河岸端があげられているのである。そしてそのような場で業を営んだが故に、町は髪結に橋見守、橋火消を番役として課していた。とすると、舟木本をはじめとする諸本の「洛中洛外図屛風」やこの屛風の髪結床の図像上の位置は、このような実態をよく反映しているといってよかろう。また吉田は、江戸前期に髪結が振売の一形態とされていたと指摘しているが、髪結の由緒を亀山院の北面に求める「一銭職由緒書」[*23] に、髪結が徳川家康の窮状を救ったことによって「諸国関所川や渡場等迄、無相違御通し下置候」という特権を与えられたという伝承があることからも知られるように、髪結は元来、遍歴する「職人」であった。橋詰や辻々に髪結が屋をもったのは、こうした髪結の歴史を背景にもっていたものと思われる。

そしてこの屏風で、髪結と並んで描かれた莨屋についても、歴博本『職人尽図巻』は河辺に配置しており、この点に注目すると髪結と同様のことが、あるいは考えられるのかもしれない。

五

以上、あれこれとまとまらぬことを述べてきたが、諸種の絵画に描かれた「職人」の図像については、なお研究すべき余地が広く残されている。そのためには既知の絵画資料の整理、分析はもとより、新たな資料の発掘が急がれなくてはならない。

町田が詳しく紹介した、この宗信筆『職人尽屏風』の「職人」図像も、数は決して多くないとはいえ、この空白を埋めるために少なからぬ意味をもつといえよう。もとよりこの屏風の内容は「職人」図像のみにとどまるものではないが、それらの問題はすべて町田の論稿にゆずり、拙い稿を閉じることにしたい。

注

＊1――一九八六年度、二七〇万円にひきつづき、一九八七年度、四四〇万円（二年間）の助成を与えられた。本稿もその研究成果の一部であり、トヨタ財団にこの場を借りて、厚く謝意を表しておきたい。

＊2――拙稿「中世前期における職能民の存在形態」（永原慶二・佐々木潤之介編『日本中世史研究の軌跡』東京大学出版会、一九八八年、本書第二部、2「職能民の存在形態」）。

＊3――町田和也「所能、芸能、諸道――いわゆる職人歌合を含めての、屑ある族の呼称」（『日本庶民生活史料集成』第三十巻『諸職風俗図絵』別冊、三一書房、一九八二年）。

＊4――小田雄三「烏帽子小考――職人風俗の一断面」（『近世風俗図譜』12『職人』小学館、一九八三年）に、烏帽子の機能が詳論されている。

＊5――澁澤敬三・神奈川大学日本常民文化研究所編『新版絵巻物による日本常民生活絵引』（平凡社、一九八四年）の第五巻の解説で、宮本常一は庶民の服装が室町中期のころから近世化し、月代を剃り、無帽が多くなることを指摘している。

＊6――拙著『異形の王権』（平凡社、一九八六年）所収、「摺衣と婆娑羅」。

＊7――後藤紀彦「『七十一番職人歌合』の女性たち」（週刊朝日百科『日本の歴史』中世Ⅰ―3『遊女・傀儡子・白拍子』朝日新聞社、一九八六年）。

＊8――拙稿「中世の「職人」をめぐって」（注4前掲『近世風俗図譜』12『職人』、本書第二部、1「職人」）、「中世の旅人たち」（『日本民俗文化大系』第六巻『漂泊と定着』小学館、一

一九八四年、『日本論の視座』小学館、一九九〇年)。

*9――石田尚豊『職人尽絵』(『日本の美術』一三二、至文堂、一九七七年)、「職人歌合絵巻から職人尽絵屛風へ」(注4前掲『近世風俗図譜』12『職人』)。

*10――岩崎佳枝『職人歌合――中世の職人群像』(平凡社、一九八七年)。

*11――注8前掲拙稿。

*12――これまで「辻君」とされていた「つしきみ」が「辻子君」であることは、岩崎佳枝「日本文学に及ぼせる『白氏文集』の一影響――「七十一番職人歌合」の組織構成」(『東方学』第六五輯、一九八三年)、山本唯一「中世職人語彙の研究」(『大谷大学研究年報』第三五集、一九八三年)等によってすでに明らかにされている。また、その実態等については、後藤紀彦「遊女と朝廷・貴族」「立君・辻子君」「遊廓の成立」(注7前掲『遊女・傀儡子・白拍子』)、拙稿「検非違使の所領」(『歴史学研究』五五七号、一九八六年、『中世の非人と遊女』明石書店、一九九四年)、及び注8前掲「中世の旅人たち」(前掲『日本論の視座』)参照。

*13――注9前掲『職人尽絵』。

*14――西山克「社寺参詣曼荼羅についての覚書」I(『藤井市史紀要』第七集、一九八六年)、同上II(同上第八集、一九八七年)。なお、大阪市立博物館編『社寺参詣曼荼羅』(平凡社、一九八七年)参照。

＊15――瀬田勝哉「ウラにそそぐ眼――町田本『洛中洛外図』の都市観」（『近世風俗図譜』3『洛中洛外』㈠、小学館、一九八三年）。

＊16――この屏風については、源城政好「洛中洛外図にみえる河原市村について」（『京都部落史研究所紀要』二号、一九八二年）がある。ここでは「職人歌合研究会」の活動の一環として、町田和也が蒐集した写真によっている（写真撮影を快く許可された高津古文化会館館長高津義家氏の御好意に心より感謝の意を表する）。

＊17――黒田日出男『姿としぐさの中世史』（平凡社、一九八六年）、注14前掲西山論稿。

＊18――注4前掲『近世風俗図譜』12『職人』所収。

＊19――注8前掲拙稿「中世の旅人たち」。

＊20――博奕の行なわれる場については、拙稿「博奕」（石井進・笠松宏至・勝俣鎮夫・網野善彦『中世の罪と罰』東京大学出版会、一九八三年）。

＊21――この点については、佐竹昭広の教示を得た、厚く謝意を表する。

＊22――吉田伸之「近世の身分意識と職分観念」（『日本の社会史』第7巻『社会観と世界像』岩波書店、一九八七年）。また、塚本明「町抱えと都市支配――近世京都の髪結・町用人・「年行事」を中心に」（『日本史研究』三二一号、一九八九年）も、髪結のあり方にふれた最近の労作である。

＊23――『古事類苑』人部一、五八〇～五八一頁。

むすび

一

十一世紀後半に成立した『新猿楽記』に、博打、武者、巫女、学生、相撲、大工等々、多様な「所能」をもつ人々の一種として、「耕農を業」とする「大名の田堵《たと》」が姿を現わすことは周知の事実であり、十三世紀初頭までの公私の文書にも「田堵住人」「御庄田堵」などとして、「田堵」が頻出することも、よく知られている。

しかし十三世紀前半、おおよそ荘園公領制の確立する時期に入ると、この「田堵」の語は完全に「百姓」にとって代わられ、少なくとも公的な文書にはほとんどみられなくなる。

これは別の機会にも述べたように[*1]、十一世紀から十三世紀初頭にかけて用いられた「堅田御厨網人」「長渚網人」や「多烏浦海人等」「志積浦海人等」などのように、海民を明示する「網人」「海人」などの語が、同じころ「百姓」に置きかえられて公文書から姿を消すのと軌を一にする動きであり、「百姓」が荘園公領制の下での一般の平民を示す語であったことを示すとともに、「耕農」が漁撈・海業などと同様、百姓の生業の一つであったことをよく物語っている。

実際、中世の百姓が田畠を耕作する農業民だけでなく、多様な生業に従事する人々を相当の比重で含んでいたことは、前述したように田地に賦課された年貢が米だけでなく、絹、布、塩等の多彩な物品であった事実によってみても、また、いま述べた通り、田堵、網人、海人が等しく「百姓」とされた点を考えても明らかといえよう。それ故、塩や鉄などを年貢としている百姓は、たとえ僅かな田畠を耕作していたとしても、それは「副業」で、海民、製塩民、製鉄民ととらえる必要がある。[*2]

それだけではない。十一世紀後半から十三世紀前半にかけて確立する荘園公領制の個々の単位である荘、保、郷、郡などに対して行なわれた公的検注は、単に田地、畠地、在家のみにとどまらず、桑、漆、柿、栗などの樹木、さらには山、野、原もその対象としていた。そして桑・漆・柿はその本数が数えられ、桑には本別に桑代、漆・柿にもそれぞれ本別に現物の漆・柿が賦課され、栗は栗林として町反歩の面積が検注されて、反別の栗地子が徴収されていたのである。[*3]おのずとこれらの樹木については、荘・郷などではそれぞれに検注取帳が作成されて目録にその結果が記載され、恐らく国衙にも、田地の大田文、畠地の畠文、在家の在家帳などのように、各々の台帳があったと推定される。

従来、これらの樹木については、ほとんど注目されず、研究もきわめて少ないといってよいが、桑による養蚕、糸・綿・絹の生産、漆を用いた漆器の製作、柿の果実、さらに柿しぶの利用、栗についても搗栗《かちぐり》などの堅果だけでなく、その材木としての活用など、百姓の生業・生活のうえできわめて重要な意味をもっていた。[*4] 就中、養蚕、糸・綿・絹の生産は、百姓の女性が独自に担っており、その売買、交易も女性によって行なわれたのである。[*5] そして桑の栽植と養蚕、絹の生産は遅くとも弥生時代には確実に開始されたといわれている。とすると中世にいたるまでに、列島の全域にわたって、ふつうの女性たち、百姓の女性たちは、すでに千五百年の長きに及ぶ技術の蓄積を身につけていたことになる。

また、栗と漆の栽培と、栗の材木による家屋などの構築物の建造と漆器の大量な生産とが、縄文時代に遡ることは、近年の発掘成果によって証明されているが、そうだとすれば、中世の百姓によるその「在家」―屋敷などの建築や、漆の採取、それを用いた雑器の生産は、すでに五千年をこえるきわめて根深い技術的伝統に支えられていたのであり、柿の活用についても恐らく弥生時代までは遡ると思われる。

さらに絹・綿・糸や布、漆や雑器・合子、材木や榑などは年貢にもなっており、それを負担した百姓は、前述した塩を年貢とする製塩民・海民の百姓と同様に、田畠の耕作―農業は「副業」であり、主たる生業は養蚕や織物、漆器・木器の生産や造林・製材などであったと考えなくてはならない。

このように、中世の百姓の生業はこれまで考えられていたよりもはるかに多様であり、その生活の中に生きる技術が根深く長い伝統をもつ水準の高いものだったことは明らかである。実際、各種の職能民の高度な技術は、こうした広範な百姓の間に展開している技術を背景にしてはじめて成り立っていたと考えなくてはならない。

例えば古代・中世において、織部司、内蔵寮、大舎人寮などの官司や国衙に属した「織手」は男性の機織の職能民であり、大形の機で高級な絹織物を織っていたが、それはさきに述べたようなきわめて古くから広範に行なわれていた百姓の女性の蚕養と機織に支えられていた。また古代には漆部司、内匠寮、中世には造物所、細工所に属して高度な技術を必要とする漆器を作っていた漆工―塗師、螺鈿《らでん》道工、轆轤《ろくろ》師などの活動は、やはり非常に根深い歴史と伝統をもつふつうの人々、百姓たちによる漆の栽植、採取、そして粗末な雑器であるとしても漆器の製作を基盤にもっていたのである。

これは漁撈、製塩、製紙などについても全く同様で、高度な職能民の生産の基底には百姓的な海民や製塩民、製紙の民が広く展開していた。*6

さらにこれまで、木造建築については、専ら寺社などの大建築に関わった杣工をはじめ、番匠、鍛冶、壁塗、檜皮師等の建築工に目が向けられて、職能民としてのこれらの人々の実態が詳しく解明されてきたが、その根底に百姓による造林、製材、さらに家屋建築の技術のあったことも見逃してはならない。恐らく中世の百姓たちは、自らの家屋の建築はそのほとんどを自らの手で行ない、ときには荘官・地頭の政所などの建築に動員されることのあったことも[*7]、すでに周知の通りであり、今後はこのような百姓の生活の中に生きている建築の技術についても、その実態を追究してみなくてはならない。

そして単にこうした手工業の技術だけでなく、傀儡、博打等、あらゆる分野の芸能についても、同様の見方に立って考えてみる必要がある。従来、これらの高度な技術や狭義の芸能などは、朝鮮半島、中国大陸からの「渡来民」によって列島社会に伝えられ、こうした人々が「日本国」の確立にいたる過程で、国家の官司に組織され、その技術が一般の百姓に伝習されていったとされてきたが、この「通説」は大きく修正されなくてはなるまい[*8]。

もとより朝鮮半島、中国大陸から流入した人々のもたらした高度な技術が列島社会に大きな影響を与えたことはいうまでもないが、それは列島にきわめて古く、旧石器時代、縄文時代から生きてきた人々の生活の中で育まれた多彩な技術を基礎とし、それに支えられて開花したのである。また「渡来民」自体も、一握りの少数の技術者、職能民ではなく、それを支える多くの人々、いわば社会そのものが「面」として列島に移ってきたと考えるべきであり、朝鮮半島、中国大陸と日本列島の職能民のあり方の比較は、社会自体の比較にまで視野をひろげて行なう必要がある。[*9]

しかし百姓と職能民の関係をこのようにとらえてみると、中世社会はもとより、古代から弥生・縄文時代に遡り、近世から近代に降る日本列島の社会のあり方の総体を、考え直さなくてはならなくなってくる。

二

中世社会、荘園公領制下の社会を「自給自足経済」とする見解が、それ自体、成り立ちえないことは、もはや明らかといってよい。しかし王朝国家を支えるもう一つの柱ともいうべき神人・供御人制に組織された職能民については、一応それを認めるとしても、荘園・公領の百姓を農民とすることを「自明」とする従来の通説的な立場に立つと、社会全体の中では少数の特異な集団、平民百姓の共同体から疎外された人々とする見方が導き出されてくる。[*10]

しかし前述してきたように、百姓が農業を含むきわめて多様な生業に従事するふつうの人たちであったという事実を前提とするならば、この見方は根底から崩れ去る。百姓はたしかに荘園・公領を単位とする共同体を形成しているとはいえ、それは決して自給自足の農業に専ら支えられていたのではなく、その生活は中世の当初から市庭《いちば》と不可分に結びついていた。

十三世紀前半までの百姓は、米や絹・布を主に交換手段―貨幣として、自らの生産した生産物の少なくとも一部を商品として市庭で売却し、生活に必要な物品を購入しており、そうした交易なしにその生活は成り立ちえなかった。そして米以外の物品を年貢として貢納する多くの荘園・公領の百姓たちは、前にもふれたように、米とそうした物品とを交易する形式か、あるいは米、麦などを前借し、納期に年貢と定められた物品を納める形で、年貢を貢納していた。[*11]

そして百姓のたやすく求め難い物品を市庭に供給し、百姓自身の生産物を購入・集荷する商人、手工業者、年貢物を含む商品を広域的に輸送する廻船人のような職能民の活動なしには、この時期の経済は動かなかったのである。また、そうした動きの中で、出挙《すいこ》といわれた初穂物、上分物の金融を行なう金融業の職能民も、年貢収取の請負、市庭での取引など、さまざまな局面で不可欠な存在であり、[*12] 百姓の生活はこうした各種の職能民と結びつくことによって、はじめて軌道にのりえた。

さらにこのような社会、経済の状況を前提として、国家や勧進上人による資本の調達、それを通しての職能民・百姓の雇用、大小の規模の土木・建築などが、すでに十一世紀には行なわれていたのである。

ここにみられた市庭で交易される商品や貨幣、金融や土木建築の資本は、古墳時代はもとより、弥生期からさらに縄文時代に遡って機能していたと考えることができるのであり、実際、近年の発掘によって詳しく明らかにされつつある縄文時代の集落は、すでに自給自足などではなく、交易を前提とした生産を背景とする広域的な流通によって支えられた、安定した定住生活を長期にわたって維持していたとされているのである。とすると、商品・貨幣・資本それ自体は、人類の歴史の特定の段階に出現するのではなく、その始原から現代まで一貫して機能しており、人間の本質と深く関わりのあるものと考えなくてはなるまい。[*13]

一方、十三世紀後半以降になると、中国大陸から流入した銭貨が社会の深部まで本格的に浸透、流通するようになり、米以外の年貢は急速に市庭で売却、銭貨に代えて送進され、十四世紀には米もまた銭納された。そのころの市庭では「和市」といわれた相場に応じて取引が行なわれ、多額な銭は十貫文を額面とする割符―手形で送られており、信用経済が安定した軌道にのっていた。[*14] また、『七十一番歌合』などによっても知られるように、十五世紀には職能民の職種の分化も著しく進展し、各地の津・泊をはじめとする交通の要衝には酒屋、土倉、問丸、宿屋などを中心に、大小の都市が簇生した。

百姓と職能民との関係はここにいたって、村と町、さらに多少とも田畠、屋敷と結びつく一方で、多様な生業を営む村の百姓と、専ら商工業、金融業を営む人々、山野河海、道路などを遍歴する商人、廻船人、芸能民などの町の職能民との関係として新たに展開していく。[*15]「農本主義」と「重商主義」との拮抗、対立、その中での一部の職能民に対する社会的な賤視の進行などの動向の中で展開する近世への移行過程については、ここで述べる余裕も力もないが、近世の国制によって村とされた中世都市が非常に多く、近世においても村の百姓・水呑の中には、商工業者、廻船人などの農業以外の生業を主とする人々がかなりの比重で含まれるとともに、[*16] 漁撈、製塩や材木・木器、薪炭の生産、女性による養蚕、木棉や茶の栽培、絹・綿織物の生産が広く行なわれていたのである。

このように、近世社会でも商工業、金融業、交通・運輸などは制度的に都市とされた町の町人だけが担っていたのではなく、中世以前からの長い伝統を背景にした村の百姓の商人、職人、廻船人をはじめとする多様な人々の根深く広大な基盤に支えられていたのであり、江戸時代の社会は当初から高度に発達した商工業、成熟した信用経済をもつ経済社会として、大きな発展をとげていったと考えなくてはならない。明治以降の近代国家は、そうした近世までの社会の中での、長年の厚い蓄積を前提として、はじめて存立、発展しえたことを明確に確認しておく必要がある。[*17]

三

しかしこのように考えてくると、中世、近世の社会を農民に対する封建領主の支配を基本的な関係とした封建社会と規定してきたこれまでの通説的理解は、「百姓＝農民」という誤った思いこみによる大きな偏りをはらんでおり、もはやそのままでは、到底、通り難いといわざるをえない。

中世において、これまで百姓を封建的隷属農民、あるいは隷農、農奴と規定する見方が強力に主張されてきたが、前にも強調したように[*18]、百姓は農業だけでなくそれ以外の多様な生業を営む自由民であり、すでにその生産と生活は市庭と不可分の関わりをもっていた。

その領主たちに対して負担する年貢・公事などは、経済外的強制による地代というよりも、一定の契約に基づいて量を定められた租税であり、その貢納には当初から交易が不可欠の前提とされていたのである[*19]。

また、本書では立ち入らなかったが、下人・所従もたしかに債務、犯罪や人身売買によって不自由民─奴婢に身を落とした人々を主としているとはいえ、決して農業のみに従事していたのではなく、主の生活に即した多様な生業に携わっていたことは間違いない[*20]。そして下人の生活も、主の地位に応じて、「奴隷」という言葉のイメージとは全く程遠い実態をもっていたこともあったのである[*21]。

おのずとこうした百姓や下人・所従を支配する領主たちも、単に田畠の農業を掌握するだけでなく、先述したように桑・漆・柿・栗林などを検注し、さらに百姓のさまざまな生業に即して山野河海、交通、交易に関与しつつ、百姓たちの生活を保護、保障する義務を負っていた。そして荘園支配者や地頭・御家人などは、各地域に特産物や交通の状況などに配慮しつつ所領を確保し、年貢・公事等を収取してその経済を維持したのである。

もとより、こうした所領を媒介とした主従制がその支配を支える重要な関係であったことはいうまでもなく、それを封建的と規定することはなお可能であり、交易や交通路に対する広域的な支配を統治権的支配ととらえることも十分に有効である。とはいえ、それだけで中世社会の全体をとらえることはできないともいえるのではなかろうか。

田畠と関わりのない海や山の領主、道の領主など、十三、十四世紀に「悪党」「海賊」などとよばれた領主たちによる「縄張り」ともいうべき広域的な領域に対する支配、[*22]また遍歴する商工民、呪術的宗教者、芸能民などの売庭《うりば》、舞庭《まいば》、乞庭《こつば》、さらに檀那場などに対する保有[*23]などは、田畠を中心とする所領の保持とは異質の所有形態であり、おのずとそうした「庭」＝場の保有に基づく支配関係、人と人との関係は、さきの所領を媒介とした主従関係とは異なる規定をする必要があろう。

また神人・供御人制に即して言及したように、[*24]神仏、天皇など、世俗の人間をこえた聖なる存在との間に結ばれる「従属」関係―「神仏の奴婢」のような社会関係も、奴隷制、封建制などのこれまでの社会構成に関わる概念では、到底、規定し難い実態ということができる。ただ、こうした「場」―縄張りに対する支配、所有や「聖なるもの」との間に結ばれる関係については、広く人類の社会史を見わたしてみれば、世界には十分に比較しうる関係を見出すことが可能であり、既成の概念規定にとどまることなく、積極的に新たな社会関係の規定を創出するために広範囲な研究を推進する必要があろう。

一方、荘園支配者や地頭・御家人は広域的に分布する荘園・公領の所領の経営を現地の荘官や代官に請け負わせていたが、十三世紀後半以降になると、そうした代官には山僧・借上などの金融業者、山臥・禅律僧など、請負自体を職能とする人々が広く起用されるようになった。こうした代官が荘園・公領を管理し、年貢・公事を送進するためには、百姓たちや周囲の有力者とのそつのない付き合いからはじまり、納められた年貢物の市庭《いちば》での相場を見定めた取引、商人からの手形の入手、送進、現地での必要経費を除くなど、帳簿をまとめた決算書の作成にいたる複雑な仕事をこなすことが必要とされた[*25]が、これは領主というより、商業・金融、帳簿整備に練達な経営者とでもいう方が適切であろう。

また十四世紀以降になると、各地で荘園・公領の百姓たちによる請負―百姓請・地下請が行なわれるようになるが、これは百姓たち自身がさきの代官と同様の実務をこなすだけの力量をもつにいたっていたことを物語っている。これは意外に思われるかもしれないが、さきに述べたような百姓の営んだ多様な生業や市庭との深い関わりを考えれば、当然の成り行きということができよう。

そしてこうした百姓たちによる年貢の請負―村請をはじめ、商人・金融業者などの請負の専門家による財政の請負は、室町・戦国時代にいたってさらに広範に展開し、江戸時代を通じてその複雑さを加えつつ行なわれつづけ、大名・領主の支配はそれなしには維持することができなかったのである。

たしかに田畠に賦課される年貢・課役によってその支配が保たれているとはいえ、このような支配関係も「封建的支配」というだけでは、もはや到底、規定しきれないといわなくてはなるまい。

さらにここでは立ち入ることはできないが、十三世紀後半以降に顕著になる勧進上人による資本蓄積、貿易による土木建築事業の推進をはじめ、十五世紀以降の勘合貿易や各地域の海の領主や商人による列島外との貿易の展開も、幕府や大名の支配の重要な支柱であり、こうした商工業、貿易、信用経済の展開までを包含した、中世後期から近世にいたる社会に、全体としていかなる規定を与えるかは、すべて今後の課題として残すほかない。

これまでの社会構成に関わる概念規定の内容を十分にくみつくしきるための努力はなおつづけられる必要があるが、それにとらわれることなく、新たな概念、学術用語を、広く人類社会全体の研究を推進、綜合しつつ、大胆に提出し、歴史をより正確にとらえるための道をひらくことが、二十一世紀の歴史家に課された重大かつきわめて魅力ある使命ということができよう。

注

＊1――拙著『日本社会再考――海民と列島文化』(小学館、一九九四年)。
＊2――本書第一部、2「百姓の負担」(1)「年貢」。
＊3――拙稿「列島の自然と社会」(『現代日本文化論』9『倫理と道徳』岩波書店、一九九七年)。
＊4――拙稿「考古学と文献史学――栗と漆をめぐって」(『帝京大学山梨文化財研究所研究報告』第八集、一九九七年)。
＊5――拙稿「日本中世の桑と養蚕」(『歴史と民俗』14、平凡社、一九九七年)。
＊6――拙稿「中世の鉄器生産と流通」(『講座・日本技術の社会史』第五巻『採鉱と冶金』日本評論社、一九八三年)、同「中世の製塩と塩の流通」「古代・中世・近世初期の漁撈と海産物の流通」(同上第二巻『塩業・漁業』日本評論社、一九八五年)、同「中世における紙の生産と流通」(沢村昇『美濃紙　その歴史と展開』木耳社、一九八三年)。
＊7――例えば「東寺文書」嘉禎四年十月十九日、六波羅裁許状に、丹波国雀部荘の百姓が地頭によって「庄屋」「政所」の造営を命ぜられていることなど、その例は少なくない。
＊8――このようなとらえ方から、被差別部落民や遊女が朝鮮半島からの渡来民であったとする、瀧川政次郎のような謬説が現われてくるのであり、これは根本的にあらためられなくてはならない。
＊9――前注8の問題は、まさしく社会そのもののあり方の比較の中で考えられる必要のある問題

である。

＊10――私自身も前著『日本中世の非農業民と天皇』（岩波書店、一九八四年）では、なおこのような見方から完全に自由ではなかった。

＊11――本書第一部、2「百姓の負担」(1)「年貢」及び拙稿「未進と身代」（『中世の罪と罰』東京大学出版会、一九八三年）。

＊12――本書第一部、2「百姓の負担」(2)「上分」。

＊13――拙稿「貨幣と資本」（『岩波講座 日本通史』9巻『中世』3、岩波書店、一九九四年）。

＊14――拙著『日本中世都市の世界』（筑摩書房、一九九六年）。

＊15――これらの点については、勝俣鎮夫『戦国時代論』（岩波書店、一九九六年）、桜井英治『日本中世の経済構造』（岩波書店、一九九六年）。

＊16――注1前掲拙著『日本社会再考』。

＊17――拙著『日本社会の歴史』(下)（岩波書店、一九九七年）の第十二章で、これについては若干、言及した。

＊18――本書第一部、1「「平民」について」。

＊19――笠松宏至『中世人との対話』（東京大学出版会、一九九七年、第一部Ⅳ、一「限り有る」）。

＊20――近世の下人については、関口博巨「近世奥能登における「下人」の職能と生活」（『国史学』第一五〇号、一九九三年）。

＊21——例えば『東寺文書之二』ほ函、一七号、寛元元年十一月廿五日、六波羅裁許状にみえる地頭又代官下人包久は、過料一貫八百文の代に馬一疋を取られている。馬を所有する下人もいたのである。

＊22——秋道智彌『なわばりの文化史』（小学館、一九九五年）。

＊23——拙著『日本論の視座』（小学館、一九九〇年）。

＊24——本書第二部、2「職能民の存在形態」。

＊25——注14前掲拙著『日本中世都市の世界』、及び拙著『日本中世に何が起きたか——都市と宗教と「資本主義」』（日本エディタースクール出版部、一九九七年）I「中世の商業と金融」。

あとがき

平凡社から既発表の論文を単行本としてまとめてみないか、というお誘いをうけたのは、一九七九年、『無縁・公界・楽――日本中世の自由と平和』を刊行した翌年であったと思う。当時、同社の編集部におられた龍沢武・山本幸司の両氏がわざわざ名古屋までこられて、懇篤なお勧めをいただいたのであるが、すでに塙書房、岩波書店などとの先約があったので、これに応ずることはできなかったのである。

しかしそれ以来、こうした機会を与えてくださった両氏と平凡社編集部の御好意に、いつかはお応えしようと考えていた。そしていつのころかは定かでないが、十年以上たって、本書の構成について、そのころ『日本史大事典』の編集・刊行に全力を投入されていた故内山直三氏、加藤昇氏にお話ししたのが、新しいきっかけとなった。

その後、加藤氏との間で、章立てや新たにつけ加えるべき問題などについて議論することもあったが、加藤氏は『日本史大事典』の刊行を終えたのち、一九九五年に私の論文のコピーのすべてを原稿用紙に貼付され、注の補訂などの作業を進められたうえで、私にそれを郵送されたのち、平凡社を退社されたのである。

以後しばらくこの原稿は私の手許でそのままになっていたが、その仕事が復活したのは、平凡社が編集の体制を建て直して、新たな活動をはじめてからであった。そして昨年、編集部の中心の一人になられた関口秀紀氏によって作業は急速に進行し、あれよあれよという間に、原稿はゲラになり、ついにこのような形で世に出ることになってしまった。「はじめに」や「むすび」については、加藤氏との議論に沿って、もう少し本格的な中世社会論、さらには封建社会とはなにかについて論じてみたいという思いがあったが、それは機会を改めて本格的に取り組むこととし、関口氏のお勧めに従って、ひとまず長年の懸案に結着をつけるべく、刊行にふみきったのである。

最初に声をかけていただいた龍沢・山本両氏、とくに本書を刊行するうえで、当初の計画の段階から原稿の作成にいたるすべての過程で労をおしまれず、適切かつ懇篤な指摘をいただいた加藤氏に、衷心からの謝意を表したい。また、故内山氏には種々の御配慮をいただいたにもかかわらず、ついに本書をみていただけなかった。心から同氏の御冥福をお祈りする。

そして最終的に、このような形で出版する作業を推進された関口氏にも、厚く御礼を申し上げたいと思う。

一九九八年一月十二日

網野善彦

平凡社ライブラリー版　あとがき

五年前、平凡社選書として刊行された本書を、ライブラリー版とするに当って、第一部第2章(1)の三「諸国年貢の実態」の項に掲げた「諸国荘園年貢表」を「諸国荘園・公領年貢表」(五四、五五頁)と改め、年貢品目を増補し、荘園・公領数の数字にもかなりの修正・補充を加えたのを除くと、全体としてはごくわずかな語句の修正、表現形式の統一、ルビの増加をするにとどめ、内容に関わる補筆は、一切行わなかった。

実際、本書がテーマとした「百姓」と「職能民」、そのそれぞれに支えられた荘園公領制と神人・供御人制、さらにこれらによって構成される中世の社会と国家について、この五年間に新たに考え、補足すべきことは少ないが、拙著『中世民衆の生業と技術』(東京大学出版会、二〇〇一年)に収めた文章、横井清氏との共著『日本の中世6　都市と職能民の活動』(中央公論新社、二〇〇三年)の第Ⅰ部「中世前期の都市と職能民」などに、本書のテーマと関連する問題について、若干、論及した点もあるので、参照していただければ幸いである。

そこでも、また本書自体でも強調したように、日本の中世社会を、土地に緊縛された隷層農民に対する「在地領主」「封建領主」の支配に支えられた「自給自足」の封建社会とする見方が、もはやまったく成り立ちえないことは明らかといってよかろう。その〝典型〟とされてきた西欧の中世社会自体、あらためて実態の再検討が行われつつあり、いまや「封建社会とはなにか」、これまで広く用いられてきたこの社会に対する規定が、どこまで有効で、意味を持ちうるのかが、徹底的に問い直される必要がでてきたのである。

とはいえ、これに代って、人類社会の歴史に通用しうる新たな規定を見出し、提示するためには、さらに広く深い研究と長い時間が必要であろう。私自身のなしうることはもはやごく僅かであるが、時間のある限り、それなりに努力をつづけたいと思う。

網野善彦

二〇〇三年四月七日

初出一覧

第一部　百姓

「平民」について
(原題「日本中世における「平民」について」)『名古屋大学文学部三十周年記念論集』一九七九年三月

年貢
(原題「中世の負担体系——年貢について」)永原慶二・稲垣泰彦・山口啓二編『中世・近世の国家と社会』東京大学出版会、一九八六年一一月

上分
(原題「中世の負担体系——上分について」)『三浦古文化』四一号、一九八七年六月

公事
川北稔編『歴史学事典』1『交換と消費』弘文堂、一九九四年二月

河音能平『中世封建制成立史論』をめぐって
(原題「〈学界動向〉河音能平氏の近業によせて——『中世封建制成立史論』をめぐって」)『史學雑誌』八一—四、一九七二年四月

大山喬平『日本中世農村史の研究』をめぐって
〈書評〉『日本史研究』二一五、一九八〇年七月

第二部　職能民

「職人」（原題「中世の「職人」をめぐって」）『近世風俗図譜』12『職人』小学館、一九八三年八月

職能民の存在形態（原題「中世前期における職能民の存在形態」）永原慶二・佐々木潤之介編『日本中世史研究の軌跡』東京大学出版会、一九八八年四月

中世遍歴民と芸能『大系　日本　歴史と芸能』第六巻『中世遍歴民の世界』平凡社、一九九〇年一〇月

北陸の日吉神人　楠瀬勝編『日本の前近代と北陸社会』思文閣出版、一九八七年五月

多武峯の墓守（原題「多武峯の墓守について」）『年報中世史研究』一三号、一九八八年五月

馬借と車借（原題「中世前期の馬借・車借――厩との関係を中心に」）『立命館文学』一三号、一九九一年六月

職人の図像（原題「「職人」圖像の推移をめぐって」）『國華』一一二六（九五―一）、一九八九年九月

むすび　新稿

解説――人間解放の歴史認識――人の営みに寄り添って常識を超える

和崎春日

網野善彦の著書は、あらゆる位相において、人間解放の書である。また、他者の論を認める柔軟なキャパシティをもちつつ、通説超越の固い意志をもった書でもある。人間の社会のどこをどう見るかによって、歴史的事実でさえ多面的に存在することを教えられる。今も中世日本も、社会が一色の要素からなっている、などということはありえない。つまりは、客観的事実の集積が「だれもが認めやすいある社会像」を結んでいくとしても、むしろ、問われるのは、社会がどうあって欲しいのか、という私たちのその理想像と生き方である。網野善彦は、人間の解放という一点において、固定観念を克服しようと営み続ける。

本書は、日本中世の庶民像を説くものとして、第一部の「百姓」と第二部の「職能民」からなる。その第一部の「百姓」のところで、まずその熱い営みに出会う。さまざまな職業をもつ「百姓」を農民と解するのは、明白な誤りであることを教えられる。もとより、百姓とは、「さまざまな多くの姓をもつふつうの人」が語義だということを再確認する。また、「平民百姓」は、中央直訴の権利さえもっている。「百姓」として現れる日本中世の「平民」は、年貢・公事の負担を「義務」として負っているが、それは「権利」でもありえた訳であり、その結果「自由民」となりえたのである。逆に、「下人」となると、「公事」——つまり、国家的な、あるいは共同体成員の負うべき負担——を担うことを許されぬ身分となった。公権力は、この「平民」の「自由」を保護することによって、「平民」を絶えず「公」に吸収・組織しようとしてきた。人間の自由とは、そうした、上下の政治意図や損得や自他利益の、どこかでぶつかりあい、どこかで結びあい、作用しあった力動のなかから生まれるのだ。網野善彦はそう行間で語っている。

「平民」の姿が次々に明らかになっていく。私たちは、今まで、「百姓」や「平民」の「虐げられる」姿・側面のみを、呪縛をもって見つめ続けてきたところがある。アフリカや「未開」の民を、憐憫や珍奇や冒険や開発や援助や上からの視線の対象とだけ見るように、「平民」を、被虐性の対象のみで、あるいは「主従」の「従」に引きつけすぎて、扱ってきたところがある。だが本来、「平民」は、いかなる人の私的な隷属下にもおかれることのない「自由」な、また「公的」な身分だった。だから、平民のもつ田、平民名は、荘園・公領を問わず、「公田」と呼ばれるようになっていた。もちろん、「平民」が地域権力である預所と「主従関係」を結ぶことはあったろう。だが、それは、強力・永劫の人と人の「家人」関係なのではなく、「平民」に密着度や選択の自由がある「家礼」関係としてある、と網野は佐藤進一とともに明らかにする。つまり、その選択性や自由性がある限り、また自由があるがゆえに、自らの責任と力で突破・解決していかねばならない事態も多い、ということである。「平民」のこういうアンビバレントな生活像を、「平民」にある「根強い「自力救済」の慣習」という言葉から、把握することができる。

「アジア的」社会では君主のみが自由だった、とよく言われてきた。「聖なるもの」への初穂料としての意味をもつ「上分」という負担は、それが収受された後も、神物・仏物という本来の特質に制約され続けたのであって、その使途はけっして支配者の恣意のままにならなかった。網野は言う。「人間はけっしてなんの理由もなしにその労苦の結実を他者の手に渡しはしなかったのであり、支配者の手に渡った後も、かれらの生活を通して、支配者を縛り続けていた」。制度は、人々の「納得」の上に成り立つものであり、そう納得せしめた、普遍性を示す社会の仕組みの一端に人々がつながり続けている限り、支配者を縛り、律することもできる。「平民」もまた「自由」なのだ。「平民」は、目的語ではなく、主語なのである。

「平民」には、移動の自由がある。それは商業民のようである。武装の自由がある。それは武人のようである。職業も多様である。「隷属農民」という一つの分析像のみに、「平民」を収斂させてはならない。「私的隷属の強制に対する「平民」の根強く強靭な抵抗の源泉」を見落としてはならないことになる。網野は、近世に入っても、「百姓」が農民のみをさす言葉ではないことに、強く留意する。こうした非農業的生業にかかわる人をもふくめた像を描くべく、「平民」というタームをあてる。つまり、ローマのプレブスの訳語である「平民」をあてて、世界の諸民族の身分をあらわす言葉に照らして、日本における身分特質の常識を克服しようとする。本書には、こうして、縦に横に、時間的に空間的に、さまざまな照射の鏡を持ち込んで、世界史や世界の諸民族文化にも照らしつつ、日本中世の民衆像をとらえ、固定観念や偏見を超えていこうとする、高く澄んだ強靭な精神があることを読みとるのである。

職能民のところでも、さきの「納得」の構造がでてくる。納得とは、利己と利他がつながる臨界点であり、個人と社会がつながりあう結節点のことである。職能民は、神になり代わって、聖なる自然と人間が交わる、津、泊、渡、浜、浦、あるいは、道路、橋、墓所、祭庭、市といった通過点・交流点で、神への初穂を求めた。職能民が活躍する「場」のもつ聖地性である。鋳物師、巫女、田楽など、職能民は、肉体自然の奥底からつむぎだし至妙を創造する「聖なる」力をもっている。人々は、こうした「納得」のもとに、課料を差しだす。そうでこそ、支配に付いていくことができ、逆に、支配を単なる上からの力ではない、意志の複合ベクトルにもっていき、ついには支配でなくしてしまうことができる。網野善彦は、こうしてこそ、このような人々の動きをとらえてこそ、支配に一方的に「服する」のではない、積極的な社会貢献や社会参加の意志が生まれ、人々がともに生きる、あるいは社会のなかで生きる、といった公共性や社会性の理念と実感が達成されていく、と説いている。今私たちが払う消費税も「福祉税」と規定することによって、きっと自分の行いが神聖な世界に結びつく意味ある行為であるという意識や、それが自分だけではない「われわれ」への献身に向かおうとする意志ある行為であるという意識を、自己覚醒させていくことになるだろう。今流の「公事」や「上分」をリサイクルさせるのは、人々につながっていく喜びと、納得という身の内からの力と信頼である。

日本中世で西国にあたる王朝国家において課役を免除されたものを「神人《じにん》」と呼んだが、この王直属の「神人」の地位に、日本列島の外から渡来、移住した「唐人」が就いている。網野がすくい上げるこの事実の指摘は重い。技術をもつ者は、どこに行っても食べていける。職人のもつ外国人性は、とかく異人排斥の被差別意識を生みやすいとされるものだが、それは「反発」「ねたみ」の結果とみるべきで、もとより唐人や交易がもつ異域性が「聖なる自然性」への崇敬とつながっているのである。ここで、神仏の直属民としての「職能民」の位置づけが確認されるだろう。また、王権にしてみても、多様な異なる文化や技術を取り込んでこそ、その組織は生産面でも軍事面でも、より強く大きいものになっていく。王朝は、職能民を「聖なる者」として供御人に取り込むことによって、王家の家産経済の増大のみならず、天皇直属の軍事力の強化を図っていったのである。

私の調査したアフリカのバムン王権においても、技術者の多くが被征服民の起源をもつ「外国人」である。バムン王権の鋳物師集団に弟子入りした私は、この長を皆が呼ぶように「王子」の尊称で呼び慣わしていた。被征服の歴史をもっていても、技術者は王の直属、その「王子」の地位のもとに生きているのである。社会が発展するとき、他者とともに生きる、他者エネルギーを活用する、というのは当然の前提となる社会哲理である。そのためには、中枢や権力の核心をしめる者も、一種の「抑制」や「辛抱」が求められる、ということである。そのことを本書はあらためて認識させる。

　本書は、一四世紀までの「芸能」をとらえ、その多くの種類を列挙する。三五種もある。これが、五範疇に大別される。まず第一番目は、近衛舎人、明法《みようぼう》、明経《みようぎよう》、武《む》者《しゃ》、管絃《かんげん》、楽人《がくにん》など、管弦的な職能である。第二番目は、絵師、仏師、細工、木工《こだくみ》など、技術的な職能である。第三番目は、陰陽師、医師、夢解《ゆめとき》、相人《そうにん》、宿曜師《すくようじ》など、呪術的・宗教的な職能である。第四番目は、囲碁、双六《すごろく》、遊女、相撲など、遊技・芸能的な職能である。第五番目は、勢人《せいにん》、徳人《とくにん》、良吏《りようり》、竊盗《せっとう》、私曲《しきよく》など、常人と異質な状況による職能である。今日の芸能にあたるのは、四番目のグループと、一番目の管絃、武者、楽人ぐらいである。網野は、今日の通念からするとハズれている「芸能」に注目する。盗人やスリもそこに「巧妙を極める力」を認めれば、それはまちがいなく「芸能」と同列視できる。それは今も私たちの精神性のなかに生きる鼠小僧次郎吉の評価からもわかる。富裕である勢人や、その源となる「有徳」を供えている徳人を、「芸能」視するのも、そこに平民とは異なる特別の「能」を認めるからである、と説く。

したがって、こうした人間のもつ「能」への察知は、他民族文化と照らして位置づけてみれば、より一層、人間のもつ深い認識の力として認められるだろう。私が、東アフリカのスワヒリ社会で暮らしていたときのことである。ここで、私は、フンディという考え方に出会った。フンディは、スワヒリ語で、まさに「技《わざ》」「芸《げい》」とか「技術者」と訳せる言葉である。うまい水を運んでくる水汲みのフンディがいる。タイヤのパンクを修繕するタイヤ直しのフンディや、ラジオの部品を入れ替え調整して聞こえるようにするラジオ直しのフンディもいる。体の不調を払ったり治したりすれば病気治しのフンディ、話のうまい者は語り・演説のフンディとなる。ハチの巣を見つけるのがうまいハチミツとりのフンディもいる。村を治めるのがうまいのはズルさのフンディ、説得がうまい者は、騙しのフンディと言われる。女性をすぐに魅惑してしまうのは、「スケコマシ」のフンディとさえとらえられる。日本の今日の「受験戦争」を支えるような、いびつなものの見方、つまり、病気治しのフンディがハチミツとりのフンディや騙しのフンディより「上」などとはけっして見なされない。ここには、これらの奥底まで等しく見透かす「見極めの力」がある。並とは異なる特別の「能」を積極的に認めていくのである。

このように、網野の説く日本中世の芸能の力と私のアフリカ文化体験をつき合わせると、人間が社会を創りだす形成の理が認められる。つまり、社会を自己原理だけで埋め尽くすことはできない。そこには、一種の「あずけ」や「まかせ」といった、自らの枠から広げて、根源的に社会性を生成し創造する意志と力が求められる。社会制度とは、そういうものだ。「能」の認め合いによって、社会が支え合って成立せしめられていることがわかる。それが、上下のヒエラルヒーであれ、水平のネットワークであれ、王が全国隅々の時間空間を自らの物理的な身体力で埋めきることはできない。ここには、見下ろすのではない、「能」への実直で鋭利な驚愕とその「おどろきみとめ」の連鎖で社会が成立しているという、自他による社会形成の根源的な構成力を読みとることができる。公助ばかりに頼ってしまって、自助と共助の力を衰弱させてしまった北側社会の都市近代は、その都市が生みだした才能である「芸能」の本質を、今、再び評価して活かす必要に迫られていると言える。

本書は、日本中世を、今日まで力点がおかれてきた農業的世界としての特性よりも、より一層、都市的な世界として描かねばならないことを、私たちに示している。もとより、「百姓」には、網人、海人がふくまれていた。塩や鉄を年貢としている百姓は、わずかな田畑を耕作していたとしても、それは副業であり、あくまでも海民、製塩民、製鉄民ととらえられなければならない。さらには、ここで示された、非水田的年貢の種類の多さに驚かされる。米年貢のほかに、布、絹、綿、鉄、塩、油、紙、榑、と多様をきわめる。これらは、陸奥の金、阿波の油、伊予の塩、さらには、美濃の八丈、丹波の紙、近江の餅といったように、一一世紀前半をめぐる各地の特産物形成の歴史動態と一致する。そして、百姓は、米や布、絹などを交換手段として、市庭と不可分に結びついていた。つまり、荘園公領制のもとにある日本中世社会を「自給自足経済」ととる見解は、もはや成立しないことになる。日本中世は、もっと商業的な世界像として認める必要がある。

職能に即した「営利」は、「芸能」を通じて生産・入手した「私物」を売買交易することによってえられた。生魚商人は、畿内を回って交易している。回船鋳物師は、畿内を起点に、九州・山陰・北陸にまで回る。職能民は、こうして広域遍歴の太い交易の動線をつくりだしている。その一方、「職人」の「芸能」を営む作業場である「屋」が、生魚売買の屋、酒屋、鋳物の金屋、遊女の傾城屋というように次々と現れ、京都・鎌倉の都市密度を増していった。と同時に、各地に遍歴した職能民の動きによって、津、泊、浦、市などに都市形成の本格的な芽が開花していったのである。

農業民と非農業民は、さまざまな姿形で結びつき合ってもいる。陸上交通の職能民である「馬借《ばしやく》」は、「賤民」なるがゆえに農民の土一揆とは結びつきにくいとされてきたものだが、郷民が「非人」姿の柿帷子で馬借と一体化して、美濃斎藤の軍勢をうち破った一揆の例もあげられる。また、陸上交通を担うこの「馬借」「車借」の資料は、すべての道に沿って現れるのではない。畿内近国の海・湖・川を結びつける道に沿ってのみ、「馬借」「車借」の資料が見つかる。つまり、その商業・交易の幹線である交通が、陸上‐海上の両交通路を緊密につなぐように、ネットワーク化されていたということである。

今日まで、日本の学問世界は、日本社会の特質を歴史的に「封建的隷属農民」に焦点をあてて描いてきたところがある。今もなお、畑作をも排除した稲作定住の社会・文化観の延長線上にたって、まるでそれが唯一無二の価値であるかのように、日本社会を共同性や同種性あるいは斉一性で説明しようとする無意識の論理が、日本人の間にしばしば働いている。それが、職能民や外国人に向ける差別の視線を生みだしてもいる。だが、現実の日本が多民族国家であるのと同様に、網野善彦が示したように、歴史的に生成されてきた、異質で多様な職業のぶつかり合いや結びつき、さらには遍歴や貨幣や流通や交通や商業など動きのあるダイナミックな都市的原理に基礎づけられた社会構成が、大きく深く今日の日本社会の根底に息づいているのである。その異質すりあわせの社会性を、今強く再確認し、これを私たちの社会創造の基礎認識としていかねばならない。以上のように、本書は、さまざまな「常識」を覆し、その背後にあった私たちの気づかぬ固定観念を払拭していく。網野善彦は、虐げられていた上からの視線に、多様な現実のベクトルをかみ合わせ、苦しい生活のなかにも一筋の光明がさしうることと、そこにある人間の尊厳を、日本中世の百姓と職能民の生活像の描きだしから示しているのである。

（わざき　はるか／文化人類学）

平凡社ライブラリー 468

日本中世《にほんちゅうせい》の百姓《ひゃくしょう》と職能民《しょくのうみん》

発行日…………2003年6月10日　初版第1刷
2017年4月27日　初版第4刷

著者……………網野善彦

発行者…………下中美都

発行所…………株式会社平凡社
〒101-0051 東京都千代田区神田神保町3-29
電話 東京(03)3230-6579[編集]
東京(03)3230-6573[営業]
振替 00180-0-29639

印刷・製本………図書印刷株式会社

装幀……………中垣信夫

ISBN 978-4-582-76468-0
NDC 分類番号 210.4
B6変型判(16.0cm)　総ページ432

平凡社ホームページ http://www.heibonsha.co.jp/

落丁・乱丁本のお取り替えは小社読者サービス係まで
直接お送りください(送料, 小社負担).